浙大宁波理工学院法学学科建设成果

U0647797

国际商事仲裁法

——原理、制度与案例

金彭年　董玉鹏　金　莼　著

ZHEJIANG UNIVERSITY PRESS
浙江大学出版社

图书在版编目(CIP)数据

国际商事仲裁法：原理、制度与案例 / 金彭年等
著. —杭州：浙江大学出版社，2021.7
ISBN 978-7-308-21529-9

Ⅰ.①国… Ⅱ.①金… Ⅲ.①国际商事仲裁—高
等学校—教材 Ⅳ.①D997.4

中国版本图书馆 CIP 数据核字(2021)第 122958 号

国际商事仲裁法——原理、制度与案例

金彭年　董玉鹏　金　筑　著

责任编辑	石国华
责任校对	杜希武
封面设计	周　灵
出版发行	浙江大学出版社
	（杭州市天目山路 148 号　邮政编码 310007）
	（网址：http://www.zjupress.com）
排　　版	杭州星云光电图文制作有限公司
印　　刷	杭州良诸印刷有限公司
开　　本	710mm×1000mm　1/16
印　　张	12.75
字　　数	250 千
版 印 次	2021 年 7 月第 1 版　2021 年 7 月第 1 次印刷
书　　号	ISBN 978-7-308-21529-9
定　　价	58.00 元

目　录

第一章　国际商事仲裁导论

【本章概要】

　　本章剖析了国际商事仲裁中的"国际"和"商事"的含义,阐述了国际商事仲裁的特点和性质,概述了国际商事仲裁的有关国际立法。揭示仲裁的性质,应该从仲裁的起源着手,结合仲裁本身的概念特征进行全面考察,尽可能地扩大仲裁中的自治,减少法律对仲裁的干预。

第一节　国际商事仲裁的概念

　　仲裁又称公断,是指双方当事人通过合意自愿将有关争议提交给作为仲裁人或公断人的第三者审理,由其依据法律或公平原则做出裁决,并约定自觉履行该裁决所确定的义务的一种制度。而国际商事仲裁,是指在国际经济贸易活动中,当事人双方依事先或事后达成的仲裁协议,将有关争议提交给某临时仲裁庭或常设仲裁机构进行审理,并做出具有约束力的仲裁裁决的制度。

　　仲裁最早在国内法中出现,已有悠久的历史。早在古罗马时期就有了采用仲裁方法解决有关争议的做法。国际商事仲裁也早在 13、14 世纪意大利各城邦国家林立时期就出现了。[①] 但是,仲裁作为一种国际社会普遍认同的解决国际商事争议的常用方法,却是在 19 世纪末叶 20 世纪初期以后的事。此时,随着国际贸易与经济合作在全球范围的广泛开展,国际商事争议随之增多,世界各国普遍把仲裁作为解决国际商事争议的一种有效方式,纷纷修改或制定仲裁法,专门规定国际商事仲裁的有关问题,设立常设仲裁机构,受理或专门受理国际商事仲裁案件。如瑞典在 1887 年制定了第一个仲裁法令,并于 1919 年做了重要修改,1929 年又在上述修改后的仲裁法令的基础上颁布了《瑞典仲裁法》,还同时颁布了《瑞典关于外国仲裁协议和仲裁裁决的条例》(Regulations on Foreign Arbitration Agreements and

---

①李双元,欧福永.国际私法[M].北京:北京大学出版社,2015:515.

Arbitral Awards in Sweden)专门就国际商事仲裁中的有关问题做了规定。[①] 1892年英国在伦敦成立了伦敦仲裁会,1917年瑞典在其首府成立了斯德哥尔摩商会仲裁院,1926年美国成立了美国仲裁协会,1923年在法国巴黎成立了国际商会仲裁院,都受理国际商事仲裁案件。与此同时,为了协调世界各国有关仲裁制度的冲突,统一仲裁的有关法律制度,国际社会经过不懈努力,先后于1923年在日内瓦缔结了《仲裁条款议定书》(Protocol on Arbitration Clauses),于1927年在日内瓦缔结了《关于执行外国仲裁裁决的公约》(Convention on the Execution of Foreign Arbitral Awards),于1958年在纽约缔结了《承认及执行外国仲裁裁决公约》(Convention on the Recognition and Enforcement of Foreign Arbitral Awards,也称《纽约公约》),从而使得国际商事仲裁制度日趋完善。

然而,由于各国政治经济制度的不一,价值取向和法律文化的差异,使得在界定国际商事仲裁中的"国际"和"商事"问题上各国国内法及有关国际条约至今仍然未能达成比较一致的看法。

根据国际社会的普遍实践,各国通常是把国内仲裁与国际商事仲裁两者分开的,尤其是在承认国际商事仲裁必须首先予以解决的问题中,更是如此。综观国际条约及各国立法与实践,一般有以下几种做法:

(1)以单一的住所或惯常居所作为连结因素,当事人中至少一方的住所或惯常居所不在内国的,则为国际仲裁。例如,根据1986年11月16日修正的《韩国商事仲裁院商事仲裁规则》(Arbitration Rules of The Korean Commercial Arbitration Board)第二条的规定,"国内仲裁系指其主营业所或永久居住地均在韩国的当事人间的仲裁;国际仲裁系指上述国内仲裁以外的一切仲裁"。1989年1月1日生效的《瑞士联邦国际私法法规》(Switzerland's Federal Code on Private International Law)第十二章"国际仲裁"第一百七十六条第一款规定,"本章的规定适用于所有仲裁庭在瑞士的、并且至少有一方当事人在缔结仲裁协议时在瑞士既没有住所地也没有习惯居所的仲裁"。又如《奥地利联邦维也纳联邦经济联合会仲裁中心仲裁与调解规则》第一条也规定,"维也纳联邦经济联合会仲裁中心对于当事人间的经济性质的争议事件,有管辖权,但以当事人中至少一方的营业地在奥地利共和国境外者为限"。[②] 在国际条约方面,1961年4月21日订立于日内瓦的《关于国际商事仲裁的欧洲公约》(European Convention on International Commercial Arbitration)第一条第一款第一项也规定该公约应适用于"旨在解决自然人或法人之间进行的国际贸易所引起的争议的仲裁协议,并且在达成协议时,该自然人和法人在不同的

[①]1999年4月,瑞典颁布实施了一部综合性的仲裁法,以取代1929年仲裁法和涉外仲裁法;同时,斯德哥尔摩商会仲裁院也相应修订了1982年仲裁规则以及两个专门性的仲裁规则。2019年3月4日,瑞典立法机构通过了经修订的《仲裁法》,该修订旨在使瑞典仲裁法特别是对非瑞典当事方而言更易于援引,并确保斯德哥尔摩继续成为有吸引力的国际争端解决地。

[②]中国社会科学院法学研究所民法研究室.外国仲裁法[M].北京:中国社会科学出版社,1982:348.

缔约国内有其惯常居住地或所在地"。

（2）以单一的国籍作为连结因素，当事人中至少一方的国籍是非内国国籍的，则为国际仲裁。例如根据 1965 年 3 月 18 日订于华盛顿的《关于解决国家和他国国民之间投资争端公约》(Convention on the Settlement of Investment Disputes between States and Nationals of Other States)第二十五条的规定，"解决投资争端国际中心的仲裁管辖权限于缔约国和另一缔约国国民之间直接因投资而产生的任何法律争端"。

（3）以国籍、住所、合同履行地、标的物所在地等多种连结因素作为界定标准，只要上述连结因素之一不在内国的，则为国际仲裁。较早采用此种复合的或多元的界定标准的是国际商会。国际商会仲裁院在设立初期仅把涉及不同国籍的当事人间的商事争议视作国际争议，但在 1927 年修改了仲裁规则，把国际争议扩大为含有涉外因素的一切争议，即使争议双方当事人具有同一国籍。

1998 年修订的《国际商会仲裁规则》(Rules of Arbitration of the International Chamber of Commerce)第一章"导言"第一条第一款也规定，"仲裁院的职能是按照本规则以仲裁方式解决国际性的商事争议"。至于如何认定什么样的争议才属于国际性商事争议，国际商会颁布的说明手册中对此做了说明，"仲裁的国际性质并不意味着当事人必须具有不同的国籍。由于合同客体的缘故，合同可以超越国界。例如同一国家的两个公民订立了在另一个国家履行的合同或者一个国家与在其国内经商的外国公司的子公司订立了合同"。对此，我国有学者进一步做出解释，即此类超越国界的合同争议属国际性争议，就该类争议进行的仲裁应归属为国际性质的仲裁。①

1985 年公布的联合国国际贸易法委员会《贸易法委员会国际商事仲裁示范法》(UNCITRAL Model Law on International Commercial Arbitration(1985))也采取了复合标准，该示范法第一条第三款规定，"仲裁如有下列情况即为国际仲裁：(A)仲裁协议的当事各方在缔结协议时，他们的营业地点位于不同的国家；或(B)下列地点之一位于当事各方营业地点所在国以外：(a)仲裁协议中确定的或根据仲裁协议而确定的仲裁地点；(b)履行商事关系的大部分义务的任何地点或与争议标的关系最密切的地点；或(c)当事各方明确地同意，仲裁协议的标的与一个以上的国家有关"。

2006 年 7 月 7 日联合国国际贸易法委员会对该示范法进行了修订，将可进行国际仲裁的情形归总为：(a)仲裁协议的各方当事人在缔结协议时，其营业地点位于不同的国家；或(b)下列地点之一位于各方当事人营业地点所在国以外：(i)仲裁协议中确定的或根据仲裁协议而确定的仲裁地点；(ii)履行商事关系的大部分义务的任何地点或与争议事项关系最密切的地点；或(c)各方当事人明确同意，仲裁协议的标的与一个以上的国家有关。

---

①韩健. 现代国际商事仲裁法的理论与实践[M].北京:法律出版社,1993:6.

法国可以说是采用多种连结因素界定仲裁国际性的典型国家。《法国民事诉讼法典》第一千四百九十二条规定，"涉及国际商事利益的仲裁是国际仲裁"。而在实践中，只要当事人的国籍、住所、合同履行地、适用的准据法等涉及外国，即为国际仲裁。美国也是采用复合标准的国家，这在1983年联合国国际贸易法委员会工作小组讨论《贸易法委员会国际商事仲裁示范法》的第六次会议上美国代表提出的主张中得到了集中反映。在此次会议上，美国代表提出了一个界定仲裁国际性的方案：A.本法适用于国际商事仲裁但国家之间有双边或多边协定的不在此内。B.一项仲裁，如果其仲裁协议涉及的问题是含有国际商事利益的一种交易，这一仲裁可视为国际的。C.在签订仲裁协议或开始仲裁时，如果下面所列各项都不在同一国家之内那么这种交易将被视为含有国际商事利益：①住所、居所、国籍或一方当事人的公司注册地或居所地；②双方当事人的营业地；③双方当事人进行管辖或控制中心所在地；④双方当事人主要财产；⑤带有仲裁条款的合同签订地，或专门仲裁协议签订地，或双方达成协议地；⑥合同义务履行地，或与合同义务有关的事务履行地和仲裁协议中指定的仲裁地。

（4）中国的做法。我国关于仲裁国际性的界定有个变迁的过程，而现今则采取多种连结因素界定仲裁国际性的复合标准。

1954年5月6日原政务院通过了《中央人民政府政务院关于在中国国际贸易促进委员会内设立对外贸易仲裁委员会的决定》。该决定规定，"在中国国际贸易促进委员会内设立对外贸易仲裁委员会，以解决对外贸易契约及交易中可能发生的争议，特别是外国商号、公司或其经济组织与中国商号、公司或其他经济组织间的争议"。[①] 为了适应对外经济贸易发展的需要，1980年2月26日《国务院关于将对外贸易仲裁委员会改称对外经济贸易仲裁委员会的通知》中决定"其受理案件的范围可扩大到有关中外合资经营企业、外国来华投资建厂、中外银行相互信贷等各种对外经济合作方面所发生的争议"。1988年6月21日，国务院又批准"中国国际贸易促进会对外经济贸易仲裁委员会改名为中国国际经济贸易仲裁委员会……其受理案件的范围为国际经济贸易中发生的一切争议"。[②]

我国1982年颁布的《民事诉讼法（试行）》第二十章"仲裁"第一百九十二条只规定，"对外经济、贸易、运输和海事中发生的纠纷"以及"外国企业、组织之间的经济、贸易、运输和海事中发生的纠纷"的当事人可以按照书面协议，提交中国的涉外仲裁机构仲裁。

根据1985年公布的《涉外经济合同法》第二条和第三十九条的有关规定，也只有中华人民共和国的企业或者其他经济组织同外国的企业和其他经济组织或者个人之间订立的经济合同属于涉外经济合同，可以提交我国涉外仲裁机构仲裁。由

---

①1956年《对外贸易仲裁委员会仲裁程序暂行规则》第二条据此对受案范围做了类似规定。

②1988年《中国国际经济贸易仲裁委员会仲裁规则》第二条对受案范围做了相同规定。

此把中国或者说内地当事人之间的具有涉外因素的经济贸易争议排除在国际或涉外商事仲裁范围之外。1991年通过的我国《民事诉讼法》对此做了修改。该法第二十八章"仲裁"第二百五十七条规定,涉外经济贸易、运输和海事中发生的纠纷,有仲裁协议的可以提交我国涉外仲裁机构仲裁。根据最高人民法院《关于适用〈中华人民共和国民事诉讼法〉若干问题的意见》第三百零四条的规定,民诉法第二百五十七条所述的"涉外"应指民事关系的主体、客体或内容三要素之一在外国的。2017年6月27日第三次修正的《民事诉讼法》在第二十六章第二百七十一条,保留了这一规定内容。

【相关法条1-1】

《民事诉讼法》第二百七十一条"仲裁决议":

涉外经济贸易、运输和海事中发生的纠纷,当事人在合同中订有仲裁条款或者事后达成书面仲裁协议,提交中华人民共和国涉外仲裁机构或者其他仲裁机构仲裁的,当事人不得向人民法院起诉。

当事人在合同中没有订有仲裁条款或者事后没有达成书面仲裁协议的,可以向人民法院起诉。

对于如何界定仲裁的国际性问题,2015年的《中国国际经济贸易仲裁委员会仲裁规则》第二条做了明确而详尽的规定,"中国国际经济贸易仲裁委员会以仲裁的方式,独立、公正地解决产生于国际或涉外的契约性或非契约性的经济贸易等争议,包括外国法人及/或自然人同中国法人及/或自然人之间,外国法人及/或自然人之间,中国法人及/或自然人之间发生的上述争议"。《中国国际经济贸易仲裁委员会仲裁规则》[①]第三条更加明确了受案范围:"(1)仲裁委员会根据当事人的约定受理契约性或非契约性的经济贸易等争议案件。(2)前款所述案件包括:①国际或涉外争议案件;②涉及香港特别行政区、澳门特别行政区及台湾地区的争议案件;③国内争议案件。"

综上所述,在我国,国际商事仲裁中的"国际"(域外)一词应包括如下内容:(1)当事人一方或双方的国籍不是中国的;(2)当事人一方或双方的住所不在中国的;(3)争议标的物不在中国境内的;(4)设立、变更或终止民(商)事法律关系的法律事实发生在中国境外的;(5)香港、澳门、台湾都是中国领土,但基于三者的特殊性,当事人住所、争议标的物或法律事实发生在港、澳、台的,也可归为"国际"(域外)仲裁。

【相关法条1-2】

《最高人民法院关于适用〈涉外民事关系法律适用法〉若干问题的解释(一)》第一条:

[①]2014年11月4日中国国际贸易促进委员会/中国国际商会修订并通过,自2015年1月1日起施行。

民事关系具有下列情形之一的,人民法院可以认定为涉外民事关系:(一)当事人一方或双方是外国公民、外国法人或者其他组织、无国籍人;(二)当事人一方或双方的经常居所地在中华人民共和国领域外;(三)标的物在中华人民共和国领域外;(四)产生、变更或者消灭民事关系的法律事实发生在中华人民共和国领域外;(五)可以认定为涉外民事关系的其他情形。

【相关法条 1-3】

《最高人民法院关于适用〈中华人民共和国民事诉讼法〉的解释》第五百二十二条:

有下列情形之一,人民法院可以认定为涉外民事案件:(一)当事人一方或者双方是外国人、无国籍人、外国企业或者组织的;(二)当事人一方或者双方的经常居所地在中华人民共和国领域外的;(三)标的物在中华人民共和国领域外的;(四)产生、变更或者消灭民事关系的法律事实发生在中华人民共和国领域外的;(五)可以认定为涉外民事案件的其他情形。

正如同如何界定国际商事仲裁的国际性一样,如何界定国际商事仲裁中的"商事"也是存有争议的。而有些国家的法律规定只允许商事争议的当事人才可以提起仲裁。[①] 因而,正确界定"商事"的含义,在国际商事仲裁中同样具有很重要的意义。

1923 年订于日内瓦的《仲裁条款议定书》第一条第一款规定,"在不同缔约国管辖权下的合同当事人之间,签订一项关于解决现有或将来的争议的协议,同意将由于合同所发生的一切或任何争议,不论是商事问题或其他可以用仲裁方式解决的问题,提交仲裁,不论仲裁是否在对当事人无管辖权的国家境内进行,各缔约国都承认此项协议为有效"。该条款措辞实际上是把商事问题和其他可以用仲裁方式解决的问题做了区分。该条第二款进而规定,"各缔约国有权保留,将上述义务限制于依照本国法律属于商事范围的合同"。

1958 年订于纽约的《承认及执行外国仲裁裁决公约》第一条第三款也有类似的商事保留规定,即:任何缔约国可以声明,"该国唯于争议起于法律关系,不论其为契约性质与否,而依提出声明国家之国内法认为系属商事关系者,始适用本公约"。这就是说,什么样的法律关系才属于商事关系,应由各缔约国的内国法进行识别:如果一项仲裁裁决请求某缔约国承认和执行,而该缔约国做了商事保留声明,并且依该缔约国内国法不属于该国关于"商事"的定义范围内,那么该缔约国将会因此而拒绝承认与执行。

联合国国际贸易法委员会在起草《贸易法委员会国际商事仲裁示范法》过程中,曾就商事定义问题展开讨论,难以形成一致意见,最后因无法形成正式条文,只

[①] 参见《美国联邦仲裁法》第二条和《法国商法典》第六百三十一条。

好对商事一词做了注释说明,并列举了一系列被认为是商事关系的交易事项,即:对"商事"一词应作广义解释,使其包括不论是契约性或非契约性的一切商事性质的关系所引起的种种事情。商事性质的关系包括但不限于下列交易:供应或交换货物或服务的任何贸易交易;销售协议;商事代表或代理;租赁,建造工厂;咨询;工程;许可证;投资;银行和保险;开发协议或特许;合营和其他形式工业或商业合作;货物或旅客的天空、海上、铁路或公路的载运。[①]

一般而言,多数国家对"商事"是尽可能作广义的解释的。依我国于1986年12月2日加入《承认及执行外国仲裁裁决公约》时所做的商事保留的声明,我国只对根据我国法律认定为属于契约性和非契约性商事法律关系所引起的争议适用该公约。所谓"契约性和非契约性商事法律关系",具体是指由于合同、侵权或者根据有关法律规定而产生的经济上的权利义务关系。例如货物买卖、财产租赁、工程承包、加工承揽、技术转让、合资经营、合作经营、勘探开发自然资源、保险、信贷、劳务、代理、咨询服务和海上、民用航空、铁路、公路的客货运输以及产品责任、环境污染、海上事故和所有权争议等。但不包括外国投资者与东道国政府之间的争端。[②]可见,我国对国际商事仲裁中的"商事"也是作广义解释的。我国《仲裁法》则规定,可以仲裁的事项包括平等主体间的合同纠纷及其他财产权益纠纷,只将婚姻、收养、监护、扶养、继承纠纷和依法应由行政机关处理的行政争议排除在外。

【相关法条1-4】

《仲裁法》第二条:

平等主体的公民、法人和其他组织之间发生的合同纠纷和其他财产权益纠纷,可以仲裁。

《仲裁法》第三条:

下列纠纷不能仲裁:(一)婚姻、收养、监护、扶养、继承纠纷;(二)依法应当由行政机关处理的行政争议。

第二节　国际商事仲裁的特点

国际商事仲裁的特点,可通过它跟国际民事诉讼、国际仲裁和国内经济仲裁的比较而反映出来。

---

①参见联合国《贸易法委员会国际商事仲裁示范法》第一条第一款。

②参见最高人民法院关于执行我国加入的《承认及执行外国仲裁裁决公约》的通知,1987年4月10日法(经)发〔1987〕5号。

一、国际商事仲裁不同于国际民事诉讼

尽管国际社会普遍承认,国际商事仲裁和国际民事诉讼都是解决国际商事争议的常用的有效方法,但两者本身却是有着本质的区别的。

第一,就机构的性质而言,国际商事仲裁机构只具有民间团体的性质,[①]各仲裁机构是相互独立的,彼此没有上下级隶属关系,也不存在级别管辖、地域管辖等限制。而审理国际民事纠纷的法院,则是国家司法机关,是国家机器的重要组成部分,法院之间有上下级关系等。

第二,就管辖权来源而言,国际商事仲裁机构的管辖权完全来自双方当事人的合意,它的管辖权是非强制性的,是建立在双方当事人自愿达成的仲裁协议的基础上。而法院审理国际民事诉讼的管辖权则来自国家的强制力,是由法律赋予的,而非当事人双方的授权,只要一方当事人提起诉讼,法院就可以管辖,而不必有双方当事人的合意。

第三,就审理程序的公开性而言,国际商事仲裁程序一般都是不公开进行的,即使双方当事人要求公开审理,也仍由仲裁庭做出是否公开审理的决定。[②] 而法院审理国际民事诉讼,除极少数涉及国家秘密或个人隐私的以外,原则上是必须公开进行的。[③]

第四,就当事人的自治性而言,国际商事仲裁中当事人的自治性大大超过国际民事诉讼中当事人的自治性,例如:(1)国际商事仲裁中的双方当事人(即使依某国规定属于法院专属管辖的案件中的当事人)可以选择仲裁机构和仲裁的组织形式(即常设的还是临时的仲裁机构);而国际民事诉讼中的当事人仅在很小范围内有选择受诉法院的自由,一般都要求选择跟案件有实际联系的法院,而不放任当事人自由选择。[④] 并且,当事人的协议选择不能排除法院的专属管辖。(2)国际商事仲

---

① 如我国的涉外仲裁机构目前是设立在中国国际贸易促进委员会内的中国国际经济贸易仲裁委员会和中国海事仲裁委员会,从法律性质上说,中国贸促会是个社会团体,具有民间性,因而上述两个涉外仲裁机构也具有民间性。

② 如《中国国际经济贸易仲裁委员会仲裁规则》第三十八条保密:(一)仲裁庭审理案件不公开进行。双方当事人要求公开审理的,由仲裁庭决定是否公开审理。(二)不公开审理的案件,双方当事人及其仲裁代理人、仲裁员、证人、翻译、仲裁庭咨询的专家和指定的鉴定人,以及其他有关人员,均不得对外界透露案件实体和程序的有关情况。

③ 如我国《民事诉讼法》第一百三十四条:人民法院审理民事案件,除涉及国家秘密、个人隐私或者法律另有规定的以外,应当公开进行。离婚案件,涉及商业秘密的案件,当事人申请不公开审理的,可以不公开审理。

④ 如我国《民事诉讼法》第三十四条:合同或者其他财产权益纠纷的当事人可以书面协议选择被告住所地、合同履行地、合同签订地、原告住所地、标的物所在地等与争议有实际联系的地点的人民法院管辖,但不得违反本法对级别管辖和专属管辖的规定。

裁中的当事人可以选择仲裁的地点，①而国际民事诉讼中的当事人则不能选择审理的地点，除非法院根据需要决定在法院所在地以外的地点进行审理。②（3）国际商事仲裁中的当事人可以选择审理案件的仲裁员，而国际民事诉讼的当事人则不能选择审理案件的法官。（4）国际商事仲裁中的双方当事人可以合意选择仲裁程序，③而国际民事诉讼中的当事人则无权选择诉讼程序，必须遵守法院地国家的诉讼程序法。

第五，就裁决而言，国际商事仲裁裁决实行一裁终局制，任何一方当事人均不得向法院起诉；④而在国际民事诉讼中则一般实行二审终审制，只有二审判决或过了上诉期未上诉的一审判决才具有法律效力。

第六，就解决争议的成本和效率而言，国际商事仲裁成本更低，效率更高。国际商事仲裁具有较强的专业性，仲裁员大都是由熟悉国际经济贸易、海事和运输等专业领域的专家担任，办案快速，准确性高，并且具备很高的灵活性，仲裁费用较低。而国际民事诉讼程序则更为严格、复杂，因此在时间上一般耗时较长，诉讼费用也相对更高。

第七，在执行方面，国际商事仲裁更易于执行。法院的判决如果要到国外执行，一般必须具有司法互助条约或者根据互惠原则才有可能实现。而对于国际商事仲裁的执行则更容易实现。如，根据1958年《承认及执行外国仲裁裁决公约》，只要裁决做出国和执行地国均为该条约的成员，当事人就可以向执行地国提出执行裁决的申请。

二、国际商事仲裁不同于国际仲裁

国际商事仲裁属于国际私法的范畴，它只解决具有涉外因素的自然人或法人之间的商事争议，以及自然人或法人与他国国家之间的商事争议。通常，国际商事仲裁中的双方当事人根据合意把上述争议提交给某个常设仲裁机构或临时仲裁机构去仲裁，而仲裁庭做出的仲裁裁决是终局性的，对双方当事人均有约束力。如一方不履行裁决规定的义务，另一方当事人则可以根据国际条约或国内法的有关规定申请有关法院强制执行。而国际仲裁则属于国际公法的范畴，它是指各主权国家发生争端时，由各当事国选出一个或几个仲裁员组成仲裁庭，根据国际公法或者

---

①如1986年《韩国商事仲裁院商事仲裁规则》第十七条规定，双方可就仲裁地点达成协议。2015年《中国国际经济贸易仲裁委员会仲裁规则》第三十六条也规定，如仲裁庭认为必要，经仲裁委员会仲裁院院长同意，也可以在其他地点开庭审理。

②如我国《民事诉讼法》第一百三十五条规定，人民法院审理民事案件，根据需要进行巡回审理，就地办案。

③参见《联合国国际贸易法委员会仲裁规则（2013年修订）》第一条。

④如2015年《中国国际经济贸易仲裁委员会仲裁规则》第四十九条第九款，《伦敦国际仲裁院仲裁规则》第十六条第八款等。

依照公平原则处理该项争议的一种制度,是国际社会用法律手段和平解决国际争端的两大方法之一。早在 1899 年第 1 次海牙会议就通过了《和平解决国际争端公约》(Convention for the Pacific Settlement of International Disputes),1900 年据此在荷兰海牙正式成立国际常设仲裁法院。此后,1907 年第 2 次海牙会议把原公约有关仲裁部分的条文做了增补,1928 年在日内瓦订立的《和平解决国际争端总议定书》(Protocol for the Peaceful Settlement of International Disputes)又对仲裁法庭的组织和规则做了规定。国际仲裁的审理范围,1907 年于海牙修订的《和平解决国际争端公约》第三十八条做了规定:"关于法律性质的问题,特别是关于国际公约的解释或适用问题各缔约国承认仲裁是解决外交手段所未能解决的争端的最有效而且也是最公平的方法。因此,遇有关于上述问题的争端发生时,各缔约国最好在情况许可的范围内将争端提交仲裁。"由于主权国家享有司法豁免权,因此,国际常设仲裁法院做出的国际仲裁无强制力,其裁决的履行只能靠当事国的"自助",即当事国的自觉履行。

三、国际商事仲裁不同于国内经济仲裁

国际商事仲裁是一种涉及国际因素的仲裁制度,其"国际"性表现为当事人双方或一方不是内国公民或住所不在内国,或设立、变更或终止民商事法律关系的法律事实发生在内国境外。国际商事仲裁一般涉及国际贸易、经济合作、运输、海事等方面关系中所发生的争议,其裁决通常会遇到需要外国予以承认执行的情况。而且,从事国际商事仲裁的仲裁机构往往还聘请非内国籍人担任仲裁员,以体现其"国际"性。而国内经济仲裁只是一种适用于内国当事人之间的仲裁制度,一般只涉及国内经济贸易方面的争议,有的国家还规定只有法人或其他经济组织之间的争议才能提交仲裁,仲裁员也都来自内国公民,其裁决也只在内国执行。

第三节 国际商事仲裁的性质

关于国际商事仲裁的性质,迄今为止主要有四种理论。传统学说认为仲裁具有司法性,或者认为具有契约性,或者认为仲裁兼具司法性和契约性,即混合理论,而第四种理论则是在 20 世纪 60 年代以后发展起来的自治理论。

一、司法权理论

司法权理论认为,国家具有监督和管理发生在其管辖领域内的一切仲裁的权

力。该理论虽然也承认仲裁源于当事人之间的协议,但同时却强调,在仲裁协议的效力、仲裁员的权力、仲裁员的仲裁行为以及仲裁裁决的承认和执行等方面,其权威性均取决于有关国家的法律,是国家承认和授权的结果。该理论还认为,审判权是一种国家主权职能,只有国家才能行使审判权。如果没有仲裁地国家法律的授权,仲裁员是不能行使通常只能由法院或法官才能行使的权力。假如,仲裁地国家的法律允许当事人通过仲裁解决他们之间的争议,则仲裁员才能像法院或法官一样从仲裁地法中取得此种权力和授权,并且,在此种情形下,仲裁员就类似于法官,仲裁裁决跟法院判决一样都具有强制执行力。

二、契约理论

契约理论,也称为民事法律行为理论,该理论认为仲裁是基于当事人的意志和同意创立的,是完全建立在当事人合意达成的仲裁协议的基础上,没有仲裁协议就没有仲裁,具有契约性。例如,是否通过仲裁解决当事人之间的纠纷,取决于当事人的合意,即应有仲裁协议;当事人双方不仅可以协议选择仲裁机构和仲裁地点,而且在仲裁规则和仲裁实质问题准据法的确定上,当事人也享有较大的自主权;仲裁员也是由当事人直接或间接选定的,其权力不是源于法律,而是从当事人那里获得的;仲裁员是当事人的代理人,他所做出的裁决就是代理人为当事人所订立的契约,对当事人具有约束力;当事人有义务自动执行,否则胜诉方可将仲裁裁决作为一种合同之债向法院申请强制执行。

契约理论否认国家对仲裁的影响,认为“依当事人的愿望和合意而使仲裁成立”是仲裁的本质。仲裁既然来源于仲裁协议,而是否订立仲裁协议以及如何订立则完全由当事人双方自主决定,订立一项仲裁协议跟订立一项合同并无实质差别,因此,仲裁协议和仲裁裁决的约束力均属于合同约束力的范畴。仲裁协议跟合同一样,其约束力均来自“当事人的合约必须守信执行”这一古训,而无国家的任何授权。

三、混合理论

混合理论认为,尽管从表面上看,司法权理论和契约理论好像是两种相互对立的理论,但从仲裁实践上而论,这两种貌似对立的理论却是可以协调的,也就是说,仲裁中的司法性和契约性是同时存在的,并且不可分割。现实中的仲裁明显地具有司法性和契约性双重性质:一方面,仲裁来源于仲裁协议,而仲裁协议无疑是一种契约,因而,仲裁协议的效力应依适用于契约的同一准则去确定,并且,仲裁员的任命、仲裁规则的选择、仲裁实质问题准据法的确定等也主要取决于当事人之间订立的仲裁协议;但是,另一方面,仲裁程序一般都要遵循仲裁地法,仲裁不可能超越于所有法制之外,仲裁协议的有效性以及仲裁裁决的承认与执行最终也归由法院裁判。因此,如果仲裁事项依有关法律是不可仲裁的,或者仲裁裁决违反了法院地公共秩序,则有关法院将行使否定权,拒绝承认和执行该项仲裁裁决。

四、自治理论

自治理论是在 20 世纪 60 年代以后发展起来的一种新学说。自治理论既反对将仲裁制度归结为纯司法性或者纯契约性,也反对混合论的观点,而是主张不能把仲裁跟司法权或契约联系起来判断仲裁的性质,仲裁实际上是超越司法权或契约的,具有自治性。自治理论的学者们把仲裁的产生和发展归为是商人们注重实效的实践的结果,是商人首先在不顾及法律的情况下创设并发展了仲裁而后才得到了法律的承认。他们认为,仲裁中奉行的当事人自治原则既不是基于仲裁的契约性也不是基于司法性,而是完全出于仲裁制度的实际需要;仲裁协议和仲裁裁决之所以具有强制性,既不是因为是契约,也不是因为执行仲裁协议或仲裁裁决的法院所属国法律的授权或让与,而是因为这是国际商业关系的基本需要或内在要求。

上述四种关于仲裁性质的理论,从不同角度和侧面,在一定程度上揭示了仲裁的某种属性,但又失之偏颇或者折衷调和,因而均未能抓住仲裁最本质的属性。比如说,司法权理论肯定国家法律对仲裁的监督和影响,这当然是对的,但此种理论却片面地夸大了这种监督和影响,过分强调仲裁对国家权力的依赖性,这就抹杀了仲裁赖以产生和发展的基石即当事人自治性。而契约理论承认仲裁中当事人的自由意思,既符合仲裁产生的初衷,也有利于仲裁的发展,但又走到了另一个极端,片面强调当事人在仲裁中无限制的意思自治,完全否认国家法律对仲裁的任何作用和影响。混合理论试图调和司法权理论和契约理论,但其做法却失之简单,把仲裁的性质一分为二,一半归于司法性,另一半归于契约性,因而也未能正确地从整体上回答仲裁最本质的性质到底是什么。自治理论,应该说基本上抓住了仲裁的本质性质,但该理论主张仲裁中的自治性使仲裁具有超国家的性质却也是不符合仲裁的现实情况的。因此,笔者认为,揭示仲裁的性质,应该从仲裁的起源着手,结合仲裁本身的含义和特点来全面地进行考察。仲裁跟诉讼一样,都是解决争议的一种手段。那么,为什么已经有了诉讼以后,还要在诉讼之外又创设一种独立的仲裁制度呢?很显然,是因为人们希望有一种不同于诉讼而又比诉讼更具优点的解决商事争议的又一种方法或制度,于是人们在长期的实践中逐渐创设了仲裁制度,而仲裁制度正好具有诉讼本身所不具有的优点即当事人的自治性。仲裁中的自治,主要体现为争议当事人的自治,但也表现为仲裁机构本身的自治。因此,仲裁本身固有的基本属性应该是自治性。但是,仲裁的自治性并不是像自治理论所主张的使仲裁具有超国家的性质,而是仍然要受到国家法律的监督和控制。换句话说,尽可能扩大仲裁中的自治和尽可能减少法律对仲裁的控制是仲裁性质在现实中的写照。

第四节　国际商事仲裁的国际立法

调整国际商事仲裁的规范,在每一个设有国际商事仲裁机构的国家的法律中均有一定规定,每一个国际商事仲裁机构自身也都有自己的仲裁程序规则,却彼此常有差异。因而,在仲裁协议、仲裁程序以及仲裁裁决的承认与执行方面,各国往往各行其是,给当事人带来不便,也不利于国际商事仲裁的健康发展。正因如此,从19世纪末叶起,国际社会便首先以统一仲裁裁决的承认与执行方面的制度为突破口,通过努力缔结了各种各样的国际条约,试图尽可能统一仲裁规则。目前,有关国际商事仲裁制度方面的国际立法已经达到比较完备的程度。

在多边国际条约中,最早涉及国际商事仲裁的是1889年2月12日在蒙得维的亚签订的《关于民事诉讼的公约》第五条和1940年的修正案,其中曾规定过仲裁裁决的执行。1928年2月20日在哈瓦那通过的《布斯塔曼特法典》(Bustamante Code)第四百三十二条也将有关司法判决的规定扩大适用于仲裁裁决。

1923年9月24日,在国际联盟主持下于日内瓦签订的《仲裁条款议定书》第一条,责成各缔约国在当事人处于缔约国管辖范围内的情况下,承认在其中任何一个缔约国境内所签订的仲裁协议或仲裁条款;如果裁决是在某一缔约国境内做出的,这个国家就应该执行该项裁决。1927年9月26日,在国际联盟的主持下,各缔约国在日内瓦又签订了《关于执行外国仲裁裁决的公约》,其第一条也规定,各缔约国执行依上述议定书签订的仲裁协议和仲裁条款所做出的裁决,但以该裁决是在缔约国领土内做成,并且是对缔约国管辖的人做出的为限。

20世纪50年代以后,随着国际贸易的迅速发展,各国普遍感到上述1923年议定书和1927年公约在承认与执行外国仲裁裁决方面规定的条件过严,手续烦琐,不能适应国际贸易发展的要求,需要制订更简便的国际公约。因此,联合国经济和社会理事会于1956年5月3日做出决议,召开了有45个国家和有关国际组织的代表出席的联合国国际商事仲裁会议,于1958年6月10日在纽约通过了《承认及执行外国仲裁裁决公约》。公约已于1959年6月7日生效。

《承认及执行外国仲裁裁决公约》规定了缔约国承认与执行外国仲裁裁决的义务和条件,共分16条,前7条是实质性条款,后9条是程序性条款。公约的主要内容是要求所有缔约国承认当事人之间签订的书面仲裁协议(包括合同中的仲裁条款)在法律上的效力,并根据公约的规定和被申请执行地的程序承认与执行外国仲裁裁决。公约的主要内容有：

（1）由于自然人或法人之间的争议而产生的仲裁裁决，在一个国家领土内做成，而在另一个国家请求承认和执行时，适用该公约。公约亦适用于经申请承认及执行地所在国认为非内国裁决的仲裁裁决。但任何缔约国可在互惠的基础上声明本国只对在另一缔约国领土内所做成的仲裁裁决的承认和执行，适用该公约。缔约国也可声明，本国只对根据本国法律属于商事法律关系所引起的争议适用该公约。

（2）各缔约国相互承认仲裁裁决有拘束力，并且依照裁决需其承认或执行的地方的程序规则予以执行。对承认或执行公约所适用的仲裁裁决，不应该比对承认或执行本国的仲裁裁决规定实质上较繁的条件或较高的费用。

（3）为了获得公约所规定的承认和执行，申请承认和执行裁决的当事人应当提供：经正式认证的裁决正本或经正式证明的副本；仲裁协议正本或经正式证明的副本。如果上述裁决或协议不是用被请求承认或执行的国家的文字做成，则申请人应提供译文，该译文应由一个官方的或宣过誓的翻译员或外交或领事人员证明。

（4）如果被请求承认或执行裁决的当事人提出证据证明有下列情形之一时，主管当局可根据该当事人的请求，拒绝承认与执行裁决：

①签订仲裁协议双方当事人根据对他们适用的法律，当时处于某种无行为能力的情况之下；或者根据双方当事人选定适用的或在没有这种选定的时候，根据做出裁决的国家的法律，上述协议是无效；

②作为裁决执行对象的当事人，没有被给予指定仲裁员或者进行仲裁程序的适当通知，或者由于其他情况而不能对案件提出意见；

③裁决涉及仲裁协议所没能提到的，或者不包括在仲裁协议规定之内的争议；或者裁决内含有对仲裁协议范围以外事项的决议；

④仲裁庭的组成或仲裁程序同当事人之间的协议不符，或者当事人之间没有这种协议时，同仲裁地法律不符；

⑤裁决对当事人还没有拘束力，或者裁决已经由做出裁决的国家或据其法律做出裁决的国家的管辖当局撤销或停止执行。

如果被请求承认和执行仲裁裁决的国家的管辖当局查明有下列情况，也可以拒绝承认和执行：

①争议的事项，依照这个国家的法律，不可以仲裁方法解决；

②承认或执行该项裁决将和这个国家的公共秩序抵触。

该公约的上述规定，反映了当前国际上对承认与执行外国仲裁裁决的主要实践，对各国立法、实践及其他有关条约的影响较大。截至2020年8月24日，已有美国、英国、德国、法国、奥地利、意大利、比利时、挪威、丹麦、瑞士、日本、澳大利亚、埃及、斯里兰卡、阿根廷、加拿大、哥伦比亚、古巴、芬兰、希腊、匈牙利、印度、印度尼西亚、以色列、马来西亚、墨西哥、荷兰、新西兰、秘鲁、菲律宾、波兰、韩国、新加坡、西班牙、泰国、俄罗斯、南斯拉夫、佛得角共和国和埃塞俄比亚等 165 个国家和地区批准和加入,成为当前有关承认和执行外国仲裁裁决最有影响的国际公约。我国已于 1986 年 12 月加入了该公约,该公约自 1987 年 4 月 22 日起对我国生效。

国际社会为了求得国家与其他国家国民之间私人投资争议的适当、合理的解决,于 1965 年 3 月 18 日在华盛顿缔结了《关于解决国家和他国国民间投资争端的公约》,并在世界银行赞助下,设立了"解决投资争端国际中心(ICSID)",为各缔约国和其他缔约国的国民把投资争端提交国际仲裁提供了便利。公约第四章至第七章对此类仲裁申请的提出,仲裁员的任命和仲裁庭的组成,仲裁员资格的取消和仲裁员的更换,仲裁庭的权力和职能,仲裁程序的进行地点,仲裁裁决的做成,裁决的解释、修改和取消,裁决的承认与执行,以及仲裁费用等问题,均做了比较详细的规定。该公约自缔结以来得到了近百个国家的承认和批准,从而成为国际社会解决国家和他国私人投资争议的基本公约。

此外,国际社会还缔结了很多区域性的关于仲裁的多边国际条约。例如,为了尽可能克服阻碍不同的欧洲国家自然人和法人之间国际商事仲裁的组织和实施的某些困难,以促进欧洲贸易的发展,1961 年 4 月 21 日于日内瓦缔结了《关于国际商事仲裁的欧洲公约》,只是该公约仅对欧洲经济委员会的成员国,以及由欧洲经济委员会以咨询顾问名义允许参加委员会的国家和受委员会委托承担欧洲经济委员会某些工作的国家开放。

1966 年 1 月 20 日,欧洲理事会各成员国在斯特拉斯堡又签订了《统一仲裁法的欧洲公约》,其目的是促进各成员国之间更大的团结,通过示范法的方式,以期统一各国仲裁立法,更有效地运用仲裁方法以解决私法上的争端和增进欧洲理事会成员国之间的商务关系。该公约要求各缔约国承诺在本公约对各该国发生效力之日起 6 个月内,把公约所附的统一法规范纳入其有关的法律体系之内。

1972 年 5 月 26 日,保加利亚、捷克斯洛伐克、民主德国、匈牙利、蒙古、波兰、罗马尼亚和苏联等 8 个社会主义国家在莫斯科签订了《关于解决经济、科学和技术协作而发生的民事法律争议的仲裁公约》(Convention on the Arbitration of Civil Legal Disputes Arising from the Coordination of Economic, Scientific and Technological Cooperation),以期更广泛地扩大仲裁的适用范围,使因经济、科学和技术协作而发生的法律争议均得通过仲裁解决。

1975 年 1 月 30 日,美洲国家组织各成员国在巴拿马城签订了《美洲国家间关于国际商事仲裁的公约》(Inter-American Convention on International Commercial Arbitration),对仲裁协议的形式和内容、仲裁员的指定和仲裁程序的进行,以及仲裁裁决的效力等问题做了原则性的规定。但该公约适用范围局限于各缔约国相互间有关商业交易中可能发生或已经发生的争议事项。

1979 年 5 月 8 日,美洲国家组织各成员国在蒙得维的亚又签订了《美洲国家间关于外国判决和仲裁裁决域外效力的公约》(Convention on the Extraterritorial

Validity of Foreign Judgments and Arbitral Awards between American States),将其适用范围扩大到了所有未被 1975 年签订的上述公约所包括事项的仲裁裁决,以确保各成员国依其属地管辖权做出的所有仲裁裁决的域外效力。

在国际商事仲裁立法的国际统一化运动中,联合国国际贸易法委员会也做了积极的工作,其主要成绩是制定了一个仲裁规则和一个仲裁示范法。1976 年 4 月 28 日,联合国国际贸易法委员会制定了《联合国国际贸易法委员会仲裁规则》(UNCITRAL Arbitration Rules),并在第三十一届联合国大会上通过决议,向各国推荐使用。该规则的适用范围,依其第一条的规定,主要是指"凡契约当事人各方间已书面协议,有关该契约的争议应根据《联合国国际贸易法委员会仲裁规则》提交仲裁时,该争议应按照本规则处理"。该规则已为不少成员国所采纳,成为仲裁的示范规则,在国际上产生了很大的影响。目前,该《仲裁规则》有以下三个不同版本:1976 年版,2010 年修订版,以及纳入《贸易法委员会投资人与国家间基于条约仲裁透明度规则》的 2013 年版。1985 年 6 月 21 日,联合国国际贸易法委员会起草了《贸易法委员会国际商事仲裁示范法》,并提请联合国大会建议各国依照《示范法》制订或修改本国的仲裁法。应该承认,《示范法》是联合国国际贸易法委员会综合了各国的意见,总结了国际商事仲裁的立法与实践经验,又经过长期研究讨论而制定出来的,反映了国际社会在国际商事仲裁方面的基本做法和发展趋势。示范法没有强制执行力,供各成员国制定国内法时参考,且在采用时可以修改和调整。[1] 自起草完成 30 多年以来,该示范法的影响越来越大。截至 2018 年,共有 83 个国家在 116 个法域通过了以《示范法》为基础的国际商事仲裁立法。

最后,还要提及的是,各国缔结的大量的双边司法协助条约大多也包含了有关国际商事仲裁尤其是关于仲裁裁决的域外承认与执行方面的内容。

---

[1] 林一飞.国际商事仲裁法律与实务[M].北京:中信出版社,2005:23.

第二章 国际商事仲裁的类别

【本章概要】

　　本章阐述了临时仲裁和机构仲裁、依法仲裁和友好仲裁、私人间仲裁和非私人间仲裁，特别是详细分析了临时仲裁和机构仲裁各自的优点。笔者认为，在通常情况下，还是选择机构仲裁较好。如果选择友好仲裁，则应注意仲裁地法是否允许进行此种仲裁。

第一节 临时仲裁和机构仲裁

　　关于国际商事仲裁的类别或种类，依据不同标准可以作不同的划分。以仲裁机构的组织形式作为标准，可以把仲裁分为临时仲裁和机构仲裁。

一、临时仲裁

　　临时仲裁或称特别仲裁，它是指根据双方当事人的仲裁协议，在争议发生后由双方当事人推荐的仲裁员临时组成的，负责审理当事人之间的有关争议，并在审理终结做出裁决后即行解散。[①] 临时仲裁的特点是仲裁庭根据当事人双方的仲裁协议设立，专门负责对某一特定案件的审理。[②]

　　临时仲裁跟机构仲裁相比较，自有它的优点。第一个优点便是采用临时仲裁具有极大的灵活性。在临时仲裁中，仲裁程序的每一个环节均由当事人双方共同进行控制。当事人双方不但可以决定仲裁庭的人数和仲裁员的产生办法及其权力，也可以决定仲裁地点和仲裁程序的进行。并且，仲裁地点也是任由双方当事人共同选择，可以选择某一具体的地点，也可以指定仲裁员或当事人一方的住所地作为仲裁地点。仲裁程序也任由双方当事人共同选择，既可以选择现成的某一国家

---

① 李双元,谢石松,欧福永.国际民事诉讼法概论[M].武汉:武汉大学出版社,2016:525.
② 林一飞.国际商事仲裁法律与实务[M].北京:中信出版社,2005:6.

或某一机构的仲裁规则,也可以由双方当事人另行确定,或者选择某一现成的仲裁规则但对它进行若干修改。

正因为临时仲裁可以按双方当事人的愿望和特定的争议事实来进行,因此,为了实现仲裁意愿,争议双方当事人及其代理人就得很好地进行合作。换句话说,临时仲裁的生存基础是建立在如下假设之上的,即:争议双方当事人及其代理人和仲裁员能够一起共事,互相合作,而不需要寻求管理上的或司法上的监督。实践证明,如果没有此种精诚合作,临时仲裁在理论上的优点就成了可悲的空想。反之,此种合作如果是成功的,则临时仲裁的优点就会大放光彩。对此,一位英国学者曾形象地打了一个比方来说明临时仲裁的好处:"如果此种合作是很快就能达成的,那么临时仲裁与机构仲裁之间的差别恰如量体裁衣跟买现成衣服之间的差别。"

临时仲裁第二个突出的优点是费用较低。由于大多数管理机构都要收取一定的管理服务费,因此,选择机构仲裁就得向其交纳管理服务费(仲裁费),而当事人选择临时仲裁则可节省这笔开支。

临时仲裁的第三个优点是仲裁速度较快。正因为是临时仲裁,可以不必像常设仲裁机构那样要严格遵循其自身制定的仲裁规则,从而免受上述仲裁规则中的期间限制,比如选择仲裁员的时限,文书送达的时限,裁决做出的时间等,也可以不必填写各种文书,免除裁决审查程序等,均可缩短日程,从而加速仲裁速度。

在19世纪中叶常设仲裁机构产生之前,临时仲裁一直是国际上唯一的国际商事仲裁组织形式。即使在当今国际社会常设仲裁机构比比皆是的情况下,临时仲裁在国际商事仲裁中仍占有重要的地位。例如,根据美国芝加哥大学的一项调查,在进出口贸易中有25%的进口商和45%的出口商要求选择临时仲裁。[1] 在国家作为当事人一方时,由于它们不愿意受常设仲裁机构权力的约束,更是经常组织临时仲裁。

有关国际条约对临时仲裁也持肯定态度。例如,1958年订于纽约的至今拥有160多个成员国的《承认及执行外国仲裁裁决公约》第一条第二款规定,"'仲裁裁决'一词不仅指专案选派之仲裁员所做裁决,亦指当事人提请仲裁之常设仲裁机关所做裁决"。显然,前者是指临时仲裁。

1961年4月21日在日内瓦签订的《关于国际商事仲裁的欧洲公约》第四条规定,在当事人决定将他们的争议提交临时仲裁机构审理的情况下,双方当事人可以自由指定仲裁员或确定仲裁员的方式、决定仲裁地点、规定仲裁员必须遵循的程序等。

在临时仲裁中,当事人双方还得合意制定或选择仲裁规则。但在现实生活中,为了方便起见,很多当事人在选择临时仲裁时,往往在仲裁条款中引用某些有威望的国际组织或国内组织制定的仲裁规则,而只对其中的某些条款做必要的修改和

①李双元,谢石松,欧福永.国际民事诉讼法概论[M].武汉:武汉大学出版社,2016:526.

补充。为了给采用临时仲裁的当事人在选择或制定仲裁规则时提供一个较好的范本,联合国国际贸易法委员会自成立不久即开始拟订特别仲裁规则的工作。经过8年努力,于1976年4月28日该委员会正式通过了《联合国国际贸易法委员会仲裁规则》,同年12月15日,联合国第三十一次大会正式通过该规则,推荐给各国采用。因此,可以说《联合国国际贸易法委员会仲裁规则》成了临时仲裁最重要的支柱。在此之前,临时仲裁的当事人只能在初始合同中草拟他们自己的仲裁程序,或者在纠纷发生后创设仲裁程序,或者将此程序问题交由仲裁员解决。而现在,双方当事人只要在合同中写上或者说一句采用《联合国国际贸易法委员会仲裁规则》就行了。而且,由于联合国国际贸易法委员会既不是管理者也不向当事人提供服务,因而也不收费,这给当事人节省了费用。因此,从理论上说,《联合国国际贸易法委员会仲裁规则》给国际商事活动当事人提供了一条机构仲裁之外的而且费用更低、速度更快、程序更灵活的仲裁途径。

【典型案例 2-1】

浙江逸盛石化有限公司与卢森堡英威达技术有限公司申请确认仲裁条款效力案

（〔2012〕浙甬仲字确字第 4 号）

逸盛公司与英威达公司于2003年4月28日及6月15日分别签署了两份技术许可协议,约定:"有关争议、纠纷或诉求应当提交仲裁解决;仲裁应在中国北京中国国际经济贸易仲裁中心(CIETAC)进行,并适用现行有效的《联合国国际贸易法委员会仲裁规则》。"(以上约定的原文为英文,The arbitration shall take place at China International Economic Trade Arbitration Centre(CIETAC),Beijing,P. R. China and shall be settled according to the UNCITRAL Arbitration Rules as at present in force.)2012年7月11日,英威达公司向中国国际经济贸易仲裁委员会提出仲裁申请。2012年10月29日,逸盛公司以双方约定的仲裁本质上属于我国仲裁法不允许的临时仲裁为由,向宁波市中级人民法院申请确认仲裁条款无效。

宁波市中级人民法院认为:当事人在仲裁条款中虽然使用了"take place at"的表述,此后的词组一般被理解为地点,然而按照有利于实现当事人仲裁意愿目的的解释的方法,可以理解为也包括了对仲裁机构的约定。虽然当事人约定的仲裁机构中文名称不准确,但从英文简称 CIETAC 可以推定当事人选定的仲裁机构是在北京的中国国际经济贸易仲裁委员会。本案所涉仲裁条款不违反我国仲裁法的规定,裁定驳回逸盛公司请求确认仲裁条款无效的诉请。

在1995年9月1日《仲裁法》正式实施之前,我国立法上对于临时仲裁基本上是持否定态度的。随着2006年9月8日《最高人民法院关于适用〈中华人民共和国仲裁法〉若干问题的解释》的施行,更加强调仲裁当事人意思自治,逐步放宽了对涉外仲裁因素的认定。2016 年 12 月 30 日,最高人民法院印发了《关于为自由贸易试验区建设提供司法保障的意见》(法发〔2016〕34 号),对人民法院涉自由贸易试验区(以下简称自贸试验区)案件的审判工作提出了指导性意见,其中第九条规定:"在自贸试验区内注册的企业相互之间约定在内地特定地点、按照特定仲裁规则、由特定人员对有关争议进行仲裁的,可以认定该仲裁协议有效。"这一规定表明,临时仲裁在我国得到制度上的认可,并在内地有限度地开放适用。

二、机构仲裁

机构仲裁是指由常设的仲裁机构进行的仲裁。常设仲裁机构,是指依据国际公约或一国国内立法所成立的,有固定的名称、地址、组织形式、组织章程、仲裁规则和仲裁员名单,并具有完整的办事机构和健全的行政管理制度,用以处理国际商事争议的仲裁机构。

机构仲裁的第一个优点便是专业化管理。常设仲裁机构设有秘书处,主要从事仲裁程序的组织和行政管理工作,为当事人提供服务和便利,诸如代为指定仲裁员,组成仲裁庭,传递文件证据,提供开庭场所、记录和翻译人员等。

机构仲裁的第二个优点便是可简便地确定仲裁规则。在机构仲裁情况下,当事人不必如临时仲裁那样还需双方协商试图重新创设一种仲裁程序规则,只需在国际合同中写上一个仲裁条款指明适用某某仲裁机构的仲裁程序就行了,就可以直接享用在国际商事仲裁领域内的专家们所制定的久经时间考验且日趋完备的仲裁程序规则。并且,常设国际商事仲裁机构大多备有多种文字写成的仲裁规则。如国际商会仲裁院制定的仲裁规则,有英文、法文、德文、意大利文、西班牙文、日文和阿拉伯文等七种文字的文本,以供使用不同语言文字的当事人选择。中国国际经济贸易仲裁委员会仲裁规则也备有中文和英文两种文字的文本。这在临时仲裁中是很难具备的。

机构仲裁的第三个优点是便于选择胜任的仲裁员。从某种程度上讲,仲裁是否成功通常取决于仲裁员的才智和技能,因而,选择好的仲裁员是很重要的。而在这方面,仲裁机构是有相当优势的。仲裁机构都备有经过精选产生的仲裁员名单。在绝大多数案子里,双方当事人都能按自己的意愿选择到满意的仲裁员,而被选定的仲裁员也都完全能胜任案件的仲裁工作。而在临时仲裁情况下争议双方当事人却往往很难就仲裁员的选择达成合意。因为在通常情况下争议本身就说明双方的紧张关系,而双方的互不信任则阻碍了顺利地选择仲裁员。此外,在临时仲裁情况下,当事人还得就费用问题同选定的仲裁员谈判,而在机构仲裁情况下,只需按机构制定的收费标准交费就行了,省却了讨价还价的麻烦。

机构仲裁的第四个优点是裁决的履行有司法支持。按照现有的国际条约和各国的立法与实践来看,对于常设仲裁机构做出的仲裁裁决只要是符合有关法律规定的,那么,如果一方当事人不履行,另一方当事人则可申请有关法院强制执行。而在临时仲裁情况下,裁决主要是靠双方当事人的自觉履行,申请法院强制一方当事人履行仲裁裁决往往有很多障碍。况且,有些国家还只承认机构仲裁而没有从法律上确认临时仲裁,在这些国家里,临时仲裁做出的裁决较难获得法院的支持。

最后,机构仲裁还有一个临时仲裁所不具有的优点就是可以进行缺席审理和做出缺席裁决。因此,笔者建议,通常还是选择机构仲裁为好。

常设仲裁机构最早出现于 19 世纪中期,并且很快就在国际范围内得以迅速发展。1841 年成立的英国利物浦棉花公会(Liverpool Cotton Association)在 1863 年第一次草拟了一个包含仲裁条款的格式合同,要求将可能发生的争议提交公会主持下的仲裁机构解决。这一实例立即得到伦敦证券交易所(London Stock Exchange)、伦敦谷物贸易公会(London Corn Trade Association)和咖啡贸易公会(Coffee Trade Association)的仿效。[①] 国际常设仲裁机构发展到今天,几乎遍布世界上所有主要国家,而其业务更涉及国际商事法律关系的各个领域。根据其性质、管辖业务和影响范围等的不同,常设仲裁机构一般可做如下不同的分类:

(1)综合性的常设仲裁机构和专业性的常设仲裁机构。前者可以受理各种不同种类的商事仲裁案件,如美国仲裁协会、英国伦敦仲裁院、瑞典斯德哥尔摩商会仲裁院、日本国际商事仲裁协会以及中国国际经济贸易仲裁委员会等。后者只受理与其有关的商事仲裁案件,如英国海事仲裁协会、中国海事仲裁委员会便只受理海事领域的有关案件,比利时王国安特卫普咖啡仲裁处也只受理争议标的物涉及咖啡的仲裁案件。

(2)全球性常设仲裁机构、区域性常设仲裁机构和全国性常设仲裁机构。全球性常设仲裁机构,是指依据某个国际组织的决议或某个国际公约成立的,用于处理国际商事争议的常设性仲裁机构。它不属于任何一个特定国家,但是可能附设在某一国际组织或机构之下,其影响范围涉及世界各国。目前,主要有在巴黎国际商会下设的国际商会仲裁院和在世界银行下设的解决投资争端国际中心。区域性常设仲裁机构,是基于区域性的国际组织的决定或区域性的国际公约而成立的,主要受理各成员国之间的国际商事案件,它不从属于其中任何一个成员国。如 1939 年根据美洲国家第 7 次国际会议第 41 号决议设立的美洲国家间商业仲裁委员会,波兰、捷克斯洛伐克和民主德国等三国为处理它们之间在海运和河运中可能发生的纠纷而于 1959 年成立的国际仲裁院等即是。全国性常设仲裁机构,一般称仲裁院、仲裁法院或仲裁委员会,是基于内国的决定而设立的。它们虽然受理有关国际商事争议的案件,但仍然从属于有关国家的某个机构,与有关国家存在着密不可分的联系。它们大都附设在各国商会或其他类似的工商团体之内,属于民间组织的性质。世界上主要国家如英国、美国、中国、瑞典、日本、意大利、罗马尼亚、荷兰、波

①李双元,谢石松,欧福永.国际民事诉讼法概论[M].武汉:武汉大学出版社,2016:526.

兰、保加利亚、捷克斯洛伐克、匈牙利、德国、蒙古、越南、古巴、巴基斯坦、埃及、印度以及瑞士等国家都组建了全国性的常设仲裁机构。

上述分类,有时可能交叉。如解决投资争端国际中心,依第一种分类,属于专业性的常设仲裁机构,而依第二种分类,则属于全球性的常设仲裁机构。

第二节　依法仲裁和友好仲裁

如果以仲裁庭是否必须按照法律做出裁决为标准,可将仲裁分为依法仲裁和友好仲裁。

依法仲裁,是指仲裁员或仲裁庭依照法律做出仲裁裁决。在国际商事仲裁中,解决仲裁实体问题的准据法选择,一个最基本的原则便是当事人的意思自治,即仲裁员或仲裁庭应该适用双方当事人合意选择的那一个法律。而在当事人未选择时,则有两种做法,一是根据仲裁地所属国的冲突法确定合同的准据法,另一是授权仲裁员或仲裁庭去决定合同的准据法。在通常情况下,仲裁庭都是依法仲裁的。例如,1994 年颁布的《中华人民共和国仲裁法》第七条就规定,"仲裁应当根据事实,符合法律规定,公平合理地解决纠纷"。但有时,国际商事仲裁中也允许不依法仲裁,这就是所谓的友好仲裁。

学者论著中的友好仲裁是指仲裁员经双方当事人授权,在认为适用严格的法律规则会导致不公平结果的情况下,不依据严格的法律规则,而是依据其所认为的公平的标准做出对双方当事人有约束力的裁决。[①] 友好仲裁,也称友谊仲裁,是指在国际商事仲裁中,不适用任何法律,而允许仲裁员或仲裁庭根据公平和善意原则或公平交易和诚实信用原则对争议实质问题做出裁决。

是否进行友好仲裁主要取决于当事人的愿望,如果未经双方当事人授权,仲裁庭就不得进行友好仲裁。但同时,是否能进行友好仲裁还得受仲裁地法的制约,如果仲裁地法不允许友好仲裁,就不得进行。因而如果当事人选择友好仲裁,必须考虑到仲裁地法是否允许进行此种仲裁。

从国际上看,许多国际条约和许多国家均允许进行友好仲裁。例如 1965 年缔结的《关于解决国家和他国国民之间投资争端公约》第四十二条第三款就规定,"第一款和第二款的规定不得损害法庭在双方同意时对争端做出公平和善良的决定之权"。此外,1961 年订于日内瓦的《关于国际商事仲裁的欧洲公约》(European Convention on International Commercial Arbitration)第七条第二款、1976 年的《联合国国际贸易法委员会仲裁规则》第三十三条第二款、1985 年联合国国际贸易法

---

①李双元,谢石松,欧福永.国际民事诉讼法概论[M].武汉:武汉大学出版社,2016:540.

委员会制定的《贸易法委员会国际商事仲裁示范法》第二十八条第四款等都做了规定,如果双方当事人授权仲裁庭进行友好仲裁时,仲裁庭可以按照公平合理的原则对争议做出裁决。

1981 年《法国民事诉讼法典》第一千四百九十七条规定,在国际仲裁中,如果当事人已合意授权仲裁员,仲裁员应作为友好仲裁员裁决争议。1991 年生效的《美国仲裁协会国际仲裁规则》(International Arbitration Rules of the American Arbitration Association)第二十九条第三款也规定,基于当事人授权,仲裁庭可以决定根据公平原则裁决。其他如阿根廷、葡萄牙、南斯拉夫等国家也在实践中允许进行友好仲裁。

第三节　私人间仲裁和非私人间仲裁

如果以当事人双方是否为私人作标准,可将仲裁分为私人间仲裁和非私人间仲裁。

私人间仲裁是指争议双方当事人均是自然人或法人的仲裁。私人间仲裁在国际商事仲裁中是最为普遍的。有些国家法律和仲裁机构的仲裁规则还明确规定,只受理私人间仲裁。例如 2017 年修正的《中华人民共和国仲裁法》第二条就规定,只有"平等主体的公民、法人和其他组织之间发生的合同纠纷和其他财产权益纠纷,可以仲裁"。根据 2015 年的《中国国际经济贸易仲裁委员会仲裁规则》第三条规定,也只受理私人间的商事仲裁。

非私人间仲裁,是指一方当事人为私人另一方当事人为国家的仲裁。非私人间仲裁,由于一方当事人是国家,涉及的问题较多,尤其是国家及其财产豁免问题更是复杂,因而大多数常设仲裁机构并不受理。但在国际上,也有些常设仲裁机构(主要是全球性的常设仲裁机构)受理非私人间仲裁,而且受案数量还不小。例如,设在巴黎的国际商会仲裁院依其仲裁规则进行的仲裁中涉及国家或国家实体为一方当事人的仲裁大约占三分之一。而在临时仲裁中,当事人一方或双方是国家的则更多。根据 1965 年在华盛顿缔结的《关于解决国家和他国国民之间投资争端公约》在世界银行赞助下设立的"解决投资争端国际中心",则是专门受理一方当事人为国家另一方当事人为私人的投资争议的常设仲裁机构。我国于 1990 年 2 月签署,1992 年 7 月批准加入该公约,1993 年 2 月成为该公约的成员国。

第三章　几个重要的仲裁机构

【本章概要】

　　本章介绍了国际社会几个主要的常设仲裁机构,特别是详细叙述了解决投资争端国际中心、国际商会仲裁院和中国国际经济贸易仲裁委员会的有关情况。

第一节　解决投资争端国际中心

　　解决投资争端国际中心(International Center of Settlement of Investment Dispute),是根据 1965 年签署的《关于解决国家和他国国民之间投资争端公约》而设立的一个全球性的常设仲裁机构。它是在国际复兴开发银行(简称世界银行)的赞助下建立的,地址就在美国华盛顿国际复兴开发银行内。中心的宗旨是依照公约的规定为各缔约国和其他缔约国的国民之间的投资争端提供调停和仲裁的便利,促进相互信任的气氛,借以鼓励私人资本的国际流动。截至 2017 年 6 月 5 日,已经有 161 个国家签署(包括联合国和科索沃),其中 153 个国家批准。

　　按照该《公约》第三条的规定,中心应设有一个行政理事会和一个秘书处,并应有一个调解员小组和一个仲裁员小组。

　　行政理事会由每一缔约国各派代表一人组成,如无相反的任命,一个缔约国指派的国际复兴开发银行董事当然地成为该国的代表,该银行行长为行政理事会的当然主席,但无表决权。行政理事会的职权包含通过调停规则和仲裁规则以及确定正副秘书长的服务条件等七项内容。

　　秘书处由秘书长一人、副秘书长一人或数人以及工作人员组成。秘书长是中心的法定代理人和主要官员,负责中心的行政事务,包括任命工作人员,并有权认证依该公约做出的仲裁裁决并核证其副本。

　　调解员小组和仲裁员小组各由合格的人员组成。每一缔约国可以向每个小组指派四人,他们可以是但不一定是该缔约国国民。主席可以向每个小组指派十人,向一个小组指派的人员应具有不同的国籍。主席指派在小组中服务的人员时,还应适当注意保证世界上各主要法律体系和主要的经济活动方式在小组中的代表性。

作为从属于国际复兴开发银行的一个国际性独立机构,中心具有不同于其他任何仲裁机构的特殊法律地位。依照公约第十八条至第二十四条的有关规定,中心具有完全的国际法人格,具有缔结契约、取得和处理动产和不动产及起诉的能力。中心在完成其任务时在各缔约国领土内享有公约所规定的豁免权和特权,如中心及其财产享有豁免一切法律诉讼的权利。中心的资产、财务和收入以及公约许可的业务活动和交易应免除一切税捐和关税;中心及其所有官员和工作人员享有其国际组织及其人员所享有的豁免权和特权。而且依据公约,作为当事人、代理人、法律顾问、律师、证人或专家在仲裁中出席的人,也适用公约第二十一条规定的豁免权。但如属非当地国民的人,则在仲裁地的停留和往返旅程中,也享受一定的司法豁免的权利。

作为专门处理国家和其他国家国民间投资争端的国际仲裁机构,依公约第二十五条规定,中心的管辖权只限于缔约国和另一缔约国国民之间直接因投资而产生的任何法律争端,该争端经双方书面同意提交给中心。当双方表示同意后,则不得单方面撤销其同意。对于"法律争端"一词在公约中没有下定义。但附随于公约的世界银行执行董事报告的第二十六段提到,使用"法律争端"这一措辞明确了权利冲突属于中心的管辖范围,而纯粹的利益冲突不在中心管辖之列。争端必须是有关法律权利或义务的存在与范围,或者是有关由于违反法律义务而做出赔偿的性质或范围。因而,有关当事人之间利益冲突的争议,如涉及对整个投资合同的某些条款进行重新谈判的理想性问题,通常排除在中心的管辖范围之外。

秘书长收到请求仲裁的书面申请后,如符合规定,则应登记此项请求,并着手组织仲裁庭。仲裁庭一般出双方当事人同意任命的独任仲裁员或任何非偶数的仲裁员组成。如双方当事人对仲裁员的人数和任命方法不能达成协议,仲裁庭应由3名仲裁员组成,由每一方各任命1名仲裁员,第3名则由双方协议任命,并担任仲裁庭主席。但如果在发出登记书后90天内或在双方约定的期限内未能组成仲裁庭,经一方当事人的请求,并尽可能同双方磋商后,主席应任命尚未任命的仲裁员,有时也可任命仲裁员小组以外的人为仲裁员,但必须是当事国以外的第三国的国民。仲裁庭的权限,原则上由仲裁庭自行决定。任何仲裁程序,均应依照公约规定,除双方当事人另有协议外,按照双方同意提交仲裁之日有效的仲裁规则进行。如发生公约或仲裁规则或双方同意的规则均未做规定的程序问题,则该问题由仲裁庭决定。在进行仲裁时首先应适用双方当事人合意选择的法律;当事人未做选择或未能达成一致意见时,仲裁庭可以适用争议一方缔约国(一般是指东道国)的法律,以及可能适用的有关国际法规则。在双方当事人授权时,仲裁庭还可依"公平和善意"进行友好仲裁。

公约第四十八条规定,仲裁庭应以其全体成员的多数票对问题做出裁决,并且未经双方的同意中心不得公布裁决。公约第五十八条规定,中心做出的裁决是终局性的,对双方均有约束力,不得进行任何上诉或采取任何其他除公约规定外的补救办法。每一缔约国应承认依照公约做出的裁决具有约束力,并在其领土内履行该裁决所加的金钱上的义务,如同该裁决是在该国法院的最后判决一样。

从实践上看,尽管中心每年受理的仲裁案件的数量不多,但其成效却也是明显的,中心的大多数案件通过友好仲裁和和气气地解决了,剩下的,当事人(主要是缔约国一方)也能履行裁决规定的义务。原因可能是如果一个缔约国不执行裁决会阻碍其进一步获得外国私人投资,或者受到世界银行及其附属机构对不执行裁决的国家财政上的报复,而这恰恰也是缔约国最顾虑的。

第二节　国际商会仲裁院

国际商会仲裁院(Arbitration Court of International Chamber of Commerce,简称 ICC Court of Arbitration)于 1923 年成立,是附属于国际商会的一个全球性国际常设仲裁机构,总部设在法国巴黎。国际商会是个国际性的民间组织,国际商会仲裁院本身也具有民间性质,有很大的独立性。国际商会仲裁院的宗旨是通过处理国际性商事争议,促进国际合作与发展。仲裁院理事会由 40 多个成员国各自推选一名专家组成。仲裁院理事会和秘书处对提交仲裁的案件进行监督和管理,但其成员不得担任仲裁案件中的仲裁员或代理人。仲裁院执行的是 2012 年版的仲裁规则,并在 2017 年进行修订,自 2017 年 3 月 1 日起生效。

国际商会仲裁院作为一个全球性的国际常设仲裁机构,具有极为广泛的管辖范围,任何国家的当事人,不管其是否为国际商会成员国的当事人,都可以通过仲裁协议将有关争议提请国际商会仲裁院仲裁。而且当事人任何一方既可以是个人,也可以是法人,甚至可以是国家和政府的企业、机构或国家和政府本身。就案件的性质而言,虽然国际商会仲裁院最初受理的案件主要是有关货物买卖合同和许可证贸易中所发生的争议,但最近几十年却有了重大的变化,其管辖范围变得极为广泛,几乎包括因契约关系而发生的任何争议。据统计,其所受理的案件逐年增加:1940 年到 1958 年由仲裁院主持待处理的案件只有 234 件,而 1969 年一年就超过 100 件,1977 年超过 200 件,1987 年多达 285 件,1990 年更达到 365 件。2019 年国际商会仲裁院又一次创造了受案纪录,创下了有史以来根据国际商会规则在审仲裁案件 1694 件的最高纪录。它是目前世界上每年受案最多的几个常设仲裁机构之一。

国际商会仲裁院在国际上具有广泛的影响,其完整的国际商事仲裁程序规则日益为东西方国家间贸易仲裁所采用。它备有供当事人选择的仲裁员名单。如双方当事人约定将争议提交国际商会仲裁时,应通过其所属国的国际商会国内委员会或直接向仲裁院秘书处提交仲裁申请书。在后一种情况下,秘书处应将此申请通知有关国家的国际商会国内委员会。

　　国际商会仲裁院本身并不解决争议。依仲裁院仲裁规则第八条规定,如当事人无另外约定时,仲裁院得任命仲裁员或批准仲裁员的指定,在做出任命或批准时,仲裁院应考虑被推荐的仲裁员的国籍、住址及其同当事人或其他仲裁员所属国家的关系。当事人可以约定选择 1 名独任仲裁员进行仲裁,也可以约定选择 3 名仲裁员进行仲裁。如由 1 名独任仲裁员解决争议,当事人双方可以协议提名,但须经仲裁院批准。如在申请人的仲裁申请书通知另一方之日起 30 天内,双方未就独任仲裁员的提名达成协议,则由仲裁院任命;如由 3 名仲裁员仲裁,当事人双方应分别在其申请书和答辩书中各指定 1 名仲裁员报仲裁院批准。如其中有一方当事人未指定仲裁员时,也可由仲裁院任命。第 3 名仲裁员原则上应由仲裁院任命,并担任首席仲裁员,但当事人双方约定由他们任命的仲裁员在规定期限内商定第三名仲裁员的,则从其约定。但在此情况下,该第 3 名仲裁员的指定应征得仲裁院的批准。如果该两名仲裁员不能在当事人双方约定或仲裁院规定的期限内就商定第三名仲裁员,则由仲裁院任命。独任仲裁员或首席仲裁员不得从双方当事人国家的国民中选任,但是在适当情况下,如任何一方均不在仲裁院规定的期限内提出异议时,则仲裁院可以从任何一方当事人国民中选任独任仲裁员或首席仲裁员。仲裁员审理案件的程序应遵循本规则;本规则未规定时可依当事人约定的规则(当事人未有约定时,可由仲裁员确定),可参照也可以不参照仲裁所适用的某一国的程序法。当事人双方还可以自由确定仲裁员裁决争议所适用的法律。当事人双方未指明应适用的法律时,仲裁员应适用他认为合适的根据冲突法规则所确定的准据法。并且,如果双方当事人商定授予仲裁员以友好调解之职权时,仲裁员则应承担之。

　　仲裁员应于签署裁决(无论是部分的还是最后的)前将裁决草案提交仲裁院。仲裁院可以就裁决的形式提出修改,在不影响仲裁员的自由裁决权的情况下也可以就裁决的实体问题提请仲裁员注意。裁决在仲裁院未就其形式批准之前不得签署。

　　仲裁裁决是终局的,裁决一经做出,对双方当事人均有约束力。并且,双方当事人将争议提交国际商会仲裁时,就应视为已承担毫不迟延地执行最终裁决的义务,并在依法可以放弃的范围内放弃任何形式的上诉权利。

第三节　其他重要的仲裁机构

　　解决投资争端国际中心和国际商会仲裁院是目前世界上两个最重要的全球性

国际常设仲裁机构。此外,还有以下几个重要的国家(地区)性常设仲裁机构。尽管它们是从属于某一个国家(地区)的,但其影响却已超出一个国家(地区)的范围而具有国际声望或国际影响。

一、瑞典斯德哥尔摩商会仲裁院

瑞典斯德哥尔摩商会仲裁院(The Arbitration Institute of Stockholm Chamber of Commerce,简称 SCC 仲裁院)成立于 1917 年,是斯德哥尔摩商会属内的一个专门处理商事争议的独立机构。该院设有 3 名委员组成的委员会,委员由斯德哥尔摩商会的执行委员会任命,任期 3 年。3 名委员中有一人担任首席仲裁员,由对解决工商性质的争议富有经验的法官充任,一人为职业律师,还有一人由商界享有崇高声望者充任。同时每一名委员配有一名由斯德哥尔摩商会执行委员会任命的副职,任期也是三年,副职与委员拥有相同的资格。

由于瑞典在政治上处于中立地位,加之该仲裁院历史悠久,有一整套完善的仲裁法规,具有丰富的仲裁经验还愿意根据《联合国国际贸易法委员会仲裁规则》等其他任何规则来审理裁决有关当事人提交给它的任何商事争议,因而在保证仲裁程序迅速及时地进行与仲裁的独立性和公正性方面,该仲裁院在国际社会享有很高声誉。而且,瑞典参加了有关仲裁方面的多个国际公约,未做任何保留,容易承认和执行其他国家做出的仲裁裁决,因而斯德哥尔摩商会仲裁院做出的裁决也能得到世界上很多国家与地区的承认和执行。该仲裁院已成为当今东西方国家间国际经济贸易仲裁的中心。我国的中国国际经济贸易仲裁委员会与该仲裁院已经建立了业务联系,中国国际经济贸易仲裁委员会建议,涉外经济合同中当事人双方打算选择第三国仲裁机构时,可给该院以优先考虑。

斯德哥尔摩商会仲裁院虽然是附属于瑞典斯德哥尔摩商会的一个国家性仲裁机构,但它具有独立性,仲裁院做出的裁决是终局性的,并受理世界上任何国家当事人所提请的商事争议。该仲裁院没有固定的仲裁员名册,当事人可以自己选定仲裁员和选择解决争议所适用的法律。当事人在指定仲裁员时可以不受仲裁员名册的限制,也可以不受国籍的限制,只是首席仲裁员必须由该仲裁院指定。在当事人未选择所适用的法律时,则根据瑞典的冲突规范适用与争议和契约有最密切联系的法律。仲裁裁决在当事人不履行时,可向有关国家申请强制执行。

二、瑞士苏黎世商会仲裁院

苏黎世商会仲裁院(Court of Arbitration of the Zurich Chamber of Commerce)成立于 1911 年,是瑞士苏黎世商会下属的一个国家性仲裁机构。正像斯德哥尔摩商会仲裁院一样,由于瑞士在政治上处于中立地位,从而使得苏黎世商会仲裁院的仲裁公正性较易为不同社会制度的国家当事人所接受,逐渐成为处理东西方国家之间国际商事争议的另一个重要中心,在国际商事仲裁机构中颇有地位。我国外贸公司和企业在进行对外经济贸易交往中有时也约定将交往中发生的争议提请该院仲裁。

苏黎世商会仲裁院在管辖上不受当事人国籍、住所的限制,受理内外国当事人提交给它的国际商事争议。由当事人选定或由商会指定的仲裁员组成仲裁庭主持具体的仲裁程序,仲裁庭在仲裁过程中严格根据 1977 年修订生效的《苏黎世商会调解和仲裁规则》(Rules of Conciliation and Arbitration of the Zurich Chamber of Commerce)进行工作。

三、美国仲裁协会

美国仲裁协会(American Arbitration Association,简称 AAA)成立于 1926年,总部设在纽约并在美国的 24 个主要城市设有分支机构,是一个民间性的常设仲裁机构。它是美国综合性的仲裁机构,主要受理国内一般商事案件,兼理美国同外国当事人之间的商事争议。该机构跟我国的涉外仲裁机构也有业务联系。美国仲裁协会根据它自己制定的《国际仲裁规则》行事。它的一个显著特点是,在协会指定审理案件的地点时,若当事人双方没有合意选择准据法,有关的仲裁庭几乎都是把该仲裁地法律作为仲裁所依据的法律。而且,如当事人双方难以就仲裁地达成一致意见时,通常由协会指定在纽约市进行仲裁,从而适用纽约市的现行法。

四、英国伦敦国际仲裁院

英国伦敦国际仲裁院(London Court of International Arbitration,简称 LCIA)成立于 1892 年,最初为伦敦仲裁会,1903 年改名为伦敦仲裁院,1981 年改名为伦敦国际仲裁院,是英国伦敦国际商会所管辖的一个常设仲裁机构,在国际社会享有很高声望,尤其是它的海事仲裁更负盛名,世界各国的大多数海事案件都提请该院仲裁。伦敦国际仲裁院由伦敦市政府、伦敦商会和女王特许仲裁员协会共同组成的管理委员会管理。仲裁院的日常工作由女王特许仲裁员协会负责,特许仲裁员协会的会长兼任伦敦国际仲裁院的执行主任。

伦敦国际仲裁院对于提交给它的任何性质的国际商事争议都予以受理,而不管有关争议发生在哪个国家,跟英国有无联系。伦敦国际仲裁院的仲裁员名册中列入了来自 30 多个国家的具有丰富经验的仲裁员,以供当事人选择。如果当事人没有就仲裁员的选择达成合意,则由仲裁院在其仲裁员名册中加以指定。而在当事人双方是不同国籍的人时,该仲裁院总是指定非当事人国籍国的仲裁员来担任首席仲裁员或独任仲裁员。仲裁庭按照伦敦国际仲裁院的仲裁规则主持有关的仲裁程序,并且在通常情况下,都适用英国法作为准据法来对有关商事争议进行实质性裁决。

在传统上,英国的仲裁程序受法院影响较大。1979 年,英国修改了仲裁法,允许当事人达成仲裁协议以排除法院管辖权,也取消了在仲裁中法律问题必须提交法院解决的规定。尽管如此,英国的仲裁程序还是较其他欧美各国严格得多。

五、日本商事仲裁协会

它是日本唯一的常设仲裁机构,前身是 1949 年 9 月设立的日美仲裁委员会。后来,以日本商工会议所为中心,由经济团体联合会、日本贸易会等单位发起,于 1950 年 3 月成立了日本商事仲裁委员会。1953 年 8 月,该委员会改名为社团法人日本商事仲裁协会。该仲裁协会受理国际贸易中发生的争议,依照 1997 年修改的《日本商事仲裁协会仲裁规则》进行各项工作。我国的中国国际经济贸易仲裁委员会与其订有协议,规定两国当事人之间如果发生争议,由被申请人所在国的仲裁机构进行仲裁。

六、中国香港国际仲裁中心

中国香港国际仲裁中心(Hong Kong International Arbitration Center,简称 HKIAC)成立于 1985 年 5 月,同年 9 月 1 日正式开展业务。它是根据香港有关公司法律规定注册的非营利组织,是为配合亚洲地区对仲裁服务的需要而设立的。最初设立时,由政府和商界共同出资创设,现在已经完全独立于商界和政府,在财政上自给自足。中心的理事会由不同国籍的具有多方面专长和资历的商界、法律界和其他各界专业人士组成。中心的仲裁事务由理事会下属的管理委员会通过中心的秘书长负责管理。中心的仲裁事务分为本地仲裁和国际仲裁。本地仲裁是指双方当事人都是香港人的案件,适用香港仲裁规则。国际仲裁是指一方或双方当事人为非香港人的案件,适用《联合国国际贸易法委员会仲裁规则》。国际仲裁的仲裁庭,除非当事人另有约定,则仲裁员人数为三人,当事人双方各指定一名,再由被指定的两名仲裁员共同推选一名首席仲裁员。也可由该中心作为指派机构指定仲裁员。中心设有世界各地不同国籍的国际仲裁员名单。仲裁地点可以在香港,也可以在香港以外的其他地方。如果当事人未约定仲裁地点,则由仲裁庭决定。除非双方当事人协议无须说明理由,裁决书应当说明所依据的理由。根据 1982 年修订的《中国香港仲裁条例》规定,如果当事人约定仲裁适用香港条例,则可以约定排除向香港法院上诉的任何权利。中心同时也可以采用调解或调停的方式解决争议。仲裁员的收费和案件的进展由仲裁员和当事人共同推进,仲裁裁决书可仅由仲裁员本人签署,无须仲裁中心盖章。但当事人要求仲裁中心盖印时,仲裁中心可在仲裁裁决书上盖印并以其名义发出。仲裁中心鼓励仲裁员将裁决书在中心存档,以资记录。仲裁中心在案件的处理过程中仅扮演辅助的角色,既为机构仲裁也为临时仲裁提供设施和服务。仲裁中心还提供诸如持有争议款项或相关费用保证金的有限行政服务。仲裁中心不向当事人收取仲裁费用,也不向仲裁员收费。仲裁中心可为仲裁员和当事人提供各种服务,包括提供场所聆讯、安排翻译、提供视像会议服务、存放和保管资料等,但需另行收取一定的费用。

七、新加坡国际仲裁中心

为了改善新加坡的法制体系并加快解决商事争议的速度,1986年新加坡加入了1958年订于纽约的《承认及执行外国仲裁裁决公约》,并于1990年3月成立了新加坡国际仲裁中心(Singapore International Arbitration Center,SIAC)。中心的宗旨是为国际和国内的商事仲裁和调解提供服务,促进仲裁和调解广泛使用于解决商事争议,并培养一批熟悉国际仲裁法律和实践的仲裁员和专家。

中心目前适用的规则是2016年6月1日起生效的《新加坡国际仲裁中心仲裁规则》,此次发布的新规则,是自新加坡国际仲裁中心成立以来的第六次修订。它适应了社会经济的发展和变化,符合追求快速、经济、高效解决纠纷的目标,也进一步加强了新加坡国际仲裁中心作为国际仲裁中心的国际化色彩。新规则不仅对原有的部分条文进行了调整和修订,更新增了"多份合同仲裁""追加当事人"以及"合并仲裁"等全新条款。如果当事人就仲裁庭的组成不能达成一致意见时,中心可代为指定。除非双方当事人明确表示同意,中心不得指定与一方当事人同一国籍的仲裁员。

由于新加坡加入了《承认及执行外国仲裁裁决公约》,因而该中心做出的仲裁裁决可以在包括新加坡在内的160多个国家和地区得到执行。

第四节　中国涉外仲裁机构

一、中国涉外仲裁机构概述

根据我国《仲裁法》第十条规定,仲裁委员会可以在直辖市和省、自治区人民政府所在地的市设立,也可以根据需要在其他设区的市设立,不按行政区划层层设立。仲裁委员会由前款规定的市的人民政府组织有关部门和商会统一组建。设立仲裁委员会,应当经省、自治区、直辖市的司法行政部门登记。同时,1996年6月8日由国务院办公厅发布并施行的《国务院办公厅关于贯彻实施〈中华人民共和国仲裁法〉需要明确的几个问题的通知》(国办发〔1996〕22号)第三条也规定:新组建的仲裁委员会的主要职责是受理国内仲裁案件;涉外仲裁案件的当事人自愿选择新组建的仲裁委员会仲裁的,新组建的仲裁委员会可以受理;新组建的仲裁委员会受理的涉外仲裁案件的仲裁收费与国内仲裁案件的仲裁收费应当采用同一标准。也就是说,依照仲裁法组建的各地仲裁机构都有权受理涉外仲裁案件。

目前,中国常设商事仲裁机构中涉外仲裁机构有两个,一是中国国际经济贸易仲裁委员会,另一是中国海事仲裁委员会。下面,将详细介绍这两个常设仲裁委员会的情况。

二、中国国际经济贸易仲裁委员会

中国国际经济贸易仲裁委员会(China International Economic and Trade Arbitration Commission,CIETAC)是中国国际贸易促进委员会(中国国际商会)下属的一个民间性的全国性常设仲裁机构。仲裁委员会的宗旨是以仲裁的方式,独立、公正地解决产生于国际或涉外的契约性或非契约性的经济贸易等争议,包括外国法人及/或自然人同中国法人及/或自然人之间,外国法人及/或自然人之间,中国法人及/或自然人之间发生的上述争议,以保护当事人的正当权益,促进国内外经济贸易的发展。

中国国际经济贸易仲裁委员会从成立至今,大致走过了初创、发展、繁荣三个时期。

(一)初创时期

为了适应中国对外贸易事业发展的需要,原中央人民政府政务院在1954年5月6日举行的第215次政务会议上正式通过了《中央人民政府政务院关于在中国国际贸易促进委员会内设立对外贸易仲裁委员会的决定》,对即将成立的对外贸易仲裁委员会的受案范围、组织、任务和仲裁程序等事项做了原则性规定。根据政务院的决定,中国国际贸易促进委员会于1956年3月31日举行的第4次委员会会议上通过了《中国国际贸易促进委员会对外贸易仲裁委员会仲裁程序暂行规则》。由中国贸促会在外贸商业、工业、农业、运输、保险以及法律方面的人士中,选任21位委员组成对外贸易仲裁委员会第一届委员会,并由这些委员兼任仲裁员。1956年4月2日,举行了对外贸易仲裁委员会第一届委员会第一次会议,会议推选冀朝鼎为对外贸易仲裁委员会主席。对外贸易仲裁委员会正式成立,开始受理仲裁案件。根据上述《仲裁程序暂行规则》,对外贸易仲裁委员会的受案范围包括对外贸易契约和交易中所发生的争议,特别是外国商号、公司或者其他经济组织和中国商号、公司或者其他经济组织之间的争议,同时也受理外国商号、公司或者其他经济组织之间的争议。

（二）发展时期

党的十一届三中全会以后，我国实行对外开放政策。为了适应对外贸易和经济合作关系迅速发展的需要，1980 年 2 月 26 日，国务院发布通知，决定把对外贸易仲裁委员会名称改为对外经济贸易仲裁委员会，其受理案件的范围扩大到有关中外合资经营、外国来华投资建厂、中外银行相互信贷等各种对外经济合作方面所发生的争议。就受案数而言，1985 年为 37 件，1986 年为 57 件，1987 年为 129 件，1988 年为 162 件，至 1988 年在审案件达到 310 件，结案 86 件。这个数字已经使我国仲裁委员会当年的受案数量跃居世界商事仲裁机构的第二名。就案件当事人国籍而言，中方申请的占 58％，外方申请的占 42％，外国当事人涉及 23 个国家，遍布五大洲。就案件种类而言，大多数是进出口合同争议，占 80％，合资合作合同争议占 14％，其他占 6％。

（三）繁荣时期

为了积极扩大中国涉外仲裁机构的国际影响，适应我国对外经济贸易关系不断发展的需要，国务院于 1988 年 6 月 21 日再次决定，将对外经济贸易仲裁委员会改名为中国国际经济贸易仲裁委员会，其受理案件的范围扩大到国际经济贸易中发生的一切争议；并授权中国国际贸易促进委员会根据中国法律和中国缔结或者参加的国际公约，参照国际惯例，对 1956 年的《仲裁程序暂行规则》进行修改，发布实施新的仲裁规则。从 2000 年开始，中国国际经济贸易仲裁委员会同时启用了中国国际商会仲裁院的名称。贸仲委独立公正地解决商事争议，在国际社会享有良好的声誉。它致力于促进国际国内商事仲裁发展，不断增强国际影响力和竞争力，努力提升仲裁公信力，为中外当事人提供公正高效的仲裁法律服务。2019 年，共受理案件 3333 件，其中涉外案件 617 件，双方均为境外当事人案件 66 件。上亿元案件 211 件，10 亿元以上案件 19 件。在办案件 2347 件，审结案件 3146 件。贸仲委在国际仲裁工作中具有前瞻性和领先水平，已成为世界上重要的国际商事仲裁机构之一。

在规则体系建设方面，中国贸促会第一届委员会第三次会议于 1988 年 9 月 12 日通过了《中国国际经济贸易仲裁委员会仲裁规则》，并于 1989 年 1 月 1 日起生效。该《仲裁规则》的实施，更加符合我国的对外开放政策，有利于我国开展对外贸易和经济合作以及鼓励吸引外商到我国投资。由于争议种类逐渐增多，争议金额越来越大，争议案情越来越复杂，例如，2013 年贸仲委新受理涉外案件 375 件，案件争议金额总计 244 亿元人民币，创历史新高；同时，随着我国法制建设的逐步健全，法律和实践对仲裁程序的要求也愈加严格，因此，修改仲裁规则迫在眉睫。2014 年 11 月 4 日贸仲委/中国国际商会修订并通过了《中国国际经济贸易仲裁委员会仲裁规则》（以下简称《仲裁规则》），并于 2015 年 1 月 1 日起施行。

经过不断修订的《仲裁规则》进一步参考了国际上的通行做法,由于其内容完整、可操作性强,有望进一步方便中外当事人,加快办案速度,有助于独立、公正、顺利、及时地解决涉外经济贸易争议。比如说,1994 年修订的《仲裁规则》增加了"简易程序"一章,参照了国际上一些商事仲裁机构关于"简易仲裁""快速仲裁""速办程序"或"小额争议仲裁"等做法,适用于一些案情较为简单、双方当事人都希望仲裁程序进行的时间尽量缩短的案件。另外,《仲裁规则》还有一个重要突破,这就是《仲裁规则》附则规定的"允许双方当事人约定在仲裁中使用外国语言文字"。这是新《仲裁规则》体现国际化的一个突出例证,与国际上大多数仲裁机构的规定相一致。由于我国仲裁机构裁决公正、结案较快、费用较低,一些发生在外国人之间的商事争议也提请我国仲裁,上述规定为此类当事人均为外国人的仲裁案件提供了语言上的方便。新《仲裁规则》体现国际化的另一个例证是中国国际经济贸易仲裁委员会于 2017 年 5 月 1 日起设立了新的仲裁员名册,李双元、黄进等著名国际法学家名列其中;而且,来自外国和我国港澳地区的仲裁员有 405 名,占总人数的28.2%。① 2021 年 5 月 1 日起又施行了新的仲裁员名册。②

依照 2015 年《仲裁规则》,中国国际经济贸易仲裁委员会根据当事人在争议发生之前或者在争议发生之后的将争议提交给它仲裁的仲裁协议和一方当事人的书面申请,受理案件。仲裁委员会有权对仲裁协议的存在、有效性以及仲裁案件的管辖权做出决定,凡当事人同意将其争议提交仲裁委员会仲裁的,均视为同意按照《仲裁规则》进行仲裁。

贸仲委设名誉主任一人,顾问若干人。仲裁委员会由主任一人、副主任若干人、秘书长一人和委员若干人组成。仲裁委员会设仲裁院,负责处理仲裁委员会的日常事务。

贸仲委设在北京,并在深圳、上海、天津、重庆、杭州、武汉、福州、西安、南京、成都、济南分别设有华南分会、上海分会、天津国际经济金融仲裁中心(天津分会)、西南分会、浙江分会、湖北分会、福建分会、丝绸之路仲裁中心、江苏仲裁中心、四川分会和山东分会。贸仲委在香港特别行政区设立香港仲裁中心,在加拿大温哥华设立北美仲裁中心,在奥地利维也纳设立欧洲仲裁中心。仲裁委员会及其分会是一个整体。分会设仲裁院,负责分会的日常事务。《仲裁规则》统一适用于仲裁委员会及其分会。在分会进行仲裁时,《仲裁规则》规定由仲裁委员会主任和仲裁委员会仲裁院分别履行的职责,由该分会主任和分会仲裁院分别履行。

双方当事人可以约定将其争议提交仲裁委员会在北京进行仲裁,或者约定将其争议提交仲裁委员会深圳分会在深圳进行仲裁,或者约定将其争议提交仲裁委员会上海分会在上海进行仲裁;如无此约定,则由申请人选择;作此选择时,以首先

①中国内地仲裁员有 1032 名,占仲裁员总数的 71.8%,分别来自全国 31 个省区市及境外共计 58 个城市;港澳台及外籍仲裁员有 405 名,占仲裁员总数的 28.2%,分别来自世界 65 个国家和地区。
②共有仲裁员 1698 名,中国内地有 1215 名,境外有 483 名,分别来自 85 个国家和地区。

提出选择的为准,如有争议,应由仲裁委员会做出决定。仲裁地点一般应在仲裁委员会或分会所在地进行但经仲裁委员会或分会主任批准,也可以在其他地点进行。

当事人申请采取财产保全措施的,仲裁委员会应当将当事人的申请提交被申请人住所地或其财产所在地的中级人民法院做出裁定。

具体的仲裁程序则由当事人选定或仲裁委员会指定的仲裁员组成仲裁庭来主持进行。仲裁庭可以由3名仲裁员组成,也可以由独任仲裁员担任。无论是双方当事人自行任命、委托仲裁委员会主任任命,还是仲裁委员会主任依职权任命,充任仲裁员的人选应以仲裁员名单为限。被指定的仲裁员,如果与案件有利害关系,应当自行向仲裁委员会请求回避,当事人有权向仲裁委员会提出书面申请,要求该仲裁员回避。仲裁员回避的决定,由仲裁委员会主任做出。仲裁庭依据仲裁委员会的仲裁规则对有关案件进行审理,并依据当事人合意选择的法律,或在当事人未作选择时,适用与合同或有关争议有最密切联系的法律,对案件做出实质性裁决。该项裁决是终局的,任何一方当事人均不得向法院起诉,也不得向其他机构提出变更仲裁裁决的请求。一方当事人不履行的,另一方当事人可以根据我国法律的规定,向我国法院申请执行,或根据1958年《承认及执行外国仲裁裁决公约》或者我国缔结或参加的其他国际条约,向外国有管辖权的法院申请执行。

三、中国海事仲裁委员会

中国海事仲裁委员会是中国国际贸易促进委员会(中国国际商会)属下的一个民间性、独立的和专门的全国常设仲裁机构,总部设在北京。2020年11月6日,中国海事仲裁委员会上海分会更名为中国海事仲裁委员会上海总部。

1958年11月21日,原政务院通过了《关于在中国国际贸易促进委员会内设立海事仲裁委员会的决定》,根据这一决定,1959年1月8日,中国国际贸易促进委员会成立了海事仲裁委员会,并制定了《海事仲裁委员会仲裁程序暂行规则》,主要受理海上船舶互相救助报酬、海上船舶碰撞、海上船舶租赁与代理业务以及海上、船舶运输和保险等方面所发生的争议。海事仲裁委员会,由贸促会从对航海、海上运输、对外贸易、保险以及法律方面具有专门知识和实际经验的人士中选任组成。

为了使海事仲裁更能适应我国及国际海事交往的发展需要,1988年6月21日国务院决定将海事仲裁委员会改名为中国海事仲裁委员会。1988年9月12日贸促会第一届委员会第三次会议通过了《中国海事仲裁委员会仲裁规则》,并于1989年1月1日起生效。根据该规则,中国海事仲裁委员会的管辖范围在原有的基础上增加了海洋环境污染损害和船舶买卖、修造、拖航等方面的争议以及当事人协议要求仲裁的其他海事争议。仲裁委员会由主任1人、副主任和委员若干人组成,它有权就仲裁协议的有效性和仲裁案件的管辖权做出决定。仲裁委员会设有秘书处,负责处理仲裁委员会的日常事务,还设立了仲裁员名单。具体的仲裁程序则由双方当事人选定或仲裁委员会指定的仲裁员组成仲裁庭来主持进行。仲裁庭根据《中国海事仲裁委员会仲裁规则》对有关案件进行审理,在其他方面与《中国国际经济贸易仲裁委员会仲裁规则》基本上相同。

近些年来,中国海事仲裁委员会致力于改善和提高服务质量,公正地解决争议,保护中外当事人的合法权益,使海事仲裁进一步得到发展。例如2016年海仲委受案量总计69件,涉案标的额达人民币11.94亿元。案件涉及中国、巴拿马、美国、新加坡、印度尼西亚、挪威、马绍尔群岛、印度、韩国、利比亚、希腊、德国、瑞士13个国家和地区。这些案件主要产生于租船合同、提单、包运合同,涉及的问题有滞期费、运费、租金、船期损失、货损货差、转卖货物损失、代理人过失、船舶未建造未履行租船合同造成的损失、救助报酬争议及安全港问题等。2019年中国海仲受案量91件,争议金额总计3.49亿元,其中涉外案件41件,涉及美国、日本、韩国、德国、英国、泰国、新加坡、利比亚等23个国家和地区。

中国海事仲裁委员会的每年受案数大大少于中国国际经济贸易仲裁委员会的受案数,两者的发展极不平衡。笔者认为,这可能是因为各国法律都对海事争议规定了内国法院行使管辖权的多种连结因素,并且海事争议发生后还经常使用诉前扣押财产,使得法院对海事争议行使管辖权有先天的便利,从而使海事仲裁失去了用武之地。另一原因可能与我国海运提单中使用管辖权条款有关,从而使申请仲裁无门。因此,有必要把我国海运提单中的管辖权条款改成仲裁条款。此外,国内一些新成立的航运公司不甚了解仲裁,而国内的航运巨头中运和外运迫于国际航运保赔界的竞争压力,争取争议在中国仲裁的努力遇到困难,也是中国海事仲裁委员会受案数增加不多的原因之一。

第四章 国际商事仲裁的准据法

【本章概要】

　　本章阐述了国际商事仲裁中程序问题和实体问题的准据法选择。笔者认为,决定仲裁程序的仲裁法在一般情况下就是仲裁地法,因而在国际商事仲裁中选择合适的仲裁地具有特别重要的意义。而对仲裁实体问题的法律适用,一个普遍的原则,就是适用双方当事人合意选择的法律。

第一节 仲裁程序的法律适用

一、各国的立法与实践

　　仲裁程序的法律适用完全不同于诉讼程序。在国际民事诉讼中,对于诉讼程序问题,国际社会的习惯做法是只适用法院地国的诉讼程序法。而在国际商事仲裁中,对于仲裁程序问题,由于仲裁本身固有的性质,[①]各国立法与实践却是普遍允许国际商事仲裁中的双方当事人合意选择仲裁程序的,而在无此合意选择时,则往往适用仲裁机构自身的仲裁规则或仲裁地的仲裁规则,或者由仲裁员或仲裁机构来决定适用的仲裁程序规则。

　　1989 年生效的《瑞士联邦国际私法法规》第一百八十二条规定,在国际商事仲裁中,当事人可以使仲裁程序服从于他们所选择的程序法;如果当事人没有规定此种仲裁程序,必要时将由仲裁庭直接规定或援引某一法律或某一仲裁规则加以规定。在实践中,瑞士联邦和州的判例也都承认国际商事仲裁中双方当事人有合意选择适用于仲裁程序规则的自由,而在当事人没有选择时,对于程序问题,则适用仲裁所在地国家的法律。

---

①李双元,金彭年.中国国际私法[M].北京:海洋出版社,1991:613.

在日本,国际商事仲裁中的当事人双方可以在仲裁协议中根据共同的意思表示自行规定仲裁程序的细节,甚至当事人可以接受一种依照外国法律所规定的仲裁程序规则。而在当事人对仲裁程序未作任何规定时,根据《日本民事诉讼法》第七百九十四条第二款的规定,仲裁程序则由仲裁员或仲裁庭依自己的裁量来决定。而通常则是适用仲裁机构自身的仲裁规则。1989 年 5 月 24 日修订并生效的《日本商事仲裁协会商事仲裁规则》(The Japan Commercial Arbitration Association Commercial Arbitration Rules)规则之二规定:"当各方当事人订立了书面仲裁协议或其他书面协议,按本规则提交协会仲裁,则根据当事人的意愿,本规则规定的条款应视为当事人所接受。"这就是说,对于发生在国际商事活动中的有关争议,如果双方当事人根据意思自治原则订立了仲裁协议并将该争议提交日本商事仲裁协会仲裁,即视为双方当事人也合意选择了该协会的商事仲裁规则。

在德国,国际商事仲裁中的当事人也可以合意选择适用于仲裁程序的法律,或者授权仲裁员选择适用于仲裁程序的法律。当事人选择德国为仲裁地并不等于要求仲裁程序也应适用德国法。1950 年的《德意志联邦共和国民事诉讼法》第一千零三十四条规定,除了不得拒绝律师担任代理人以及依该法第一百五十七条不准参加法院言词辩论的人在仲裁中也不准参加之外,仲裁程序依当事人的约定,而在当事人之间无约定时,仲裁程序上的问题则由仲裁员以其自由裁量决定之。

在英格兰,当事人可自由地选择适用于仲裁的程序规则。当然,如果选择英格兰作为仲裁地,则当事人不得选择有违于英格兰公共秩序的仲裁程序规则。1985 年生效的《伦敦国际仲裁院仲裁规则》(The LCIA Rules)第五条更是明确规定:①当事人可就仲裁程序达成协议,仲裁院鼓励当事人这样做;②如果当事人没有达成一致的仲裁规则程序或者本规则中没有规定,仲裁庭的适用是在确保公正、迅速、经济和最终解决争议的法律规定所允许的范围内将具有最广泛的自由决定权;③在三人仲裁的情况下,首席仲裁员经与其他仲裁员商量后,可以单独就仲裁程序问题做出决定。

而在阿根廷,当事人也可以自由确定关于仲裁程序的规则。但如果当事人没有约定仲裁程序规则,仲裁员就必须决定适用通常的法庭程序规则或者简易程序规则。而如果当事人选择的是"友谊仲裁",则"友谊仲裁员"可以完全自由地进行仲裁,而不需要遵守法庭程序规则。并且,法律还规定,如果当事人没有规定仲裁员是按照法律做出决定,还是作为"友谊仲裁员"来仲裁,一般认为其是"友谊仲裁员"。

根据原南斯拉夫的民事诉讼法,仲裁员所适用的仲裁程序规则由双方当事人合意决定。双方当事人对仲裁程序规则没有作规定时,则由仲裁员来决定。

在法国,国际商事仲裁中的当事人可以合意选择适用于仲裁程序的法律,也可以明示或默示地授权仲裁员选择适用于仲裁程序的法律。在国际商事仲裁中,当事人选择法国为仲裁地并不意味着仲裁程序也一定要适用法国法。当事人既可以按照双方共同的意思而决定在仲裁审理中要遵守的程序规则,也可以根据双方的合意选择一个法律,由该法律支配仲裁程序。而在双方当事人无此合意选择时,对于仲裁程序问题,则由仲裁员自由地选择决定。

关于仲裁的国际公约,对于仲裁应适用的程序规则,也在很大程度上赋予当事人以选择权。[①]

二、有关仲裁法的理论问题

国际商事仲裁程序法的选择是一个比较复杂的问题。仲裁不仅要受到当事人期望的约束,还要受到仲裁法的约束。目前,对于仲裁法的选择问题上主要有两种理论,第一种是本座论,第二种是非地方化理论。

(一)本座论

在国际商事仲裁中,所谓仲裁法便是指调整仲裁程序方面种种问题的法律。正如上文所述,国际商事仲裁中的当事人是具有相当的灵活性和自主选择权的,各国的有关法律也明确肯定了这一点,双方当事人既可以根据共同的意思自行约定仲裁应采用的程序规则,也可以合意选择适用某一仲裁机构制定的规则,还可以基本上指定适用某一现存的仲裁规则,但对某些仲裁程序问题则按双方当事人特别约定的办理。但是不管怎样,仲裁并不是只受双方当事人共同意思表示的约束,在程序问题上,仍然要受到仲裁法即仲裁地法的支配,这就是所谓的"本座论"。

仲裁法跟仲裁庭适用于提交仲裁的争议事项的实质问题的法律是不相同的。比如说,适用于合同争议实体问题的法律,依各国冲突法的普遍规定,往往是合同当事人合意选择的某一国家的法律,而在当事人无此选择时,则大多适用与合同有最密切联系的那个国家的法律,但是用来调整仲裁本身的法律却是仲裁地法。例如一项提交瑞士仲裁机构仲裁的合同争议,其实质问题,既可能适用瑞士法,也可能适用其他任何国家的法律,但是仲裁本身的程序问题却只能受仲裁地法即瑞士法的支配。这就是说,尽管瑞士法也允许国际商事仲裁中当事人合意选择适用于仲裁程序的法律,但当事人对程序问题的合意选择不得违反瑞士仲裁法中的强制性规则。《瑞士仲裁法》中的强制性规定[②]是必须适用于仲裁地在瑞士的所有国际商事仲裁的,而不论当事人对此有否做了合意选择或做了什么样的合意规定。

仲裁法不仅支配仲裁的内在程序,诸如文件的提示、证人的证言以及其他类似的程序,而且还支配仲裁行为的外在标准,例如它还决定可以因仲裁员的歧视、偏见而撤销他的资格,或因仲裁庭越权或未能适用本应适用的程序规则而宣告仲裁裁决无效。比如说,依英国和瑞士的法律,对于仲裁庭的组成,当事人可以同意由

---

① 例如,1923 年订于日内瓦的《仲裁条款议定书》第二条规定,仲裁程序,包括仲裁庭的组织在内,应当依照当事人的意志和仲裁地国的法律,另如 1958 年《承认及执行外国仲裁裁决公约》第五条第一款第四项。

② 例如,《瑞士仲裁法》第十七条规定:"仲裁裁决必须以书面做成,并由仲裁员签字。"这就属于强制性的规定。

单数或双数仲裁员组成,也可以选择独任仲裁员。但是按照荷兰法律,如果选择荷兰作为仲裁地,则要求在仲裁程序中适用荷兰仲裁法所包括的程序规则,在仲裁程序中,特别是有关裁决无效性以及仲裁协议的有效性方面,均应适用荷兰法。因而,如果当事人选择在荷兰仲裁,必须服从仲裁地的荷兰法,不得选择两名仲裁员组成仲裁庭进行,否则,由两名仲裁员做出的仲裁裁决将因为违反仲裁地法而无效。

区别调整仲裁的法律即仲裁法和仲裁庭所要解决的争议实体问题应该适用的法律,在国际商事仲裁中还是具有重要的实际意义的。这是因为在很多场合下,国际商事仲裁中的当事人并不选择仲裁地,而是将仲裁地的选择交由仲裁庭或负责指定独任仲裁员或首席仲裁员的第三人去决定,从而可能出现仲裁地跟当事人及其争议事项毫无联系的情况,如在第三国进行仲裁,或把仲裁地选择在多法域国家的另一法域内。在这种情形下,如果仍然认为仲裁法也就是争议实体问题应适用的法律,显然是不正确的。

（二）非地方化理论

仲裁法是仲裁程序的准据法,而在一般情况下,仲裁法也就是仲裁地的法律。但是,在如何确定仲裁法的问题上,近来日益增长的趋势是一种"非地方化理论"。该理论认为尽管仲裁会受到仲裁所在地法的制约,如特定国家的法律禁止在其领域内进行仲裁活动,仲裁就不能在该国进行,或者某国禁止某种争议在该国进行仲裁,则该项争议也不得在该国进行仲裁;但是,仲裁跟法院的审判活动毕竟是不同的,法院的审判活动通常是要受法院地法支配的而仲裁则应与仲裁所在地法律的管辖适当分离,从而主张仲裁法应该是"超越国家的""跨国的""非国家的""非属地的",甚至据此而称"漂流的"仲裁,"漂流的"的裁决。这种观点在国际商会的仲裁规则中也有所反映,例如1998年生效的《国际商会仲裁规则》第十五条规定:"仲裁庭进行仲裁的程序应遵循本规则。本规则没有规定的,则应遵循当事人约定的或在当事人没有约定时由仲裁庭确定的规则,在此情况下,是否要援引仲裁所适用的某一国内法中的程序规则。"支持此种观点的理由,首先是认为,国际商事仲裁不应受彼此歧义的国内法的影响,特别是不应受那些根本不适宜于国际商事仲裁的国家的国内法的支配;其次是认为,对仲裁程序的法律调整,不应来自仲裁地的国家,而只应来自裁决被寻求执行的国家,只有裁决执行地国家在认为执行裁决将违反它的公共秩序时,方可拒绝承认和执行,并且在此时,裁决执行国也是不会去理会仲裁地的法律的。

但是,上述"非地方化理论"也遭到了人们的批判。批判者认为这种观点实际上等于说仲裁可以不受任何法律的调整,有了"当事人法"就可以解决仲裁程序中的所有问题。然而在实际生活中,不但会出现当事人达不成应适用的程序法的协议的情况,而且在许多问题上有关国家也不赋予当事人自主约定的权利,例如当事人未达成一致意见时仲裁员的产生、仲裁员未履行其职责或出现不宜担任仲裁员的情况时的撤换、仲裁中财产保全措施等。

"非地方化理论"主张的仲裁不应受仲裁地法的支配而只应受其裁决执行地国家法律约束的观点,跟当前的仲裁国际实践也是不相吻合的。1923 年日内瓦《仲裁条款议定书》第二条就规定,"仲裁程序,包括仲裁庭的组织在内,应当依照当事人的意志和仲裁进行国的法律的规定"。1958 年订于纽约的《承认及执行外国仲裁裁决公约》第五条第一款也规定,"仲裁庭的组成或仲裁程序同当事人间的协议不符,或者当事人间未订此种协议时,又与进行仲裁的国家的法律不符,缔约国得拒绝承认和执行该裁决"。1976 年制订的《联合国国际贸易法委员会仲裁规则》第一条第二款也规定,"仲裁应受本规则的支配,但本规则的任何规定如与双方当事人必须遵守的适用于仲裁的法律规定相抵触时,应服从法律的规定"。1991 年生效的《美国仲裁协会国际仲裁规则》第一条第二款也做了类似规定。

综上所述,国际商事仲裁只有在当地法不加限制并允许时,它才能存在和活动,而事实上各个国家都不愿意对仲裁采取放任态度而不做出限制。任何一个仲裁裁决,如果违反所在地国的强行法,它就会被所在地国宣告无效或遭到被寻求执行国拒绝承认和执行的危险。这就是仲裁程序应受仲裁地法支配的观点至今仍处主导地位的原因之一。另外,仲裁地法仍被肯定的另一个原因,在于仲裁地法提供了一个确定仲裁裁决的"国籍"的客观标准,而这种仲裁裁决的国籍通常是依据有关公约得以在非国籍国承认和执行的重要依据。[①]

在通常情况下仲裁法既然就是仲裁地法,因而在国际商事仲裁中,选择合适的仲裁地便具有特别重要的意义了。仲裁地的选择需要综合考虑多方面的因素,如为了保证仲裁的公正,是否应选择在非争议当事人所属国的第三国或中立国进行,当事人及其顾问人员和证人等进入该国境内是否便利,能否自由地向该国调入或从该国调出资金,能否找到胜任的律师和提供专业性帮助的技术人员、鉴定人、审计人及其他专业人员,还要考虑费用是否昂贵,该国能否提供良好的通讯和其他必要的服务等。但最重要的,是要考虑该国是否有一个顺利进行国际商事仲裁的良好的法律环境。良好的法律环境,首先是指该国仲裁法律制度的健全和完备,如在该国能否保证仲裁的迅速而公正的进行,法院能否为仲裁裁决的执行提供必要的保证;其次还要求该国加入 1958 年订于纽约的《承认及执行外国仲裁裁决公约》及其他有关国际公约,并且与其他国家特别是仲裁裁决被寻求执行国保持有互惠关系,从而使在该国做出的仲裁裁决能够得到其他国家的承认和执行。

最后,还需指出的是,由于当今国际商事关系有时涉及众多的国家,情况复杂,需要广泛地搜集各种证据,而仲裁员需要在不同的地方召集会议,听取当事人或证人的意见,甚至还可能裁决的签署也是由仲裁员在不同国家进行的,从而产生了一

---

① 参见 1958 年《承认及执行外国仲裁裁决公约》第一条。

种"无定所仲裁"的现象,使仲裁进行地和裁决做成地乃至裁决的国籍都很难确定,因而,哪一个国家的法律应是仲裁法也就不易确定了。在遇到上述情况时,学者们多主张把当事人或仲裁机构以当事人名义最先选择的那一地点作为仲裁地,以该地法律作为该案的仲裁法。至于需要在另一国取证或进行其他仲裁行为,就取证行为而言,则是必须服从取证地国家的法律的。[1]

第二节 实体问题的法律适用

一、概述

在国际商事仲裁中,尽管仲裁员往往只是偶尔提及解决争议实质问题的法律适用问题,不论有关合同中是否已经约定了合同的准据法,而更多的是注意调查有关的事实情况,比如双方当事人承诺了什么或没有承诺什么,履行了什么或没有履行什么,标的物的质量到底如何,等等,并且一旦把这些问题搞清楚之后,便按照合同的约定,或者依据公正、合理的观念,对争议做出仲裁裁决。但是,这决不等于说在国际商事仲裁中,可以不重视实体问题的法律适用。

在国际商事仲裁中,对实体问题的法律适用,在基本的方面跟法院确定涉外合同或国际合同的法律适用是相近的,但国际商事仲裁中关于实体问题的法律适用仍然跟法院确定国际合同的法律适用有许多不同的地方。

二、适用合同当事人自主选择的法律

在国际商事仲裁中,解决实体问题的准据法选择,一个最基本的原则,是合同当事人的意思自治,即适用双方当事人合意选择的那一个法律。当事人意思自治原则,通常认为是 16 世纪法国的杜摩林所首创,在 17 世纪又为荷兰的国际礼让说的代表人物胡伯所肯定。国际私法上第一个采用当事人意思自治原则的判例就是 1760 年英国贵族院议员曼斯菲尔德审理的劳伯逊诉白兰特一案。[2] 在孟西尼学说的鼓吹下,1865 年的《意大利民法典》成为第一部在立法上采取当事人意思自治原则的法典。意思自治原则在当今已成为确定合同准据法的最普遍的原则。有关仲裁的国际公约也肯定了这一点。例如 1961 年《关于国际商事仲裁的欧洲公约》

---

①李双元,谢石松,欧福永. 国际民事诉讼法概论[M]. 武汉:武汉大学出版社,2016:536-540.
②Collier J G. Dicey and Morris on the Conflict of Laws[J]. The Cambridge Law Journal,1981,2:361.

第七条、1965 年订于华盛顿的《关于解决国家和他国国民之间投资争端公约》第四十二条第一款、1976 年《联合国国际贸易法委员会仲裁规则》第三条都规定,仲裁庭应适用当事人双方预先指定的适用于争端实体的法律。联合国《贸易法委员会国际商事仲裁示范法》第二十八条也规定仲裁庭应当按照当事人各方选定的适用于争议实体的法律规则对争议做出决定。各国的法律也大多明确规定了这一点。例如 1989 年生效的《瑞士联邦国际私法法规》第十七条就规定"仲裁庭裁决时依据当事人所选择的法律规则"。其他如德国、日本、英国、法国、奥地利、比利时、瑞典、西班牙、意大利、卢森堡、希腊、荷兰、挪威、葡萄牙等国也肯定了当事人意思自治原则。

对争议实体问题的准据法选择,当事人通常是指定适用某一国家的国内法。然而,在选择国内法作为争议实质问题的准据法时,往往会遇到某一国家的国内法不完善、不宜适用于国际商事关系等情况。所以,在国际商事仲裁中,也允许当事人约定适用国际法规则,特别在当事一方为主权国家的合同关系中。如世界银行在与有关国家出面担保的私人贷款者之间的协议中便有这种选择。

尽管各国法律都承认当事人意思自治是确定国际合同准据法的最普遍的原则,但是各国法律对当事人协议选择法律的方式、时间和范围等的规定不尽相同,在实践中还须注意。并且,依据各国法律的规定来看,当事人的这种自主选择权也不是绝对自由的,仍然要受到某些限制:①当事人意思自治要受本应支配合同的法律中的强行法的限制;②当事人协议选择法律必须"善意""合法";③当事人协议选择的法律必须有合理的根据。对于在我国境内履行的中外合资经营企业合同、中外合作经营企业合同、中外合作勘探开发自然资源合同,该三类合同虽然也属于涉外合同,但因关系到我国的国计民生及国家经济主权,因而该三类合同的当事人无权选择合同的准据法,而必须适用中国法律。此外,依我国法律规定,涉外合同当事人选择外国法律作为合同准据法,如其适用违反我国法律的基本原则和我国社会公共利益的,则不应适用,而应适用我国相应的法律。

根据各国法律的规定,当事人自主选择的法律仅支配合同的实质要件,至于合同当事人的缔约能力,则应另依当事人的属人法。

三、当事人未作选择时的法律适用

在国际商事仲裁中尽管各国法律明确规定当事人可以协议选择争议实质问题应适用的法律,然而在现实生活中,当事人似乎并未积极地行使此项自主选择权,国际合同中缺少法律适用条款的现象屡见不鲜。究其原因,一是当事人只注重合同中的具体权利和义务的条款,认为订合同的目的是做生意,是凭本事靠信誉赚钱,对法律适用问题忽视了;二是认为生意还没做成,先拟定万一发生争议时应适用何国法律这样一个条款,不免显得有点小家子气,并且生意没做成先想到打官司也是不吉利的;三是当事人来自不同国家,各国法律各不相同,对对方国家的法律往往不熟悉也不愿信任,大家都不愿意适用对方国家的法律,在一时难以达成合同法律适用合意时就把这个问题搁置起来了。当然,大多数合同还是能够顺利履行的,但是,如果合同发生了争议,双方当事人又协商不成,从而提交仲裁解决时,而当事人未协商选择法律适用的,对于合同准据法的确定,主要有两类做法:一是根据仲裁地所属国的冲突规则确定合同的准据法,二是授权仲裁庭去决定合同的法律适用。

采取前一类做法的国家,其中的大多数国家冲突法规定,当事人未选择的,合同适用与合同具有最密切联系的国家的法律,比如瑞士、英国、瑞典、中国等。例如1989年生效的《瑞士联邦国际私法法规》第一百八十七条第一款就规定,"仲裁庭依当事人选择的法律进行裁决;未作选择的,依与争议有最密切联系的法律裁决"。至于如何确定与合同有最密切联系的法律,不同的国家,以及在不同的案件中,其做法各有不同,一般是根据个案的具体情况,在合同缔结地或合同履行地法、当事人国籍国法或住所地法中去选定。比如根据瑞典法,当事人未选择应适用的法律时,则按瑞典冲突法来处理,即应适用与合同有最密切联系的法律。不过对于国际货物买卖合同,如果当事人未做法律选择,则应按照瑞典参加的1955年海牙《国际有体动产买卖法律适用公约》(Convention on the Law Applicable to International Sale of Goods)办理,依该公约通常应依卖方收到订单时的惯常居所地国家的国内法,但有许多例外规定。我国最高人民法院在关于适用《涉外经济合同法》若干问题的解答中也对在通常情况下如何确定与合同有最密切联系的国家的法律做了详细规定。2007年最高人民法院《关于审理涉外民事或商事合同纠纷案件法律适用若干问题的规定》第五条又对此做出了更为详尽的规定。人民法院根据最密切联系原则确定合同争议应适用的法律时,应根据合同的特殊性质,以及某一方当事人履行的义务最能体现合同的本质特性等因素,确定与合同有最密切联系的国家或地区的法律作为合同的准据法,并据此列举了十七种合同的法律适用。2010年《中华人民共和国涉外民事关系法律适用法》第四十一条则规定,当事人可以协议选择合同适用的法律。当事人没有选择的,适用履行义务最能体现该合同特征的一方当事人经常居所地法律或者其他与该合同有最密切联系的法律。

第二类做法是授权仲裁庭去决定合同的准据法。例如1976年《联合国国际贸易法委员会仲裁规则》第三十三条第一款就规定,"当事人未选择合同法律适用的,仲裁庭应适用法律冲突法所决定的认为可以适用的法律"。联合国《贸易法委员会国际商事仲裁示范法》第二十八条第二款、《国际商会仲裁规则》第十三条第三款也做了类似规定。1991年《美国仲裁协会国际仲裁规则》第二十九条第一款也规定,"仲裁庭应适用当事人指定的应适用于争议的一个或几个实体法,各方当事人未有此项指定时,仲裁庭应适用它认为适当的一个或几个法律"。奥地利、挪威等国法律也规定,合同当事人未合意选择法律适用的,可由仲裁庭完全自由地根据它认为最合适的法律冲突规则进行选择。

此外,当事人未选择法律适用时,还可能导致适用国际法规则。例如根据1965年《关于解决国家和他国国民之间投资争端公约》第四十二条第一款规定,"仲裁法庭应依照双方可能同意的法律规则判定一项争端。如果无此种协议,仲裁法庭应适用争端一方的缔约国的法律(包括其关于冲突法的规则)以及可适用的国际法规则"。至于国际法规则,具体是指哪些,在一些法律文件中,常认为适用于国际商事仲裁的国际法应理解为《国际法院规约》第三十八条第一款所包含的全部内容,即包括国际条约、国际惯例、一般法律原则、司法判例及学说。

至于一般的法律原则的适用,常常是在国际合同的选择条款中规定适用的,或者是单独适用,或者是结合国内法律体系适用,《国际法院规约》第三十八条规定,"可以以一般法律原则作为裁判的依据"。但在国际商事仲裁实践中,适用一般法律原则的情况很少发生。

最后,特别应指出的是,在国际商事仲裁中,在缺乏当事人协议选择法律适用时,更常见和普遍的做法是适用以各种贸易术语为主要内容的国际贸易惯例或国际商事惯例。国际贸易惯例是由有确定内容、在国际上反复使用的贸易惯例和标准格式合同组成的。其中的国际贸易惯例是形成统一的国际商法的一个重要渊源。例如《联合国国际贸易法委员会仲裁规则》第三十三条第三款明确规定,"无论属于哪一种情况,仲裁庭应按照合同条款进行裁决,并应考虑到适用于该具体交易的贸易惯例"。联合国《贸易法委员会国际商事仲裁示范法》第二十八条第三款、《国际商会仲裁规则》第十三条第五款也做了类似规定。《美国仲裁协会国际仲裁规则》第九条第二款更直接地规定,"涉及适用合同的仲裁,仲裁庭应当按照合同的条款进行仲裁,并应考虑到适用于该合同的国际贸易惯例"。在德国、法国、卢森堡、芬兰等国的国际商事仲裁实践中,如果当事人未做法律选择时,仲裁庭在选择适用于争议实体的法律方面具有更大的自由度,而他们往往是广泛地引用国际商事惯例去判定案件。

2006年联合国《贸易法委员会国际商事仲裁示范法》第二十八条第二款规定,"当事人没有指定任何可适用的法律的,仲裁庭应当适用其认为可适用的法律冲突规范所确定的法律"。

【相关资料 4-1】

关于四川华宏国际经济技术投资有限公司诉韩国韩华株式会社买卖合同纠纷一案仲裁条款效力问题的请示的复函

(〔2007〕民四他字第 13 号)

四川省高级人民法院:

你院川高法〔2007〕159 号《关于四川华宏国际经济技术投资有限公司诉韩国韩华株式会社买卖合同纠纷一案仲裁条款效力问题的请示》收悉。

经研究认为:华宏国际经济技术投资有限公司(以下简称华宏公司)与韩国韩华株式会社(以下简称韩华株式会社)签订的《销售合同》第 14 条约定,"本销售合同在执行中发生的所有纠纷应通过友好的协商解决。如果不能通过双方友好的解决,纠纷将呈递到买卖双方相互承认的第三国仲裁"。双方未约定认定该仲裁条款效力的准据法,该仲裁条款也未约定仲裁地点和仲裁机构。由于华宏公司已经对韩华株式会社提起诉讼,按照《最高人民法院关于适用〈中华人民共和国仲裁法〉若干问题的解释》第十六条的规定,"对涉外仲裁协议的效力审查,适用当事人约定的法律;当事人没有约定适用的法律但约定了仲裁地的,适用仲裁地法律;没有约定适用的法律也没有约定仲裁地或者仲裁地约定不明的,适用法院地法律"。故本案应依据法院地法即中华人民共和国法律认定仲裁条款的效力。根据《中华人民共和国仲裁法》第十六条、第十八条之规定,双方当事人没有约定明确的仲裁机构,在发生纠纷后,亦未对仲裁地点和仲裁机构达成补充协议,故该《销售合同》中的仲裁条款无效。

四、友好仲裁

在国际商事仲裁中,还允许仲裁员或仲裁庭根据公平和善意原则或公平交易和诚实信用原则对争议实质问题做出裁决,从而不适用任何法律,这就是所谓的友好仲裁或友谊仲裁。有关的国际公约和许多国家都肯定了这一点。1965 年《关于解决国家和他国国民之间投资争端公约》第四十二条第三款就规定,"第一款和第二款的规定不得损害法庭在双方同意时对争端做出公平和善良的决定之权"。联合国《贸易法委员会国际商事仲裁示范法》第二十八条第四款、《联合国国际贸易法委员会仲裁规则》第三十三条第二款、《国际商会仲裁规则》第十三条第四款也都规定,如果双方当事人授权仲裁庭进行友好仲裁时,仲裁庭可以按照公平合理的原则对争议做出裁判。根据《瑞士联邦国际私法法规》第一百八十七条第二款规定,"当事人可以授权仲裁庭依公平原则进行裁决"。《美国仲裁协会国际仲裁规则》第二十九条第三款也规定,基于当事人授权,仲裁庭可以决定友好和解或根据公平原则裁决。法国、葡萄牙、原南斯拉夫、阿根廷等国也在实践中允许当事人授权仲裁庭按照公平合理原则对争议实质问题做出裁判而不适用任何法律。

第五章　仲裁协议

【本章概要】

　　本章探讨了仲裁协议的概念、种类和内容,介绍了示范性仲裁条款,分析了仲裁协议的有效要件和法律效力,还阐述了仲裁协议自治理论和认定仲裁协议效力的机构及其准据法。笔者认为,当事人在订立仲裁协议时,特别应注意争议事项的可仲裁性,还应具体明确写上仲裁地点、仲裁机构和仲裁规则以及裁决的终局性。

第一节　仲裁协议的概念和种类

　　仲裁协议(arbitration agreements)是国际商事仲裁得以发生的根本依据,它是指双方当事人合意将他们之间已经发生或者将来可能发生的国际商事争议交付仲裁解决的一种书面协议。根据各国有关的仲裁法规和国际公约的规定,仲裁协议是仲裁庭或仲裁机构受理双方当事人的争议的依据。仲裁庭或仲裁机构只能受理当事人根据仲裁协议所提交的案件,不能受理没有仲裁协议的任何案件。并且,订有仲裁协议的当事人之间发生了仲裁协议上载明的争议后,也只能提请仲裁解决他们之间的争议,而不能向法院提起诉讼,法院也不能受理。正因如此,仲裁协议有国际商事仲裁的基石之说法。

　　国际条约和各国立法一般都对仲裁协议的形式做了规定。根据其表现形式的不同,仲裁协议主要可分为仲裁条款和仲裁协议书,以及其他表示提交仲裁的文件。

一、仲裁条款

　　仲裁条款(arbitration clause)是指双方当事人在签订有关国际贸易与经济合作或海运方面的条约或合同时,在该条约或合同中订立的约定把将来可能发生的争议提交仲裁解决的条款。仲裁条款都是订立于争议发生之前,从而构成有关条约或合同的一部分,但同时又具有与条约或合同中其他条款不同的特殊的性质和效力。因而即使是合同的其他条款无效,仲裁条款也并不一定随之无效。

仲裁条款是仲裁协议的一种最常见的和最重要的形式,它有两种表现形式:

其一是在有关通商、航海和投资的双边条约中订立的仲裁条款。例如,1985年1月28日签订的《中华人民共和国政府和意大利共和国政府关于鼓励和相互保护投资协定议定书》(Agreement between the Government of the People's Republic of China and the Government of the Republic of Italy Concerning the Encouragement and Reciprocal Protection of Investments)就规定了如下的仲裁条款:

若缔约一方和缔约另一方的国民或公司就征收补偿的争议在提出要求解决之日起六个月内未得到解决,应该国民或公司的请求,可以将争议提交:

(1)采取征收措施的缔约一方有管辖权的法院判决;或者

(2)专设国际仲裁庭裁决。

上述专设国际仲裁庭应按下述方式设立:①争议各方各委派一名仲裁员,该两名仲裁员协议推举一名与缔约双方均有外交关系的第三国国民为首席仲裁员。仲裁员应在争议一方通知另一方欲将争议提交仲裁之日起两个月内委派,首席仲裁员在四个月内委派。②仲裁庭应自行决定其仲裁程序,但在制定其仲裁程序时,可以参考斯德哥尔摩商会仲裁院仲裁程序或1965年3月18日缔结的《关于解决国家与他国国民之间投资争端公约》所设立的"解决投资争端国际中心"的仲裁程序。仲裁庭的裁决应由多数票做出。③裁决是终局的,对争议双方均有约束力,并应由缔约双方根据各自的国内法予以执行。④仲裁裁决的做出应按照接受投资的缔约一方国内法,包括其冲突规则,和本协定的规定以及一般公认的并为缔约双方所采纳的国际法原则。⑤各方负担各自出席仲裁程序的仲裁员及其顾问的费用,首席仲裁员的费用以及仲裁庭的其他费用由双方平均承担。

其他如1985年9月12日签订的《中华人民共和国和奥地利共和国关于促进和相互保护投资协定议定书》(Protocol on Investment Promotion and Mutual Protection between the People's Republic of China and the Republic of Austria)、1985年6月17日签订的《中华人民共和国和荷兰王国关于相互鼓励和保护投资协定议定书》(Protocol on Mutual Encouragement and Protection of Investment between People's Republic of China and Kingdom of the Netherlands)等均做了类似规定。

其二是在有关的商事合同中订立的仲裁条款。这种仲裁条款主要是解决因合同的解释或执行而发生的争议。关于国际贸易或经济合作的合同中通常都订有此类仲裁条款。例如原对外经济贸易部条约法律局拟定的《中外合资经营企业合同参考格式》第二十二章"争议的解决"第五十九条就做了如下详尽规定:

A.凡因执行本合同所发生的或与本合同有关的一切争议,双方应通过友好协商解决;如果协商不能解决,应提交北京中国国际贸易促进委员会中国国际经济贸易仲裁委员会,根据该会的仲裁程序规则进行仲裁。仲裁裁决是终局的,对双方都有约束力。

或者

B. 凡因执行本合同所发生的或与本合同有关的一切争议,双方应通过友好协商解决;如果协商不能解决,应提交×国×地×仲裁机构根据该仲裁机构的仲裁程序进行仲裁。仲裁裁决是终局的,对双方都有约束力。

或者

C. 凡因执行本合同所发生的或与本合同有关的一切争议,双方应通过友好协商解决;如果协商不能解决,应提交仲裁。

仲裁在被申请人所在国进行:

在中国,由中国国际经济贸易仲裁委员会根据该会的仲裁规则进行仲裁。

在(被申请人国名),由(被申请人国家的仲裁组织名称)根据该组织的仲裁程序进行仲裁。

仲裁裁决是终局的,对双方都有约束力。

应注意的是,尽管大多数国家和一些主要的国际商事仲裁公约均已确认关于将来争议的仲裁协议的有效性,[①]但也有少数几个国家,如洪都拉斯、委内瑞拉、多米尼加等,认为只有将现有争议用仲裁申请书方法提交仲裁才属有效,允许一方当事人在具体争议发生时可以不承认早已订立的仲裁条款对有关合同的双方当事人具有约束力。[②]

二、仲裁协议书

仲裁协议书(submission to arbitration agreements),它是指在争议发生前或发生后有关当事人双方经过平等协商,共同签署的一种把争议提交仲裁解决的专门性文件。从形式上看,仲裁协议书跟有关的合同是完全分开、彼此独立的。在大多数情况下都是由于有关的国际商事合同中没有规定仲裁条款,发生争议,双方当事人为寻求仲裁解决而共同协商签订这种仲裁协议书。有些是在根本不存在合同关系的国际商事争议发生后而订立的。这种争议的发生是当事人不能预见的,也不希望发生的,因此就不可能预先订立仲裁条款,而只能在争议发生后,双方当事人在无法自行协商解决时,为寻求仲裁解决而共同协商签订专门协议。

在实践中,发生争议后双方当事人要想达成解决纠纷的书面协议,有一定的困难。一方面有过错的一方故意拖延时间,试图逃避责任;另一方面每个当事人都想

---

①如1923年日内瓦《仲裁条款议定书》第一条规定,各缔约国承认仲裁协议的有效性,无论该协议是否为"关于解决现有或者将来的争议的协议"。又如1958年《承认及执行外国仲裁裁决公约》第二条第一款规定,各缔约国应该承认双方当事人把已"发生或可能发生之一切或任何争议"提交仲裁的书面协定。

②韩健.现代国际商事仲裁法的理论与实践(修订本)[M].北京:法律出版社,2000:36.

争取对自己比较有利、方便、熟悉的仲裁地国家、仲裁地点、仲裁机构、仲裁规则以及实体法律适用等。

仲裁条款和独立的仲裁协议书之间还是存在一定差别的,总结如下:

(1)仲裁条款是指双方当事人在合同中订立的,旨在表达对于未来可能发生的有关合同的争议提交仲裁解决所做出的约定,是合同的组成部分,即合同的一个条款。仲裁协议书是指当事人在争议发生之前或之后订立的,同意将争议提交仲裁机构进行仲裁解决的单独的协议。

(2)仲裁条款是主合同中的一个争议处理的条款,是附属于主合同而存在的,以主合同条款的形式存在,对主合同条款有一定的依赖性;而仲裁协议书是完全独立存在的,不受主合同的约束。

(3)仲裁条款所约定的仲裁事项范围仅限于主合同内的合同纠纷;而仲裁协议书的内容,不限于合同纠纷,也包括其他财产权益纠纷。

(4)仲裁条款由于仅仅属于主合同中的争议解决条款,往往规定得比较简单,且双方在合同的订立过程中更关注交易条款,对争议解决的仲裁条款不太重视,因而很容易达成一致意见。而仲裁协议书是专门为解决争议订立的,内容更加详尽,且大多数仲裁协议订立在争议发生后,双方不太容易达成一致意见。有些时候,仲裁协议书是仲裁条款的补充。

(5)由于仲裁协议书是事后订立的,因此其既可以适用于契约性争议,也可适用于非契约性争议,例如海上船舶碰撞引起的损害赔偿纠纷。而仲裁条款是在主合同中订立的,只能适用于契约性纠纷。

我国《仲裁法》第十六条规定,仲裁协议包括合同中订立的仲裁条款和以其他书面方式在纠纷发生前或者纠纷发生后达成的请求仲裁的协议。从条文中可以看出,在我国仲裁协议和仲裁条款是具有同等法律效力的,法律并没对两者从效力上加以区分。在欧美国家与我国《仲裁法》规定比较类似的仅有瑞典。部分国家如法国,以仲裁协议产生的时间为基础对纠纷产生之前的和纠纷产生之后的协议进行严格的区分,仲裁条款是针对将来可能发生的争议,仲裁协议是针对已经发生的争议。

三、其他表示提交仲裁的文件

此种文件通常是指双方当事人针对有关合同关系或其他没有签订合同的国际商事法律关系而相互往来的信函、电传、电报以及其他书面材料。此种文件中含有双方当事人同意把他们已经发生或将来可能发生的有关争议提交仲裁解决的意思表示。这些文件从形式上看是多种多样的,但只要能证明双方当事人有同意提交仲裁的意思表示即可。

在仲裁实践上,仲裁条款(约定临时仲裁除外)一般较短、简明扼要。这是因为仲裁条款是事先订在合同中的,是针对以后可能发生的争议而订立的;由于无法知道以后可能发生什么争议,因而不可能拟定详尽的仲裁条文,通常是在主合同中载入一条简短的格式仲裁条款。与此相比,仲裁协议书则一般较长,较详细。仲裁协议书,尽管也有在争议发生前订立的,但通常情况下是在争议发生后拟定的。因而,可以针对已经发生的争议的具体情况拟定,并在仲裁协议书中就仲裁中的有关问题做出详细规定。而在争议发生前拟定仲裁协议书,主要产生在采用临时仲裁的场合,因而需要在仲裁协议书中详细规定仲裁庭的设立、仲裁规则等,这也不是三言两语可以完成的。

此外,如果从订立仲裁协议的主体分类,则可以把它分为国家或国际组织同私人之间订立的仲裁协议,如国际金融公司跟成员国私人企业订立的贷款契约中常有此类仲裁条款;私人之间订立的仲裁条款,这是国际商事仲裁中最常见的,数量上也是最多的。

第二节　仲裁协议的内容

在国际商事仲裁中,仲裁协议的内容涉及仲裁程序的各个方面,直接关系到日后争议的公平合理解决,具有极为重要的意义。根据各国仲裁立法和各有关国际条约的规定,原则上都承认双方当事人可以自由商定仲裁协议的内容,如可以在不违反法律规定的前提下自由决定将什么样的争议提交仲裁解决;可以自由选择仲裁地点;可以自由选择仲裁机构或仲裁的组织形式;可以自由选择仲裁员和仲裁庭的组织形式;可以自由选择仲裁庭所适用的仲裁规则;可以自由选择解决争议所应适用的法律;还可以合意决定仲裁裁决的效力。[①]　总而言之,在遵循有关法律的前提下,双方当事人可以按照共同的意思表示就仲裁的任何事项载入他们之间订立的仲裁协议。

各国仲裁立法和有关国际条约对一项有效的仲裁协议应该包括哪些内容规定不尽相同,但是为了使有关仲裁程序得以顺利进行,并能获得各方当事人所预期的效果,一项有效的仲裁协议至少具备以下几个方面的内容。

一、提交仲裁的意思表示

提交仲裁的意思表示,即仲裁意愿,是指争议双方当事人愿意将已经发生的国际商事争议提交仲裁的意思表示。一般而言,当事人订立的仲裁协议中对仲裁意愿都做了明确的规定。这是仲裁协议最基本的内容。如果不具备这一内容,就不可能成

---

①李双元,谢石松,欧福永.国际民事诉讼法概论[M].武汉:武汉大学出版社,2016:55.

立仲裁协议,当然当事人在具体的措辞上可能会有所区别,但无论以哪种形式表达,都必须具备此项内容。在某些情况下,在解决争议的条款中,做出了既可以提交仲裁也可以诉诸法院解决争议的约定。在有些国家和地区,包括中国内地,可能会认为仲裁意愿表达意思不明确,而认定仲裁约定的条款无效。而在另一些国家,在解决争议的条款中存在既约定仲裁又约定可以提交法院解决的意思表示的,并不是一概认定无效,如德国联邦最高法院在一个判例中认定,如果仲裁协议中规定,让任何一方当事人在仲裁程序和诉讼程序中进行选择,不影响该协议的有效性,原因是各方当事人都能控制仲裁庭的管辖权,没有超出德国《民事诉讼法典》第二款规定的限制。

纵观两种做法,德国联邦最高法院的做法更具合理性,如果仅仅因为仲裁协议中同时规定了仲裁和诉讼两种解决争端的方式就认为仲裁意愿不明确从而认定仲裁协议无效,显得过于武断。从世界各国的立法和实践中可以看出,各国比较普遍的做法是,对仲裁协议的有效性的认定不做严格的限制,只要当事人有仲裁的意愿,就尽量满足其仲裁的意愿。在近几年的立法和司法实践中,为适应国际上的趋势,中国大陆对仲裁协议认定的有效性方面也有所松动。如,2005 年通过的《关于适用〈中华人民共和国仲裁法〉若干问题的解释》第七条规定,"当事人约定争议可以向仲裁机构申请仲裁也可以向人民法院起诉的,仲裁协议无效。但一方向仲裁机构申请仲裁,另一方未在仲裁法第二十条第二款规定期间内提出异议的除外"。该条规定在一定程度上纠正了法院之前断然否定的做法。

并且对于提交仲裁的意思表示还应该注意以下几方面:

(1)当事人意思自治是仲裁制度运作的基石,仲裁规则本身,也是基于当事人仲裁协议的援引,成为当事人仲裁协议的一部分,才对当事人和仲裁庭有约束力,因此,对仲裁协议和仲裁规则的解释应当适用合同解释的规则。

(2)基于特殊条款优先于一般条款(the specific prevails over the general)的合同解释基本原则,当事人在仲裁协议主文中明确提到的内容,如果与仲裁规则的规定存在冲突,也应当优先于仲裁规则得到适用。

(3)除非当事人在其谈判达成的仲裁协议的特殊约定无效或者无法操作,该等约定应当优先于仲裁规则中的内容。

(4)如果不存在特殊约定、特殊约定无效或者无法操作,方可由规则进行补充,或者根据仲裁程序法解决特殊约定旨在处理的程序问题。

【典型案例 5-1】

Water Solutions(Hong Kong),Limited 与宏柏家电(深圳)有限公司
申请确认仲裁协议效力案

(〔2015〕深中法涉外仲字第 91 号)

关于争议的解决方式既约定了诉讼又约定了仲裁,仲裁协议是否有效的问题。

（1）《中华人民共和国涉外民事法律关系适用法》第四十一条规定，当事人可以协议选择合同适用的法律。本案系涉外合同纠纷，双方当事人明示选择了美国加利福尼亚州法律为准据法。美国加利福尼亚州法律包括成文法和相关判例。因此，对双方当事人关于争议的解决方式既约定了诉讼又约定了仲裁，仲裁协议是否有效应适用美国《联邦仲裁法》、加利福尼亚州《民事诉讼法》、美国联邦法院和州法院的判例进行判定。

（2）美国成文法对仲裁协议效力的规定。

《联邦仲裁法》第二条"仲裁协议之有效性、不可撤销与执行"规定：在任何海事或者商事契约中，为了用仲裁方式解决可能由于契约引起的或者由于拒绝履行契约全部或者部分引起的争执所做的书面规定，又或者将由于这种契约引起的，或者由于拒绝履行契约引起的现在的争执提交仲裁的书面协议，都是有效的、不可撤销的和有强制性的，但是具有法律或者衡平法所规定撤销契约的理由者除外。《联邦仲裁法》第二百零二条"属于公约管辖范围内的仲裁协议或裁决"规定：无论契约或非契约，凡是产生于法律关系的仲裁协议或仲裁裁决，并被视为包括本法案所述的交易、契约或协议在内的商事性质者，均属于公约管辖范围。产生于这种关系的仲裁协议或裁决，但完全系美国公民之间者，则不应视为公约管辖范围，除该关系涉及国外财产，履行或执行将来在国外进行，或与一个或多个外国有某种其他的合理联系者不在此限。根据本条款，如果一个公司设在、或者其主要营业地在美国，则该公司法人系美国公民。

加利福尼亚州《民事诉讼法》第一千二百八十一条规定：一个将现有争议或之后发生的争议提交仲裁的书面协议是有效的、可执行的和不可撤销的，但是存在撤销契约的理由除外。

以上美国成文法虽然没有直接规定在争议解决条款中既约定法院诉讼又约定仲裁时如何认定仲裁条款的效力问题。但是，明确规定了除非存在具有法律所规定撤销契约的理由，否则仲裁协议是有效的、不可撤销的和有强制性的。

（3）美国最高法院适用《联邦仲裁法》的判例对有争议的仲裁协议进行解释时所确立的原则。

美国最高法院在判例中确立了支持仲裁的原则，包括三个方面：其一，一个自由的联邦政策应当有利于仲裁协议；其二，一个明确的联邦政策应当有利于仲裁争议解决方式；其三，任何与可仲裁范围相关的疑问的解决应当有利于仲裁。

（4）美国联邦法院和州法院对既约定诉讼又约定仲裁的情况下如何认定仲裁协议效力的判例。

①根据查明的美国联邦法院和州法院的判例1至判例8，在当事人约定诉讼又约定仲裁的情况下，仲裁协议有效。

如判例2北卡罗来纳州上诉法院审理的 Internet E.，Inc. v. Duro Comm.，Inc.［553 S. E. 2d 84，87-88（N. C. App. 2001）］案，该案中当事人签订的许可协议同

时包含了仲裁条款和法院选择条款,其内容与本案香港泉水公司与宏柏家电公司签订的《制造与供应协议》第21.10条实质相同。

许可协议第17.01条规定了法院选择条款,内容如下:当事人约定,北卡罗来纳州法院对本协议项下的或其他与当事人有关的任何争议具有唯一管辖权,审理地点应该适当,并且只能在北卡罗来纳州皮特郡高等法院。《制造与供应协议》第21.10条除选择的法院是加利福尼亚州洛杉矶的州法院或联邦法院以外,其他内容与前述许可协议基本一致。

许可协议第17.04条规定了仲裁条款,内容如下:除非当事人另有约定,当事人之间产生于本协议,或与本协议相关,或违反本协议规定的所有索赔、争议和其他有关事项,应当按照有效的美国仲裁协议商事规则通过仲裁来决定。上述仲裁协议应当根据现行仲裁法来具体执行。仲裁员做出的裁决具有终局性。《制造与供应协议》第21.10条约定的仲裁条款与许可协议的仲裁条款基本一致。

在该案中,许可协议的被许可人就争议将竞争者诉至法院,而竞争者则依据许可协议提交了强制仲裁的动议。这一动议被皮特郡高等法院否定。竞争者遂上诉至北卡罗来纳州上诉法院。上诉法院认为,本案中的仲裁条款和法院选择条款都有效,并且两者的效力并无冲突。上诉法院推翻了皮特郡高等法院的决定。

②本院查明的判例9,即犹他州地区法院审理的 Thiokol Corp. v. Certain Under writersat Lloyd's London〔1997 WL33798359(D. Utah)〕案中,美国犹他州地区法院认为保险合同中法院选择条款与仲裁条款并存,赋予任何一方当事人放弃仲裁并要求对方当事人将争议提交至法院的权利。否定了合同中既存在法院选择条款又存在仲裁条款时仲裁协议的效力。

对比判例9与本案,当事人约定的内容存在实质区别。

其一,判例中,诉讼送达条款明确清晰,相比仲裁条款更加具体。而本案当事人香港泉水公司、宏柏家电公司对仲裁和诉讼两种争议解决方式的选择,处于同等地位,选择诉讼方式并不占优。其二,判例中双方当事人缔约意图不同,法院认为保险单可以做如下解释,即如果是产生于保险单或与保险单有关的争议,可以进行仲裁;如果是出现被告违约,不支付到期款项,则应要求被告将争议交付法院。而本案中香港泉水公司、宏柏家电公司对争议只进行了概括约定,并未明确哪一种争议申请仲裁,哪一种争议提出诉讼。其三,判例中,原告根据诉讼送达条款选择向法院起诉。而本案中,香港泉水公司选择向美国仲裁协会申请仲裁。

综上所述,香港泉水公司关于仲裁协议有效的主张,本院应予支持。

二、提交仲裁的事项

仲裁协议首先应该明确规定把什么样的争议提交仲裁。这既是有关的仲裁庭行使仲裁管辖权的重要依据之一,也是有关当事人申请有关国家法院协助承认和执行仲裁裁决时必须具备的一个重要条件。在仲裁实践上,当事人只有把载入仲裁协议中的争议提请仲裁,有关仲裁机构方能受理。如果一方当事人申请仲裁的争议事项不属于仲裁协议所约定的争议事项范围,另一方当事人有权对仲裁庭的管辖权提出异议,并拒绝参与仲裁;即使在仲裁审理终结并做出实质性裁决以后,另一方当事人也有权拒绝履行该裁决所规定的义务。

有些国家的法律明确规定,不规定仲裁事项的仲裁协议无效。例如 1980 年颁布的《法兰西共和国仲裁法令》(Arbitration Ordinance of the French Republic)第八条第一款明确规定:"仲裁协议应确定争执的标的,否则无效。"其他如西班牙、芬兰、意大利、卢森堡、希腊、荷兰、葡萄牙等国法律也规定仲裁协议应载明提请仲裁的事项,否则可能无效。依照我国 2015 年《中国国际经济贸易仲裁委员会仲裁规则》第三条规定的精神,仲裁协议也应该载明提请仲裁的事项。又,根据我国 2009年修正的《中华人民共和国仲裁法》第十六条规定,仲裁协议的内容应该包括仲裁事项;该法第十八条进一步明确规定,仲裁协议对仲裁事项或者仲裁委员会没有约定或者约定不明确的,当事人可以补充协议;达不成补充协议的,仲裁协议无效。

但也有些国家,如瑞典、挪威、比利时以及英国的苏格兰地区的法律则规定,仲裁协议只要载明当事人愿意提交仲裁解决争议的合意就可以了,而不必规定包括仲裁事项在内的其他内容。

需要特别注意的是,在规定仲裁事项时,为使仲裁协议有效和仲裁裁决能得到承认与执行,必须保证约定提交的争议按照有关国家法律(仲裁地法和仲裁裁决的承认执行地法)属于商事争议或者属于可仲裁的事项。

三、仲裁地点

仲裁地点是指进行仲裁程序和做出仲裁裁决的所在地。仲裁地点是仲裁协议的主要内容之一,在国际商事仲裁中确定仲裁地点很重要。双方当事人在订立仲裁协议时,双方对仲裁地点都显得很敏感,并力争在本国进行仲裁。这也不难理解,因为当事人一般对本国的法律和仲裁制度比较了解,也比较信任,而对外国的法律和仲裁制度则往往较陌生,不免有所顾虑。而从深层次上讲,这主要是因为仲裁地点与仲裁所适用的程序法以及按哪一国的冲突规则来确定合同的实体法都有密切关系,而且仲裁地点也关系到仲裁协议是否有效和仲裁裁决的国籍并影响到裁决能否得到承认和执行。通常,在当事人没有明示仲裁依特定规则进行或者当事人在协定中没有自己拟定仲裁程序规则时,只有仲裁地法支配当事人和仲裁程序。仲裁地法支配仲裁的范围各国规定不同,但一般都包括这样几个事项:可仲裁的事项或范围、仲裁员的任命、仲裁员的资格要求、仲裁的执行或无效。即便当事人同意按照既定规则或仲裁协议进行仲裁,仲裁地法仍控制仲裁规则或仲裁协议中未涉及的问题;并且,当事人对仲裁程序问题的合意选择不得违反仲裁地法的强行规定。例如,一项提交瑞士仲裁机构仲裁的合同争议,其实质问题,既可能适用瑞士法,也可能适用其他任何国家的法律,但是仲裁本身的程序问题却只能受仲裁地法即瑞士法的支配。这就是说,尽管瑞士法也允许国际商事仲裁中的当事人合意选择适用于仲裁程序的法律,但当事人对程序问题的合意选择不得违反瑞士仲裁法中的强制性规则。《瑞士仲裁法》中的强制性规定①是必须适用于仲裁地在瑞士的所有国际商事仲裁的,而不论当事人对此是否做了合意选择或做了什么样的合意规定。

【典型案例 5-2】

麦斯赛林公司诉北方天宇公司案

(〔2013〕西民初字第 24655 号)

麦斯赛林公司与北方天宇公司签订了《分项材料供货合同》,约定"如双方发生纠纷,通过友好协商的原则解决,若不能协商解决,则首先在合同签订地仲裁解决";合同还约定"本合同签订地为北京市西城区展览路三号"。后双方发生争议,麦斯赛林公司向西城法院提起诉讼,法院受理后,北方天宇公司认为存在有效仲裁条款,提出管辖异议。

西城法院一审裁定,该条款为有效仲裁协议,驳回麦斯赛林公司起诉。理由是:(1)双方当事人选定的合同争议解决方式为仲裁;(2)虽然合同中没有指定具体的仲裁机构,但北京市西城区只有一个仲裁机构即中国国际经济贸易仲裁委员会,因此能够推定双方约定的仲裁机构系指中国国际经济贸易仲裁委员会,北方天宇公司的管辖异议成立。依照仲裁法司法解释第六条的规定,西城法院认定仲裁协议有效。

对于争议实质问题应该适用的法律,当事人可能会在仲裁协议中约定。但如果当事人选择适用外国法律,则会产生问题。因为有些国家的法律不允许仲裁员在本国领土上适用另一国的法律或某些类型的合同不能适用他国法律。例如在我国目前只允许除了投资以外的合同的当事人可以协议选择合同准据法。② 而在双方当事人没有指明可适用的实体法的情况下,根据国际社会的习惯做法,一般由仲裁庭根据仲裁地的冲突规范加以确定。仲裁地点还影响着仲裁协议的有效性,按

---

① 例如,《瑞士仲裁法》第十七条规定:"仲裁裁决必须以书面做成,并由仲裁员签字。"这就属于强制性的规定。

② 《中华人民共和国合同法》第一百二十六条规定:涉外合同的当事人可以选择处理合同争议所适用的法律,但法律另有规定的除外。涉外合同的当事人没有选择的,适用与合同有最密切联系的国家的法律。

在中华人民共和国境内履行的中外合资经营企业合同、中外合作经营企业合同、中外合作勘探开发自然资源合同,适用中华人民共和国法律。自 2021 年 1 月 1 日起我国《民法典》施行,上述合同法废止。上述内容分别见于我国《涉外民事关系法律适用法》第四十一条和《民法典》第四百六十七条。

照国际习惯做法,一项仲裁协议如果规定了不可仲裁的事项,则仲裁协议无效。而可仲裁事项的范围是依支配仲裁的法律来确定的,支配仲裁的法律又通常是仲裁地法。即便在当事人选择非仲裁地法作为支配仲裁的法律时,仲裁一般也要遵守仲裁地法的强制性规则,包括可仲裁性范围的强制性规则,如果违反这类强制性规则,所做裁决将可能被仲裁地法院以违反公共政策为由予以撤销。

此外,仲裁地点在很大程度上决定了仲裁裁决的国籍。《承认及执行外国仲裁裁决公约》第一条第三款规定:"任何国家得于签署、批准或加入本公约时,或于依本公约第十条通知推广适用时,本着互惠原则声明该国适用本公约,以承认及执行在另一缔约国领土内做成之裁决为限。任何国家亦得声明,该国唯于争议起于法律关系,不论其为契约性质与否,而依提出声明国家之国内法认为系属商事关系者,始适用本公约。"50多个国家做了这种保留。因此,为了保证仲裁裁决能够根据公约得到承认和执行,当事人在选择仲裁地时有必要选择一个公约缔约国。仲裁地法在很大程度上还决定着裁决的可执行性,进而关系到裁决能否在域外得到承认和执行。根据《公约》第五条第一款的规定,如果依仲裁地国法,裁决对当事人尚未发生约束力或被该国主管机关撤销或停止执行,被请求承认和执行裁决的主管机关可根据当事人的请求拒绝承认和执行该裁决。

在仲裁实践中,仲裁地点通常跟仲裁机构所在地是同一的。当事人选择某个常设仲裁机构,一般也都包含有以该常设仲裁机构所在地作为仲裁地点的意思。因而,当事人未对仲裁地点做出明示选择,仲裁庭通常也是把仲裁机构所在地作为仲裁地。如上所述,仲裁地点在国际商事仲裁中具有十分重要的意义,因此,双方当事人在订立仲裁协议时还是不要怕麻烦就仲裁地点做出明确选择为好,以免影响到仲裁的顺利进行乃至裁决的执行。

【典型案例5-3】

厦门象屿集团有限公司与米歇尔贸易公司确认仲裁条款效力案

(〔2004〕厦民认字第81号)

关于仲裁机构是否明确。首先,《中华人民共和国仲裁法》第十八条以及《最高人民法院关于确认仲裁协议效力几个问题的批复》(法释〔1998〕27号)第四条关于当事人对仲裁委员会没有约定或者约定不明确而人民法院应认定仲裁协议无效的规定,主要是针对国内仲裁做出的规定。在当时,同一城市有多个仲裁机构的情况比较普遍,因此,仲裁法规定当事人必须选择一个明确的仲裁机构。此外,我国不承认在我国领域内的临时仲裁,故国内立法规定当事人必须约定明确的仲裁委员会。其次,我国参加的《承认及执行外国仲裁裁决公约》第一条第(二)项规定:"'仲裁裁决'一词不仅指专案选派之仲裁员所做裁决,亦指当事人提请之常设仲裁机关所做裁决。"我国未对该条款保留,由此可以确定我国承认国际性的临时仲裁。因此,人民法院不能仅凭讼争仲裁条款未明确约定仲裁机构而认定该条款无效。但本院并非认定讼争仲裁条款约定的是临时仲裁,而只是从逻辑角度进行分析。第三(最重要一点),双方当事人采用了国际商会推荐的标准仲裁条款作为本案争议的仲裁条款。双方约定仲裁适用国际商会仲裁院的仲裁规则并依照该规则组成仲裁庭。该仲裁条款的文字表达清楚,不会让人产生任何歧义,无须当事人补充约定就能推导出对双方之间的仲裁案有管辖权的唯一仲裁机构是国际商会仲裁院。根据当事人所选择的仲裁规则,足以组成仲裁庭以及由所组成的仲裁庭审理双方之间的合同纠纷。国际商会仲裁院是常设仲裁机构,其推荐使用的仲裁条款普遍为各国当事人所接受。国际商会所制定的大量规则已成为国际贸易的惯例。仲裁的最初形式就是临时仲裁,后来才有机构仲裁。在机构仲裁的情况下,仲裁裁决并不是机构做出的,而是仲裁庭或独任仲裁员依据当事人约定的规则或该机构的规则和其他法律规定做出。仲裁机构对仲裁事务提供管理和服务。通行的国际仲裁理论认为若采用常设仲裁机构的仲裁规则而未约定由该机构仲裁且未约定其他仲裁机构的,推定规则被适用的机构有权仲裁有关案件。《最高人民法院关于人民法院处理涉外仲裁及外国仲裁案件的若干规定(征求意见稿)》第二十六条规定:"当事人仅约定适用某一仲裁机构的仲裁规则但未约定由该仲裁机构仲裁的,人民法院应认定其规则应被适用的仲裁机构有权仲裁有关案件。"该"规定"虽然不是生效的司法解释,但反映了我国通行的相关仲裁法理论观点。依照该理论,本院应认定讼争仲裁条款有效。最后,双方当事人的真实意思表示就是要将争议提交国际商会仲裁院仲裁。如果根据我国国内法的规定认定该仲裁条款无效,显然有鼓励我国当事人不诚信履行合同之虞。

我国在确定仲裁地时,一般来说,按照仲裁协议来确定,即仲裁协议所载明的仲裁地点为仲裁地。但如果发生争议,考虑到尊重当事人意思自治的原则,以当事人约定的仲裁地点作为仲裁地。如既没有载明,又没有约定,则可以根据相关的仲裁规则确定仲裁地。当然还应当明确一点,此处讨论的仲裁地显然与仲裁庭开庭地点无直接关联,也不会限制当事人自由约定任何其认为方便地点开庭的权利。

仲裁地与仲裁协议效力之间的关系。中国法院在认定仲裁协议效力方面,相对宽松,既尽可能尊重当事人意思自治,又尽量维持仲裁协议效力。在司法实践中确认仲裁协议效力之诉的案件时,如果当事人没有选择仲裁协议适用的法律,根据《涉外民事关系法律适用法》的规定,应适用仲裁机构所在地法或者仲裁地法。两者结果不一致的,若涉外仲裁协议可获得两者之一的认可,通常认为仲裁协议有效。在承认和执行外国仲裁裁决的司法审查案件中,中国法院严格按照《承认及执行外国仲裁裁决公约》第五条第一款(甲)项之规定,仅在以下情况下能以仲裁协议无效为由拒绝承认及执行有关仲裁裁决:(1)依当事人约定的准据法,相关仲裁协议为无效;或者(2)当事人未约定准据法时,依裁决地所在国法,相关仲裁协议无效。

四、仲裁机构

在国际商事仲裁中,对于仲裁机构的选择有两种做法,其一是组成临时仲裁庭,其二是选择某个常设仲裁机构。通常在国际贸易中,几乎有95％的仲裁案件都是在常设仲裁机构的主持下进行仲裁的,只有少数案件是采用临时仲裁的方式解决的。[①]如果约定选择临时仲裁,则应在仲裁协议中具体写明仲裁庭的组成人数及如何指定仲裁员,以及采用什么仲裁程序规则审理等,如果约定在常设仲裁机构仲裁,则在订立仲裁协议时应具体写明双方选定的那个常设仲裁机构所使用的全称。

如何选择合适的仲裁机构,也是在订立仲裁协议时需要考虑的一个重要问题。通常,选择某地的仲裁机构,则仲裁地点一般也就是在某地。因而需要全面考虑该地仲裁机构的仲裁规则的有关规定,诸如仲裁员的指定、仲裁的费用、仲裁中使用的语言文字以及出入境和来往交通等各种因素。

跟选择仲裁地点一样,当事人在订立仲裁协议时也都会力争在本国的或自己信得过的常设仲裁机构仲裁。因此,为了减少谈判阻力,尽快缔结仲裁协议,避免因在确定仲裁机构上的僵局而影响生意,双方当事人通常会采用一种双方都能接受的比较灵活的方式来确定仲裁机构,即:在仲裁条款中不明确规定把争议提交哪一国的仲裁机构仲裁,而是原则上规定发生争议时应提交被诉方所属国的常设仲裁机构仲裁。此种做法在实践中较为切实可行,既公平合理,又易为双方当事人乐意接受。

在我国以往的实践中,对仲裁机构的确定通常采用如下两种方式:其一是直接规定在某常设仲裁机构进行仲裁。并且,大部分都是力争规定在中国的涉外仲裁机构进行,只有在一些大的合资经营合同、技术引进合同、成套设备合同以及合作勘探开发自然资源合同中,才约定提交给国际上其他有名的常设仲裁机构进行仲裁。其二是在仲裁协议中约定,有关的争议发生后,在被申请人所在国的常设仲裁机构进行仲裁。我国跟苏联、东欧国家以及日本之间进行国际贸易交往时签订的仲裁协议,一般都约定在被申请人所在国的常设仲裁机构进行仲裁。

【相关资料5-1】

最高人民法院关于同时选择两个仲裁机构的仲裁条款效力问题给山东省高级人民法院的函

(1996年12月12日,法函〔1996〕176号)

你院鲁法经〔1996〕88号"关于齐鲁制药厂诉美国安泰国际贸易公司合资合同

[①]沈达明,冯大同.国际贸易法新论[M].北京:法律出版社,1989:402.

纠纷一案中仲裁条款效力的审查报告"收悉。经研究,答复如下:本案当事人订立的合同中仲裁条款约定"合同争议应提交中国国际贸易促进委员会对外经济贸易仲裁委员会,或瑞典斯德哥尔摩商会仲裁院仲裁",该仲裁条款对仲裁机构的约定是明确的,亦是可以执行的。当事人只要选择约定的仲裁机构之一即可进行仲裁。根据《中华人民共和国民事诉讼法》第一百一十一条第二项之规定,本案纠纷应由当事人提交仲裁解决,人民法院对本案没有管辖权。

【相关资料 5-2】

最高人民法院关于仅选择仲裁地点而对仲裁机构
没有约定的仲裁条款效力问题的函

(1997 年 3 月 19 日,法函〔1997〕36 号)

浙江省高级人民法院:

你院浙法经字〔1997〕7 号关于朱国珲诉浙江省义乌市对外经济贸易公司国际货物买卖合同纠纷一案中仲裁条款效力的函收悉。经研究,答复如下:本案合同仲裁条款中双方当事人仅约定仲裁地点,而对仲裁机构没有约定。发生纠纷后,双方当事人就仲裁机构达不成补充协议,应依据《中华人民共和国仲裁法》第十八条之规定,认定本案所涉仲裁协议无效,浙江省金华市中级人民法院可以依法受理本案。

五、仲裁规则

仲裁规则是指当事人和仲裁员在仲裁过程中必须遵守的操作规则。它包括仲裁申请的提出,仲裁员的选定,仲裁庭的组成,仲裁的审理,仲裁裁决的做出等内容。为确保仲裁程序的顺利进行,当事人在签订仲裁协议时,应明确约定有关仲裁所应适用的仲裁规则。

各常设仲裁机构都制定了自己的仲裁规则。例如,《国际商会仲裁规则》《中国国际经济贸易仲裁委员会仲裁规则》《联合国国际贸易法委员会仲裁规则》《解决投资争端国际中心仲裁程序规则》(Rules for Arbitration Procedures for the International Centre for Settlement of Investment Disputes)、《美国仲裁协会国际仲裁规则》《斯德哥尔摩商会仲裁院仲裁规则》(Rules of the Arbitration Institute of the Stockholm Chamber of Commerce)、《伦敦国际仲裁院仲裁规则》《日本商事仲裁协会商事仲裁规则》《韩国商事仲裁院商事仲裁规则》等。国际社会的实践表明,在大多数情况下,在订立仲裁条款时约定到某仲裁机构进行仲裁便也意味着同时约定适用该仲裁机构的仲裁规则,有些仲裁机构即做了此种规定。例如《国际商会仲裁规则》第六条第一款规定:"当事人双方约定接受国际商会仲裁时,应视为事实上接受本规则的规定。"1986 年《韩国商事仲裁院商事仲裁规则》第九条也做了类似规定。2015 年施行的《中国国际经济贸易仲裁委员会仲裁规则》第四条也明确规定："（二）当事人约定将争议提交仲裁委员会仲裁的，视为同意按照本规则进行仲裁……（四）当事人约定按照本规则进行仲裁但未约定仲裁机构的，视为同意将争议提交仲裁委员会仲裁。"但也有些常设仲裁机构允许按双方当事人的约定，采用该仲裁机构以外的仲裁规则。例如 1991 年 3 月 1 日生效的《美国仲裁协会国际仲裁规则》第一条规定，当事人可以书面同意选择适用该规则，但也可以书面约定对其有所更改。斯德哥尔摩商会仲裁院在其仲裁规则第一条中更是明确规定可以采用其他仲裁规则协助解决争议。而在实践上，该仲裁院已经采用联合国国际贸易法委员会调解规则和仲裁规则中的程序规定。因而，也有些仲裁协议约定在某常设仲裁机构进行仲裁的同时，却约定适用其他仲裁机构或国际组织颁布的仲裁规则。例如 1979 年 7 月 7 日签订的《中华人民共和国和美利坚合众国贸易关系协定》（Agreement on Trade Relations between People's Republic of China and United States of America）第八条第二款规定，中美两国的商号、公司和贸易组织签订的合同所引起的或与其有关的任何争议不能通过友好协商、调解或其他双方均可接受的方式求得迅速公平的解决时，"争议双方可以根据合同规定的条款或仲裁协议，提请仲裁解决。此类仲裁可以由中华人民共和国、美利坚合众国或第三国的仲裁机构进行。仲裁采用各该仲裁机构的仲裁程序规则，也可以在争议双方和仲裁机构的同意下，采用联合国推荐的联合国国际贸易法委员会仲裁规则，或其他国际仲裁规则"。

而在选择临时仲裁时，无现成的仲裁规则可供采用，一般是选择某个仲裁机构的仲裁规则或联合国国际贸易法委员会仲裁规则，或者对上述仲裁规则修改后再采用，或者重起炉灶另行拟定仲裁规则。如果是另行拟定仲裁规则，则更需仔细考虑，力争具体，并且要注意不与仲裁地法或裁决执行地法的有关规定相抵触。

根据《承认及执行外国仲裁裁决公约》第五条的规定，仲裁程序应同当事人之间的协议相符，或者当事人之间未订立此种协议时，应与仲裁地国家的法律相符。否则，被请求承认和执行裁决的主管机关可以根据当事人的请求，拒绝承认和执行该项裁决。正因仲裁规则也影响到日后仲裁裁决的承认与执行，故在订立仲裁协议时也应认真考虑，妥善处理。

【典型案例 5-4】

Jesssmith & Sons Cotton 诉际华三五零九纺织有限公司仲裁裁决案

（〔2014〕鄂孝感中民外初字第 00001 号）

……本院认可际华公司提出不予承认和执行的抗辩，理由是：（1）原合同经双方协商一致后被修订，且修订后的合同已履行完毕，原合同已终止并不具有法律约束力。修订后的合同是一份独立生效的合同且已履行完毕，仲裁庭仍根据原合同的价格条款和信用证条款裁定际华公司向申请人支付原合同与修订后合同之间的差额,构成超裁,根据《承认及执行外国仲裁裁决公约》第五条(丙)项的规定,应不予承认及执行。(2)本案的仲裁条款无效,本案的仲裁庭对本案并没有管辖权,根据该公约第二条及第五条第一款(甲)项的规定,以及我国《民事诉讼法》第二百七十四条(一)及(四)的规定,应裁定不予承认及执行。(3)本案的送达存在严重的瑕疵,本案的裁决没有附注任何理由,没有任何的事实依据和法律依据,与当事人之间的约定不符,依据该公约的规定,该裁决应不予承认及执行。

六、裁决的效力

裁决的效力是指仲裁机构就有关争议所做出的实质性裁决是否为终审裁决,对双方当事人有无约束力,有关当事人是否有权向法院起诉请求变更或撤销该项裁决。裁决的效力跟裁决的定案效力既有联系,又有区别。

关于仲裁裁决的效力问题各国的仲裁立法和各常设仲裁机构及国际组织所制订的仲裁规则一般都有明确规定。就较普遍的实践来看,仲裁庭就有关争议所做出的实质性裁决具有终审裁决的效力,是终局性的。例如1965年《关于解决国家和他国国民之间投资争端公约》第五十三条第一款规定:"裁决对双方有约束力,不得进行任何上诉或采取任何其他除本公约规定外的补救方法。除依照本公约规定予以停止执行的情况外,每一方应遵守和履行裁决的规定。"《联合国国际贸易法委员会仲裁规则》第三十二条第二款规定:"裁决应以书面为之,并应是终审的和对当事人双方具有约束力的,双方承认立即履行裁决的义务。"《国际商会仲裁规则》第二十四条规定:"仲裁裁决应是终局的。当事人双方将争议提交国际商会仲裁时,就应视为已承担毫不迟延地执行最终裁决的义务,并在依法可以放弃的范围内放弃任何形式的上诉权利。"2015年的《中国国际经济贸易仲裁委员会仲裁规则》第四十九条第九款规定:"裁决是终局的,对双方当事人均有约束力。任何一方当事人均不得向法院起诉,也不得向其他任何机构提出变更仲裁裁决的请求。"

但也有少数仲裁立法和仲裁规则规定了仲裁裁决不具有终局性而可以向法院起诉。如《瑞典仲裁法》第二条第一款规定:"如仲裁协议没有保留当事人对裁决的上诉权,应视为当事人已同意遵守仲裁裁决。"这就意味着当事人可以在仲裁协议中规定对仲裁裁决的上诉权。《法兰西共和国仲裁法令》第三十六条也规定,"仲裁裁决一经做出,便对所做裁决的争执具有已决案件的权威性"。但该法令第四十二条却规定:"除非当事人已在仲裁协议中放弃上诉,可以对仲裁裁决提起上诉。但是,假如仲裁员是作为友谊仲裁员接受仲裁裁决任务的,则当事人除非在仲裁协议中明确地保留了这种上诉权,不得对仲裁裁决提起上诉。"

仲裁裁决的效力直接关系到整个仲裁程序的效力,而各国立法及有关的仲裁规则对此规定又截然相反,因而,当事人双方在订立仲裁协议时应该规定仲裁裁决的效力,通常应明确规定仲裁裁决具有终局性,具有终审裁决的效力。

　　以上六个方面是仲裁协议应具备的基本内容。除此以外,仲裁协议还可以视具体情况,规定其他方面的内容,如仲裁的提起、仲裁员的任命、仲裁庭的权限、仲裁费用的承担等。例如在临时仲裁的情况下,特别是涉及国家作为当事人的商事争议,双方往往在有关条约或协定中拟订了详尽的仲裁条款。例如于2001年11月26日在北京签订的《中华人民共和国政府和荷兰王国政府关于鼓励和相互保护投资协定》(Agreement and Protocol on Mutual Encouragement and Protection of Investment between the People's Republic of China and the Kingdom of the Netherlands)第十条就"投资者与缔约一方争议的解决"规定了如下的仲裁条款:

　　(1)缔约一方与缔约另一方投资者之间关于该投资者在缔约前者一方领土内的投资产生的争议应尽可能由争议有关各方友好解决。

　　(2)投资者可以决定将争议提交有管辖权的国内法院。如有关中华人民共和国领土内的投资的法律争议已提交给有管辖权的国内法院,该争议只有在相关投资者已经从国内法院撤诉后方可提交国际争议解决。如果争议与在荷兰王国领土内的投资有关,投资者可以选择在任何时候将争议提交国际争议解决。

　　(3)如争议自争议当事任何一方要求友好解决之日起六个月内未能解决,缔约各方无条件同意应有关的投资者要求将该争议提交:

　　①"解决投资争端国际中心",依照1965年5月18日在华盛顿开放签字的《关于解决国家与其他国家国民之间投资争端公约》,进行仲裁或调解,或

　　②除非争议当事方另有约定,依照《联合国国际贸易法委员会仲裁规则》建立的专设仲裁庭。

　　(4)该专设仲裁庭应根据当事各方约定的法律规则解决争议。如无此约定,该仲裁庭应适用为争议当事方的缔约一方的法律(包括其冲突法规则)、本协定的规定以及可适用的国际法规则。

　　(5)仲裁庭的裁决是终局的,对争议当事双方具有拘束力。

　　从上述仲裁条款可以看出,这个完整的仲裁协议不仅包括仲裁事项、仲裁规则和裁决效力等基本内容,还包括仲裁的提起、仲裁庭的设立等内容。因此建议,为了使当事人在国际商事交往中发生的争议能够得到迅速有效的解决,仲裁协议的内容还应尽可能订得详细、明确、具体。

【相关资料5-3】

最高人民法院关于确认仲裁协议效力请示的复函

(2006年3月9日,〔2006〕民四他字第1号)

江苏省高级人民法院:

　　你院〔2005〕苏民三立终字第0039号"关于张家港星港电子公司与博泽国际公司中外合资经营合同中涉外仲裁条款效力问题的请示"收悉。经研究,答复如下:

本案双方当事人在合资合同中约定:"凡因解释或执行本合同所发生争议,双方应首先通过友好协商予以解决。如果双方在协商开始后的六十天内无法达成和解,任何一方可以将该争议按照《国际商会仲裁规则》提交仲裁。仲裁应在瑞士苏黎世进行。仲裁员应使用本合同的英文版。任何这样的仲裁的全部程序应用英文进行,有关仲裁情况应每天用英文记录。仲裁应由三名仲裁员来进行,仲裁员应使用流利的英语,双方可各委派一位仲裁员,第三位仲裁员由仲裁院委派,该仲裁员为该仲裁庭主席。仲裁裁决是终局的,对双方均有约束力,双方同意遵守并执行。仲裁费用应由败诉方承担,除非在仲裁裁决中另有规定。"根据多年的司法实践以及本院《第二次全国涉外商事海事审判工作会议纪要》所确定的原则,当事人在合同中约定的适用于解决合同争议的准据法,不能用来确定涉外仲裁条款的效力。当事人在合同中明确约定了仲裁条款效力的准据法的,应当适用当事人明确约定的法律;未约定仲裁条款效力的准据法但约定了仲裁地的,应当适用仲裁地国家或者地区的法律。只有在当事人未约定仲裁条款效力的准据法亦未约定仲裁地或者仲裁地约定不明的情况下,才能适用法院地法即我国法律作为确认仲裁条款效力的准据法。本案当事人双方虽然在合同中约定"合同的订立、生效、解释和执行受中国现行和公布的有关法律的管辖",但该约定是当事人对解决合同争议的准据法做出的选择,而不是对认定合同中仲裁条款效力的准据法做出的选择。《中华人民共和国合同法》第一百二十六条第二款规定的"在中华人民共和国境内履行的中外合资经营企业合同、中外合作经营企业合同、中外合作勘探开发自然资源合同,适用中华人民共和国法律",是对解决合同实体争议的准据法做出的规定,而并非对认定合同中仲裁条款效力的准据法做出的规定。我国法律并未强制规定在确认中外合资经营合同中仲裁条款效力时必须适用我国的法律作为准据法。由于本案当事人未明确约定仲裁条款效力的准据法,故应适用当事人约定的仲裁地瑞士的法律,对仲裁条款的效力做出认定。你院关于确定本案仲裁条款的效力应当适用我国法律的意见缺乏根据。根据瑞士的相关法律规定,本案仲裁条款有效。依照《中华人民共和国民事诉讼法》第二百五十七条第一款、《中华人民共和国仲裁法》第五条的规定,本案纠纷应根据当事人的约定,通过仲裁方式解决,人民法院对该纠纷无管辖权。苏州市中级人民法院〔2004〕苏中民三初字第064号民事裁定对本案的处理意见是正确的。

第三节　示范仲裁条款

在国际商事活动中,订立一个明确、详细、完整、合格的仲裁协议具有十分重要的意义。否则,一旦发生争议,提交仲裁时,仲裁机构会因仲裁协议不明确或者无效而不能受理。基于在大多数情况下,仲裁协议是以仲裁条款的形式出现的,因而,下面就从正反两个方面来说明什么样的仲裁条款才是合格的。

首先介绍不规范仲裁协议的几种典型情况:

第一,不明确的仲裁条款。例如我国A公司跟外国B公司在合同中订立的仲裁条款规定:"凡因本合同而引起的一切争议,经友好协商不能解决时,可以通过仲裁解决,在中国,则提交中国国际经济贸易仲裁委员会进行仲裁;在瑞典,则提交瑞典斯德哥尔摩仲裁院进行仲裁。"一个合格的仲裁条款必须是排他性的,不但排除法院的管辖权,而且还要排除其他仲裁机构的仲裁管辖权。因而,在外国B公司违约,中国A公司提请中国国际经济贸易仲裁委员会仲裁时,中国涉外仲裁机构无法受理。

第二,模棱两可的仲裁条款。例如中国A公司跟外国B公司在合同中订立的仲裁条款规定:"凡因执行本合同而发生的一切争议,经友好协商不能解决时,或者提交中国国际经济贸易仲裁委员会仲裁,或者提交韩国商事仲裁院仲裁。"后外国B公司违约,中国A公司把此争议提交中国国际经济贸易仲裁委员会仲裁,外国B公司提出了抗辩,认为该争议应在韩国商事仲裁院仲裁,结果我国涉外仲裁机构没有受理此案。反之,如果外国B公司把争议提请韩国商事仲裁院仲裁,如果中国A公司不同意,则韩国商事仲裁院也是无权受理的。因为这种仲裁条款订得模棱两可,留有余地,双方当事人可以选择仲裁机关,而如果一方不同意,最后哪个仲裁机关都无法受理,就如同没有订立仲裁条款一样。

第三,前后矛盾的仲裁条款。例如中国A公司跟外国B公司在合同中订立的仲裁条款规定:"凡因本合同所发生的一切争议,如果双方不能友好协商解决时,应提交中国国际经济贸易仲裁委员会按照该仲裁委员会仲裁规则在北京进行仲裁。仲裁庭由三人组成,双方从各自本国指定一名仲裁员,首席仲裁员由瑞典斯德哥尔摩仲裁院指派的第三国公民担任。"后外国B公司因A公司违约而向中国国际经济贸易仲裁委员会提交仲裁,由于该仲裁条款后半部分的规定跟我国2015年施行的《中国国际经济贸易仲裁委员会仲裁规则》第二十六条规定相抵触,因而我国涉外仲裁机构无法受理。这是因为我国上述仲裁规则规定,当事人指定仲裁员应该从该仲裁委员会制定的仲裁员名册中选定;当事人约定在仲裁委员会仲裁员名册之外选定仲裁员的,当事人选定的或根据当事人约定指定的人士必须经仲裁委员会主任确认后才可以担任仲裁员。其实,该仲裁条款上半段还是订得可以的,如果到此为止,也算是个合格的仲裁条款;没想到,又写了下半段,结果是画蛇添足,反而变得不合格了。

第四,无效的仲裁条款。例如中国A公司和外国B公司在合同中订立的仲裁条款规定:"凡因本合同所发生的一切争议,如双方协商不能解决时,应提交中国国际经济贸易仲裁委员会在北京仲裁,如一方对仲裁裁决不服,可到瑞典斯德哥尔摩商会仲裁院仲裁,该裁决是终局的,双方当事人不能再向其他仲裁机构或法院提出仲裁或提起诉讼。"此类仲裁条款是无效的,它违反了《中华人民共和国仲裁法》第九条规定的仲裁实行一裁终局的制度,"裁决做出后,当事人就同一纠纷再申请仲裁或者向人民法院起诉的,仲裁委员会或者人民法院不予受理。裁决被人民法院依法裁定撤销或者不予执行的,当事人就该纠纷可以根据双方重新达成的仲裁协议申请仲裁,也可以向人民法院起诉"。2015 年 1 月 1 日施行的《中国国际经济贸易仲裁委员会仲裁规则》第四十九条第九项也规定裁决是终局的,对双方当事人均有约束力。任何一方当事人均不得向法院起诉,也不得向其他任何机构提出变更仲裁裁决的请求。由于我国仲裁法规定仲裁裁决是终局的,因而如果前述当事人提请我国涉外仲裁机构仲裁,我国涉外仲裁机构是不能受理的。

【相关资料 5-4】

最高人民法院关于天津中燃船舶燃料有限公司与丹麦宝运石油(中国)有限公司、山东烟台国际海运公司船舶物料供应合同纠纷仲裁条款效力问题的请示的复函

烟台海运对宝运公司享有债权的凭证是《油款支付情况确认书》,中燃公司接受债权的依据也是该确认书,而在该确认书中并没有载明烟台海运与宝运公司之间的仲裁协议。因此,中燃公司在接受债权时并不知道宝运公司与烟台海运之间存在单独的仲裁协议。根据《最高人民法院关于适用中华人民共和国仲裁法若干问题的解释》第九条的规定"债权债务全部或者部分转让的,仲裁协议对受让人有效,但当事人另有约定、在受让债权债务时受让人明确反对或者不知有单独仲裁协议的除外",应当认定上述仲裁协议对中燃公司没有约束力。

此外,仲裁申请书的当事人名称应该跟原来订立的仲裁条款中的当事人名称相符合,否则仲裁机构也不能受理。其他不合格的仲裁条款还有:凡因本合同发生的一切争议,应提交浙江的仲裁机构仲裁或浙江的贸促会分会仲裁。此仲裁条款,约定的仲裁机构不明确,也是无效的。

正因为仲裁条款是当事人提请仲裁和仲裁机构受理仲裁的依据,具有十分重要的意义,而在实践上由于种种原因总有些当事人未能订立一项合格的仲裁条款。因此,为了便于双方当事人在合同中订立合格的仲裁条款,通过仲裁方式解决他们之间可能发生的争议,许多常设仲裁机构或其他有关机构拟定了示范仲裁条款,以备当事人采用。

(1)联合国国际贸易法委员会(United Nations Commission on International Trade Law)推荐的示范仲裁条款:

"由于本合同发生的与本合同有关的任何争议、争端或请求,或有关合同的违约、终止、无效,应按照现行有效的联合国国际贸易法委员会仲裁规则予以解决。"

(2)解决投资争端国际中心的示范仲裁条款:

"当事人特此同意,将本协议有关的或因本协议发生的任何争议提交解决投资争端国际中心依《关于解决国家和他国国民之间投资争端公约》通过仲裁解决。"

（3）国际商会推荐的仲裁条款：

"有关本合同所发生的一切争议应根据国际商会的仲裁规则由一名或多名仲裁员仲裁解决。"

（4）伦敦国际仲裁院推荐的仲裁条款：

"由本合同所产生的或与本合同有关的任何争议，包括该合同的成立、效力和修正均应提交或最终根据伦敦国际仲裁院的仲裁规则仲裁解决，该规则应视为包括在本条款之中。"

（5）瑞典斯德哥尔摩商会仲裁院推荐的仲裁条款：

"任何有关本协议的争议，应最终根据斯德哥尔摩商会仲裁院的仲裁规则进行仲裁解决。"

并且建议双方当事人根据需要对仲裁条款做如下补充：

"仲裁庭应由……名成员（或独任仲裁员）组成"；

"协议规定的事项应受……法律的支配"；

"仲裁程序中应使用……语言文字"。

（6）香港国际仲裁中心推荐的标准条款：

"任何因本合同而发生或与之有关的纠纷、争议或索赔或违反或终止本合同，均应按照本合同签订之日有效的联合国国际贸易法委员会仲裁规则在香港进行仲裁。"

"有权指定仲裁员的机构是香港国际仲裁中心。"

"任何该等仲裁事宜均由香港国际仲裁中心按其仲裁程序处理。"

"合同各方同意放弃就仲裁过程中发生的或与任何裁决有关的任何法律问题向香港法院申请或上诉的权利。"

"仲裁程序中使用的语言应为××。"

（7）中国国际经济贸易仲裁委员会示范仲裁条款。

示范仲裁条款（一）：

凡因本合同引起的或与本合同有关的任何争议，均应提交中国国际经济贸易仲裁委员会，按照申请仲裁时该会现行有效的仲裁规则进行仲裁。仲裁裁决是终局的，对双方均有约束力。

示范仲裁条款（二）：

凡因本合同引起的或与本合同有关的任何争议，均应提交中国国际经济贸易仲裁委员会_____分会（仲裁中心），按照申请仲裁时中国国际经济贸易仲裁委员会现行有效的仲裁规则进行仲裁。仲裁裁决是终局的，对双方均有约束力。

此外，在我国涉外经济贸易合同中，区别在我国仲裁、在被申请人所在国仲裁、在第三国仲裁三种情况可采用的示范仲裁条款以及争议发生后如何订立仲裁协议

书,做如下介绍:

①在我国仲裁的条款

"凡因执行本合同所发生的或与本合同有关的任何争议,如双方协商不能解决,应提交中国国际经济贸易仲裁委员会按照申请仲裁时该会现行有效的仲裁规则,由申请一方选择由该会_____分会(仲裁中心)在该地进行仲裁。仲裁裁决是终局的,对双方均具有约束力。"也可以加上"仲裁费用除仲裁庭另有规定外,由败诉一方负担"。

②在被申请人所在国仲裁的条款

"凡因执行本合同所发生的或与本合同有关的一切争议,如双方协商不能解决,应提交被申请人所在国的仲裁机构根据其仲裁程序规则进行仲裁,仲裁裁决是终局的,对双方均具有约束力。仲裁费用由败诉方负担。"

该仲裁条款,根据当事人的约定,也可以改成在申请人所在国仲裁的条款。

③在第三国仲裁的条款

"凡因执行本合同所发生的或与本合同有关的一切争议,如双方协商不能解决,应提交××国××仲裁机构根据其仲裁程序规则进行仲裁,仲裁裁决是终局的,对双方均具有约束力。仲裁费用由败诉方负担。"

④在争议发生后双方所签订的仲裁协议,没有固定的格式。在实践中可以这样签订:

提请中国国际经济贸易仲裁委员会仲裁的协议

我们双方愿意提交中国国际经济贸易仲裁委员会根据其仲裁规则,仲裁解决如下争议:

1.…… 2.……(争议的事项)

仲裁地点在北京。

我们同意仲裁裁决是终局的,对双方均具有约束力。

当事人名称、地址　　　　　　　　当事人名称、地址

签字　　　　　　　　　　　　　　签字

××年×月×日

当然,本节中所指的仲裁条款或仲裁协议书属任意性条款,对有关当事人只有推荐的意义,当事人可以自愿选择是否适用这种条款,也可以部分地援用这种条款,而对其中的某些内容做出更加符合双方当事人共同意愿的修改或变更。但是,此种示范仲裁条款一经采用而被当事人双方订入有关合同之中,则对双方当事人具有同等的法律约束力。

第四节　仲裁协议的有效要件

仲裁协议的有效要件,是指一项有效的仲裁协议必须具备的基本条件。一项有效的仲裁协议的存在,是当事人提起仲裁、仲裁机构受理仲裁、仲裁庭审理仲裁以及仲裁裁决能够得到承认和执行的重要条件或先决条件。

关于仲裁协议的有效要件,各国法律和有关国际公约的规定并不完全一致。根据《承认及执行外国仲裁裁决公约》第二条和第五条的有关规定,一项有效的仲裁协议需满足六个条件:(1)是书面协议;(2)是处理当事人之间已发生或可能发生的争议的协议;(3)这种争议与一个特定的法律关系有关;(4)这种争议是有关一个能用仲裁方式解决的事项;(5)根据对他们适用的法律,当事人在签订协议时有完全行为能力;(6)协议不是无效的或未生效的或不可能执行的。而根据法国的《仲裁法令》第三条第二款和第八条第二款,如果仲裁条款和仲裁协议未指定仲裁员,或未规定指定仲裁员的方式,都是无效的。尽管各国仲裁立法和国际公约对仲裁协议的有效要件的规定不尽相同,但对构成有效仲裁协议的基本条件的规定还是一致的。一般而言,主要涉及以下三个问题。

一、仲裁协议的形式

(一)形式要件的法律适用问题

通常,要确定某个涉外民事法律关系的形式要件,首要问题是准据法的选择。对于一般涉外契约的形式要件,根据国际私法的"场所支配行为"原则,通常依契约订立地法。但考察国际商事仲裁实践可知,仲裁协议形式要件在通常情况下并不依靠冲突规则的指引,而通过直接适用有关实体规则即仲裁地法来加以判定,包括《承认及执行外国仲裁裁决公约》等国际条约、国内仲裁立法、仲裁机构的仲裁规则以及国际商事仲裁机构和各国法院的有关判例。这是因为,从理论上来看,对仲裁庭而言没有法院地法,因而不必受法院地法冲突规则的约束。而另一方面,当前主要的国际商事仲裁条约或者国内立法,几乎一致要求仲裁协议必须采取书面形式。如前所述,仲裁协议不仅约束协议当事人、仲裁机构、法院,甚至会扩展到第三方交易主体,而且其效力还涉及仲裁裁决的承认和执行。仲裁协议的重要性,决定了各国几乎一致认为仲裁协议应具备较普通民事合同更为严格的书面形式。

(二)对"书面"的理解

由于绝大部分国际商事仲裁裁决需要在《承认及执行外国仲裁裁决公约》框架

下得到承认与执行,而有效的仲裁协议,包括形式上无瑕疵,又是缔约国法院承认与执行仲裁裁决的必要条件,甚至仲裁界有相当人士主张单纯国内法上的解释和要求只应适用于国内仲裁案件,而国际商事仲裁协议的形式要件应直接适用该公约,因此,该公约如何规定"书面"形式,以及公约的规定应如何理解,这是国际商事仲裁实践面临的重要问题。

《承认及执行外国仲裁裁决公约》第二条第二款规定:书面协议一词系指当事人所签署的或者来往书信、电报中所包含的合同中的仲裁条款和仲裁协议。可见,该公约将书面形式仅仅限于合同书、书信、电报三种形式。①

如果说公约的上述规定适应当时的时代,那么随着现代通信技术的迅猛发展,公约上述规定的局限性日益明显。再加上电子商务的诞生与发展,合同缔结方式突破传统的纸质媒介,电子邮件(E-mail)或电子数据交换(EDI)等网络通信逐渐成为主流交易方式。于是,通过上述新型网络通信方式订立的仲裁协议,能否被以《承认及执行外国仲裁裁决公约》为代表的国际商事仲裁规则体系所接纳,成为各国面临的共同问题。

不难发现,公约第二条第二款只是一项非常原则和概括的规定,实践中各国法院对它的具体解释不尽相同。意大利最高法院曾经判决一项仲裁条款因不符合纽约公约严格的书面形式要求而无效。但是,随着国际商事仲裁价值被人们广泛认同,各国对鼓励及支持仲裁政策的深入以及受国际上有关合同形式要件的简约主义的影响,各国对于书面形式的认定趋于宽松,尽量将新型的仲裁协议纳入书面仲裁协议的范畴,特别是突破书面等同于传统纸质媒介的观念。瑞士联邦法院、中国香港法院曾经在判决中指出,因按照《贸易法委员会国际商事仲裁示范法》第七条第二款②

---

① 需要提及的是,近年来,联合国国际贸易法委员会仲裁工作组一直致力于研究修改上述《承认及执行外国仲裁裁决公约》相关条款或赋予其新的内涵,在其有关专题讨论中还曾专门提及提单中仲裁条款问题。例如,在工作组 2000 年 3 月召开的第 32 届关于仲裁协议书面形式谈论的专门会议上,在解决提单中仲裁条款"签字"等问题"可能引起问题和不确定性"时,工作组报告认为:"双方订立了含有仲裁条款的合同,但该条款的形式不符合法律要求。在这类情况引发不好的后果时,解决的办法应是放宽法律上的形式要求"。而在 2000 年 9 月召开的第 33 届会议上,工作组又特别讨论了"未经托运人或提单持有人签字的提单中订有仲裁条款"的一些实际案例,代表们普遍认为:对"书面形式"应从宽做出解释,使这类仲裁协议有效。

② 2006 年 7 月 6 日,联合国国际贸易法委员会第 39 届年会于纽约联合国总部通过了新的国际商事仲裁示范法。就"仲裁协议的定义和形式",示范法提供了两种备选案文,其一如下:(1)"仲裁协议"是指当事人同意将他们之间一项确定的契约性或非契约性的法律关系中已经发生或可能发生的一切或某些争议提交仲裁的协议。仲裁协议可以采取合同中的仲裁条款形式或单独协议的形式。(2)仲裁协议应为书面形式。(3)若仲裁协议的内容以任何形式记录下来,则为书面形式,无论该仲裁协议或合同是以口头方式、行为方式还是其他方式订立的。(4)电子通信所含信息可以调取以备日后查用的,即满足了仲裁协议的书面形式要求。"电子通信"系指当事人以数据电文方式发出的任何通讯;"数据电文"系指经由电子手段、电磁手段、光学手段或类似手段生成、发送、接收或储存的信息,这些手段包括但不限于电子数据交换、电子邮件、电报、电传或传真。(5)另外,如在申请书和答辩书的交换中,一方当事人声称有仲裁协议而另一方当事人不予否认的,则仲裁协议即为书面协议。(6)在合同中援引载有仲裁条款的任何文件,只要该援引可使该仲裁条款成为合同的一部分,即构成书面形式的仲裁协议。备选案文二如下:"仲裁协议"是指当事人同意将他们之间一项契约性或非契约性的法律关系中已经发生或可能发生的一切或某些争议提交仲裁的协议。

的规定对《承认及执行外国仲裁裁决公约》作宽泛解释。这方面的典型国内立法代表是英国仲裁法。英国1996年仲裁法规定书面形式是指：①协议以书面形式形成（无论当事人签署与否）、协议通过电讯交换方式书面形成、协议以书面形式证实。②当事人非以书面形式同意援引书面形式的条件，视为达成书面协议。③非书面形式的协议为协议当事人授权一方当事人或第三方录制，即为被书面证实。④通过仲裁或诉讼程序中互换意见书，一方宣称非书面形式协议存在，对方未否认，视为构成书面协议。⑤本篇所指书面形式，均包含以任何方式所做的记录。

（三）我国法律和仲裁规则就形式要件的规定

我国《民事诉讼法》第二百七十一条、《仲裁法》第十六条均规定，国际商事仲裁的仲裁协议需以书面方式订立，但未详细规定什么是书面形式。2006年最高人民法院《关于适用〈中华人民共和国仲裁法〉若干问题的解释》第一条对"书面"做了解释："仲裁法第十六条规定的'其他书面形式'的仲裁协议，包括以合同书、信件和数据电文（包括电报、电传、传真、电子数据交换和电子邮件）等形式达成的请求仲裁的协议。"上述的解释，与《合同法》第十一条基本一致。此外，中国国际经济贸易仲裁委员会在2005年修订了其《仲裁规则》，其中包括增加一种书面形式，即"在仲裁申请书和仲裁答辩书的交换中一方当事人声称有仲裁协议而另一方当事人不做否认表示的，视为存在书面仲裁协议"，这种做法在实践中亦能得到人民法院的尊重。2015年上述《仲裁规则》第五条第二款做了相同规定。

值得一提的是，《关于适用〈中华人民共和国仲裁法〉若干问题的解释》第十一条规定："合同约定解决争议适用其他合同、文件中的有效仲裁条款的，发生合同争议时，当事人应当按照该仲裁条款提请仲裁。涉外合同应当适用的有关国际条约中有仲裁规定的，发生合同争议时，当事人应当按照国际条约中的仲裁规定提请仲裁。"这在理论上被称为仲裁条款的援引，或称引置。理论上，有效援引亦构成有效之仲裁协议，如英国仲裁法就有此规定。虽然中国仲裁法没有明确规定，但在以往的仲裁实践中，如当事人的合同未写明仲裁条款，而只援引了其他载有仲裁条款的书面文件，并使该文件作为原合同的一部分，则也符合书面要件。此前的司法实践亦持这种观点，如最高人民法院《关于福建省生产资料总公司与金鸽航运有限公司国际海事纠纷一案中提单仲裁条款效力问题的复函》以及《关于涉蒙经济合同未直接约定仲裁条款如何认定案件管辖权的复函》。

但是，何种援引是有效的援引，方能构成有效的仲裁协议？一般认为，有效的援引必须足以使该仲裁条款成为合同的一部分，换言之，须使当事人以合理注意程度就能认识到该条款已经成为合同的一部分。根据援引的明确程度，可以将之分为特别援引方式和概括援引方式，前者指合同明确援引了仲裁条款。因为当事人能够通过合同文字表面来判断所援引的是仲裁条款，因而这种方式被认为是有效援引。而第二种概括援引方式则非有效援引。此外，所援引的书面文件中包含的仲裁条款,须具备有效书面形式且实质要件无瑕疵。如果所援引的仲裁条款无效、失效或不可履行,则也未构成有效援引,故不能达成有效的仲裁协议。

【相关资料 5-5】

最高人民法院关于北京朝来新生体育休闲有限公司申请承认大韩商事仲裁院做出的第 12113-0011 号、第 12112-0012 号仲裁裁决案件请示的复函

（〔2013〕民四他字第 64 号）

本案争议焦点是北京所望之信投资咨询有限公司（以下简称所望之信公司）与朝来公司签署的《合同书》中的仲裁条款是否有效。根据你院请示所述的事实,订立《合同书》的双方当事人均为中国法人,《合同书》内容是双方就朝来公司在中国境内的高尔夫球场进行股份转让及合作,所涉标的物在中国境内,合同亦在中国境内订立和履行。因此,《合同书》没有涉外民事关系的构成要素,不属于涉外合同。该合同以及所包含的仲裁条款之适用法律,无论当事人是否做出明示约定,均应确定为中国法律。根据《中华人民共和国民事诉讼法》第二百七十一条以及《中华人民共和国合同法》第一百二十八条第二款的规定,我国法律未授权当事人将不具有涉外因素的争议交由境外仲裁机构或者在我国境外临时仲裁,故本案当事人约定将争议提交大韩商事仲裁院仲裁的条款属无效协议,且该仲裁协议之效力瑕疵不能因当事人在仲裁程序中未提出异议而得到补正,仲裁庭对本案争议不享有管辖权。根据《承认及执行外国仲裁裁决公约》第五条第一款（甲）项的规定,被申请人提供证据证明仲裁条款依当事人作为协定准据之法律系属无效者,得拒予承认及执行仲裁裁决,故本案所涉仲裁裁决应不予承认,但你院同时认为适用《承认及执行外国仲裁裁决公约》第五条第二款（乙）项规定的公共政策事由不当,应予纠正。

【相关法条 5-1】

《中华人民共和国民事诉讼法》第二百七十一条"仲裁协议":

涉外经济贸易、运输和海事中发生的纠纷,当事人在合同中订有仲裁条款或者事后达成书面仲裁协议,提交中华人民共和国涉外仲裁机构或者其他仲裁机构仲裁的,当事人不得向人民法院起诉。当事人在合同中没有订有仲裁条款或者事后没有达成书面仲裁协议的,可以向人民法院起诉。

二、仲裁协议当事人的行为能力

订立仲裁协议当事人的行为能力也是决定仲裁协议效力的有效要件之一。根据国际社会普遍的观点,无行为能力的人所为的一切行为都是没有法律效力的。

因而,如果仲裁协议的一方或双方当事人在订立仲裁协议时是无行为能力的,所订立的仲裁协议即为无效。例如《承认及执行外国仲裁裁决公约》第五条第一款(甲)规定,如果订立仲裁协议的"当事人依对其适用之法律有某种无行为能力情形者",缔约国可以拒绝承认及执行该仲裁裁决。1985年联合国国际贸易法委员会制定的《贸易法委员会国际商事仲裁示范法》第三十六条也规定,缔约国拒绝承认或执行裁决的理由之一便是"仲裁协议的当事人一方欠缺行为能力"。

但是,上述《承认及执行外国仲裁裁决公约》并未明确规定当事人订立仲裁协议的行为能力应该适用何国法律作为准据法,它仅是规定"当事人依对其适用之法律有某种无行为能力情形者",而把此问题留待各缔约国自行决定。一般而言,对于当事人缔结仲裁协议的能力,除了适用有关国际条约外,还应依据各缔约国的冲突法做出决定。对此,各国通常适用当事人一般行为能力的同一准据法,即当事人的属人法。国际商事仲裁中的当事人主要是自然人和法人,下面分别述之。

(一)自然人的行为能力

由于自然人的行为能力与他的身份地位有着直接的关系,而自然人的身份地位既包括他的自然状况,如是否成年,是否心志健全、精神正常等,也包括他的法律地位,如是否已婚,是否为婚生等。所以,一般多主张依解决自然人权利能力冲突的同一原则,即依当事人属人法来解决自然人行为能力的法律冲突。

对自然人的行为能力适用当事人的属人法的观点,自巴托鲁斯的法则区别说以来,为所有国家所接受。此一规则也是为各国采用的少有的几个共同规则中的一个。只是对属人法的理解有所不同,如大陆法系国家是指当事人的本国法,而英美法系国家则是指当事人的住所地法。

按照自然人的行为能力依属人法的原则,在一般情况下,自然人只要依属人法有行为能力,无论到哪一个国家都应该被承认有行为能力;反之,如果依其属人法无行为能力,则无论到哪一个国家都应该被视为无行为能力。但是随着国际经济贸易关系的进一步发展和扩大,内外国人杂居和相互交往日增,为了保护相对人或第三人不致因不明他国的属人法的规定而蒙受损失,保护商业活动的稳定与安全,各国在适用人之行为能力依其属人法这一冲突规则时,仍有以下例外或限制:其一是处理不动产的行为能力和适用于侵权行为的责任能力,一般都不适用当事人属人法而是分别适用物之所在地法和侵权行为地法;其二是有关商务活动的当事人的行为能力也可适用商业行为地法,亦即商业活动当事人如依其属人法无行为能力,而依行为地法有行为能力,则应认为有行为能力。

我国立法对自然人民事能力的法律适用也做了规定。《中华人民共和国民法通则》第一百四十三条规定:"中华人民共和国公民定居国外的,他的民事行为能力可以适用定居国法律。"最高人民法院《关于贯彻执行〈中华人民共和国民法通则〉若干问题的意见(试行)》做了进一步的补充,其规定为:(1)定居国外的我国公民的民事行为能力,如其行为是在我国境内所为,适用我国法律,在定居国所为,可以适用其定居国法律;(2)外国人在我国领域内进行民事活动,如依其本国法律为无民事行为能力,而依我国法律为有民事行为能力,应当认定为有民事行为能力;(3)无国籍人的民事行为能力,一般适用其定居国法律,如未定居,适用其住所地国法律。

2010年通过的《中华人民共和国涉外民事关系法律适用法》第十二条规定:"自然人的民事行为能力,适用经常居所地法律。自然人从事民事活动,依照经常居所地法律为无民事行为能力,依照行为地法律为有民事行为能力的,适用行为地法律,但涉及婚姻家庭、继承的除外。"

(二)法人的行为能力

需要指出的是,跟自然人不同,法人的权利能力和行为能力同时开始,并且两者的范围也是相一致的。因此,对于法人的权利能力和行为能力的法律冲突,国际私法上是采用同一冲突规则来解决的,即适用法人的属人法。法人属人法就是法人的国籍国法,这跟自然人属人法也不同,而后者同时包括自然人的国籍国法和住所地法。因此,如要确定法人行为能力的准据法,应先确定法人的国籍。如何确定法人的国籍,主要有以下几种学说。

1. 法人住所地说

这一学说认为法人的住所在哪一国家,便应认为该法人属哪国法人,即住所在内国的就为内国法人,住所在外国的就为外国法人。如德国、奥地利、波兰、埃及、叙利亚等国采此学说。但对于何处为法人的住所,学者的主张和各国的实践尚未能统一。不过反对者认为,住所是可由法人随意设定的,依法人住所定其国籍还可能让法人为了自己的私利而通过虚设住所以达到改变其属人法和规避法律的目的。

2. 组成地说以及与之直接相关的登记国说或准据法说

这一学说认为法人无非是模拟自然人而由法律赋予人格的拟制体,因此,法人的国籍应在其取得法律人格的地方即法人的组成国。不过,在实际生活中,有时一个法人的组成需要为多数行为,而这些行为往往并不在同一国家进行,如一个法人其章程订立于甲国,设立的核准在乙国,则两国都可能视其在本国组成。为了弥补组成地说的不足,学者们又提出了登记国说和准据法说。登记国说主张某一组织在哪一个国家登记注册便为哪一国的法人;准据法说则认为法人依据哪一国法律创立即取得哪国国籍。目前,英美和原苏东国家均采此说确定法人的国籍。

3. 法人设立人国籍说

此说认为,法人的国籍应依组成法人的成员或依董事会董事的国籍决定。其理由是法人不能离开设立它们的自然人而独立。加之各国民法对于外国人的权利能力常加一定限制,如果不以其组成人员的国籍定内外国法人的区别,外国人便会通过在内国组成法人,以取得外国自然人所不能享有的权利。过去,法国法院曾采此学说。

4. 实际控制说

此说主张法人实际上由哪国控制，即应具有哪国国籍。故在战争时期用以判定敌性法人具有重要意义。在实际生活中，有时一些法人虽依敌国法律成立，并不足以判定其为敌性法人；反之，有些法人其股份虽为内国人所掌握，也不足以证明它就完全为内国利益服务。因此，持这种主张的人认为应透过这些现象，看法人实际上为哪一国所控制即为哪国法人。例如1916年及1925年，瑞典曾通过有关立法，禁止在瑞典组成而实际上为外国所操纵的公司取得瑞典的土地与矿藏，因为当时德国工业巨头常常躲在瑞典公司的背后，大量购买瑞典的森林及矿产资源，以危害瑞典的民族经济。

5. 复合标准说

第二次世界大战后，随着法人在国际经济交往中的作用日益加强，出现了一种把法人的住所和法人的登记注册地结合起来定法人国籍的主张。采此说，或综合法人的住所和组成地两项标准定其国籍；或综合法人的住所地或设立地和准据法两项标准定其国籍。例如我国《中外合资经营企业法实施条例》第二条就规定，依照中外合资经营企业法批准并在中国境内设立的合资企业是中国法人。又如日本一般采取准据法主义，但要取得日本内国法人的资格，除依日本法成立外，尚需在日本设有住所，凡不符合这两个条件均被视为外国法人，也采复合标准说。1970年国际法院在审理巴塞罗那公司案时，也指出，对于公司的外交保护权，只能赋予该公司依据其法律成立并在其领土内有注册的事务所的国家。

我国对于法人的国籍的确定，早先是区别外国法人和中国内国法人两种，分别规定了确定的标准：第一，对外国法人国籍的确定，目前采注册登记国说。最高人民法院《关于贯彻执行〈中华人民共和国民法通则〉若干问题的意见(试行)》第一百八十四条规定，"外国法人以其注册登记地国家的法律为其本国法，法人的民事行为能力依其本国法确定"。同时对于在外国已根据它的法律取得了该外国国籍的法人，我国也都承认其已取得国籍，而不问该外国适用何种确定法人国籍的标准。第二，对中国内国法人国籍的确定，则采法人成立地和准据法复合标准，故只有依照中国法律组成并且在中国境内设立的法人才能取得中国内国法人的资格。例如中外合资经营企业和中国境内的外资企业便是分别依照《中华人民共和国中外合资经营企业法》和《中华人民共和国外资企业法》(2020年1月1日起，《中华人民共和国外商投资法》已取代该两法)，经我国主管部门批准并在我国工商行政管理机关登记注册而在我国境内设立的，故我国法律确定这两种企业是中国法人。

关于涉外纠纷中法人的行为能力最新的规定，是2010年《中华人民共和国涉外民事关系法律适用法》第十四条："法人及其分支机构的民事权利能力、民事行为能力、组织机构、股东权利义务等事项，适用登记地法律。法人的主营业地与登记地不一致的，可以适用主营业地法律。法人的经常居所地，为其主营业地。"

三、国际商事仲裁协议的实质要件

（一）实质要件的法律适用问题

仲裁协议的实质要件，包括仲裁协议的必备要素、仲裁协议的解释、仲裁协议的解除、所约定的仲裁事项的可仲裁性。鉴于仲裁协议是一种特殊的实体契约，所以在通过实质要件方面来判定仲裁协议效力时，应以其契约性为核心，以合同法的相关理论为支撑；至于国际商事仲裁协议，由于各国对仲裁协议有效成立的实体条件规定各不相同，因此在准据法选择时，自然也要遵守一般涉外合同的冲突规范，以私法自治作为首要原则。

最高人民法院《关于适用〈中华人民共和国仲裁法〉若干问题的解释》第十六条规定："对涉外仲裁协议的效力审查，适用当事人约定的法律；当事人没有约定适用的法律但约定了仲裁地的，适用仲裁地法律；没有约定适用的法律也没有约定仲裁地或者仲裁地约定不明的，适用法院地法律。"对于这条规定，应理解为仅适用于仲裁协议的实质要件，而不包括形式要件和主体行为能力。事实上，在该解释出台前的司法实践中，最高人民法院屡次确认了仲裁协议法律适用的上述原则。例如，最高人民法院在《关于德国旭普林国际有限责任公司与无锡沃可通用工程橡胶有限公司申请确认仲裁协议效力一案的请示的复函》中认为：在当事人没有约定确认仲裁条款效力准据法的情况下，根据确认仲裁条款效力准据法的一般原则，应当按照仲裁地的法律予以认定，即应当根据我国的法律确认所涉仲裁条款的效力。

基于国际商事仲裁的司法权理论，国家具有控制和管理发生在其管辖领域内的所有仲裁的权力，这便使得仲裁地在国际商事仲裁中有了极其重要的地位，无论是对仲裁协议效力的确定、仲裁所适用的实体法的确定，还是对于仲裁裁决的执行等方面均具有重要意义。所以，在当事人没有就仲裁协议实质要件准据法做出约定时，理论上我们不仅可以推定仲裁地是当事人最有可能的默示选择，而且从"法律关系本座说"出发，我们甚至可以说仲裁地是仲裁协议本座所在地。再加之仲裁地与仲裁程序的密切联系不可否认，又考虑到仲裁需要的起码的司法支持，上述仲裁法司法解释第十六条适用仲裁地法有着非同寻常的现实意义。实际上，仲裁地法的适用得到了国际商事仲裁立法和实践的普遍认同，例如《承认及执行外国仲裁裁决公约》第五条第一款第一项也规定了应依次适用当事人选择的法律或者裁决做出地法。

当然，这里还有一个问题，即何为上述仲裁法司法解释第十六条中的"仲裁地"？以《承认及执行外国仲裁裁决公约》为代表的国际商事仲裁国际规则中使用的都是"裁决做出地法"，而非"仲裁地法"。虽然实践中两者基本重合，且一般都为仲裁机构所在地，但理论上，仲裁裁决做出地是指已做裁决中所指明的做出裁决的所在国，而仲裁地是指仲裁程序进行地。值得一提的是，中国国际经济贸易仲裁委员会 2005 年修订其仲裁规则时,专门就"仲裁地"做了解释。该规则第三十一条规定:"(1)双方当事人书面约定仲裁地的,从其约定;(2)如果当事人对仲裁地未作约定,仲裁委员会或其分会所在地为仲裁地;(3)仲裁裁决应视为在仲裁地做出。"同时,该规则第三十二条还区分了"仲裁地"和"开庭地点",允许当事人在不违反准据法的前提下约定"仲裁地"和"开庭地点",这值得我们借鉴。

此外,还有一个问题值得一提。理论上,仲裁庭选择仲裁协议实质要件准据法,存在较法院选择准据法的特殊之处,即法院必须适用法院地的冲突规范,但仲裁庭可以首先"选择"冲突规范,甚至可以跳过冲突规范,依据所属仲裁机构的仲裁规则,或者"与其使其无效,不如使其有效"原则,来直接适用准据法。后者被很多学者称为"一般法律原则",代表性立法为 1989 年生效的《瑞士联邦国际私法法规》第一百七十八条。这是受 20 世纪 60 年代国际商事仲裁非本地化趋势的影响。这在中国的国际商事仲裁实践中鲜有存在,但其他国家的仲裁实践不乏其例。

(二)我国就国际商事仲裁协议实质要件的立法与实践

从国际商事仲裁界对仲裁协议构成要件的态度来看,无论是形式要件还是实质要件,均呈现出放宽的趋势。只要当事人表明了仲裁意愿,立法和司法就应尽量赋予其效力,积极协助当事人实现意愿。支持仲裁的政策是当今国际社会的主流。

我国《仲裁法》第十六条将请求仲裁的意思表示、仲裁事项、选定的仲裁委员会作为仲裁协议必须具备的内容。同时,《仲裁法》及其解释也对上述三个必备内容做了若干规定。下文我们结合仲裁实践来分析。

1.请求仲裁的意思表示应真实、明确

理论上"请求仲裁的意思表示"必须满足以下两个条件:第一,必须是双方当事人的真实意思表示;第二,必须明确、肯定地排除法院管辖权;不得有任何模棱两可、语义不清或者似是而非。关于第一点,《仲裁法》第十七条规定,一方采取胁迫手段,迫使对方订立仲裁协议的,仲裁协议无效。① 关于第二点,最典型的例子就是"或裁或审条款"。"或裁或审条款"无效,是中国法院一贯的立场。最高院《关于适用〈中华人民共和国仲裁法〉若干问题的解释》第七条也规定,当事人约定争议可以向仲裁机构申请仲裁也可以向人民法院起诉的,仲裁协议无效。② 但一方向仲裁机构申请仲裁,另一方未在仲裁庭首次开庭前提出异议的除外。而且,根据第二十七条的规定,当事人未在仲裁庭首次开庭前提出异议的,在仲裁裁决做出后以仲

---

①下文"仲裁条款独立性理论"部分还将涉及该条文与"仲裁条款独立性"的协调。

②我国仲裁理论界多数对法院的上述做法持保留意见。学者普遍认为,当事人约定争议可申请仲裁也可提起诉讼,表明并没有放弃仲裁的意愿,因而这种情况下的仲裁条款不能当然属于无效。应由首先提起争议解决程序的当事人确定其效力,比较符合当事人的真实意愿。即,如果首先提起解决争议程序的一方当事人选择法院诉讼,则仲裁条款就不生效;相反,诉讼条款不被采用,仲裁条款应当认定生效。还有学者认为,本着进一步发挥有利于仲裁和支持仲裁的精神,应允许当事人对"或裁或审条款"进行补救,以达成补充协议,达不成补充协议的方可认定无效。

裁协议无效为由主张撤销仲裁裁决或者提出不予执行抗辩的,人民法院不予支持。

2. 仲裁事项应明确且具有可仲裁性

仲裁协议首先应该明确规定把什么争议提交仲裁。这是仲裁庭行使管辖权的范围,在仲裁裁决的承认和执行阶段亦会受到有关国家的司法审查。《承认及执行外国仲裁裁决公约》第五条第一款第三项规定,若仲裁裁决范围超出了仲裁协议约定的仲裁事项,则裁决的超出部分可不予执行。可见,仲裁事项应非常明确,界限清晰。我国《仲裁法》第十八条规定,若仲裁协议对仲裁事项没有约定或者约定不明确的,当事人可以补充协议;达不成补充协议的,仲裁协议无效。

实践中,关于仲裁事项的约定,一般有下列几种方式:

第一种是明确排除某些事项的方式。仲裁协议可能明确约定,某些事项不得仲裁。倘若仲裁庭在最后裁决中对此类已经被明确排除的事项做出裁定,则会导致裁决被撤销或不予执行。例如北京市西单商业区建设开发公司申请撤销仲裁裁决案。本案中西单建设开发公司与龙辉公司签订的《联合建设沙子口九号楼 A 座协议书》不含土地出让金条款,法院认为应认定关于土地出让金问题不在签约这份协议书的仲裁协议框架下,裁决书中裁决由西单建设开发公司缴纳土地出让金,超出了仲裁协议的范围。[①]

第二种方式是明确规定只可以仲裁某些事项。仲裁协议可能规定,某些特定的争议事项可以提交仲裁。例如,双方约定:“如因本合同的解释产生争议,应提交中国国际经济贸易仲裁委员会仲裁。”如果后来发生的争议非因解释引起,而是由于合同的履行而引起的,那么,中国国际经济贸易仲裁委员会就没有管辖权。

第三种方式是约定“本合同引起或与本合同有关”。“本合同引起或与本合同有关”是在某些仲裁条款中常见的表述。标准仲裁条款通常如:“凡因本合同引起的或与本合同有关的任何争议,应提交某某仲裁委员会,按照申请仲裁时该会实施的仲裁规则进行仲裁。仲裁裁决是终局的,对双方均有约束力。”异议一方会认为应对“本合同引起或与本合同相关”此类表述作狭义解释,但实践中,法院通常是作广义解释。例如上海齿科医械厂申请撤销仲裁裁决案中,申请人称合同中对于仲裁协议的范围限定在“仅因执行本合同所发生的或与本合同有关的一切争议”,而裁决对不属于仲裁范围内事项即“合营公司内部分工行为”进行了裁决。北京市第二中级人民法院驳回了这一申请,认定裁决书中“仲裁庭意见”第二项所审理的是围绕申请人上海齿科医械厂依据合同约定就合同第十四条、第十九条内容提出的请求的相关事实,裁决并未超出仲裁协议约定的范围。[②]

---

① 〔2000〕二中经仲字第 201 号。参见《北京市第二中级人民法院认定仲裁协议有效,撤销北京仲裁委员会〔1999〕京仲裁字第 077 号裁决书的裁决主文第(三)项的裁定》,北京仲裁委员会网站,http://www.bjac.org.cn/data/Board3.asp? id=170,2009-05-12。

② 〔1996〕二中经初字第 83 号。参见《北京市第二中级人民法院驳回上海齿科医械厂申请撤销中国国际经济贸易仲裁委员会上海分会〔1996〕沪贸仲字 038 号裁决书的裁定》,北京仲裁委员会网站,http://www.bjac.org.cn/data/Board3.asp? id=175,2009-05-12。

第四种方式是约定"一切争议"。在可能涉及多个法律关系的情况下,"一切争议"的方式可有效预防当事人提出的不同法律关系抗辩。例如,广东省食品企业集团公司申请撤销仲裁裁决案中,法院认为,从合资合同第四十四条的约定看,仲裁条款约定的仲裁范围是因执行合资合同或与该合同有关的一切争议,而是否终止合资合同显然属于合资合同纠纷的范畴,仲裁庭对此进行审查并未超越仲裁协议的范围。① 再如,深圳市华丰实业有限公司申请撤销仲裁裁决案中,法院认为,华丰公司、天喜公司以及天津油漆厂三方所签订的合资合同中的仲裁条款约定很明确,凡与合资合同有关的一切争议均以仲裁方式解决,现合资三方因股权转让产生纷争,其实质也是合营的三方股东在履行合资合同中所发生的纷争,股东间的纷争也是基于合资合同中的股权关系而产生,与合资合同密切相关,因而股东间争议的解决应受合资合同中仲裁条款的约束。②

如上后两种,均属于概括性约定的方式。《关于适用〈中华人民共和国仲裁法〉若干问题的解释》第二条规定,在概括性约定合同争议之时,凡是基于合同成立、效力、变更、转让、履行、违约责任、解释、解除等产生的纠纷都可以认定为仲裁事项。这与最高人民法院此前的实践是一致的。③

另外,这还涉及仲裁协议的客体可仲裁性问题,或者称为争议事项可仲裁性问题,即根据一国法律哪些争议事项可以通过仲裁方式解决,其实质而言,是对仲裁范围项下的意思自治所施加的一种公共政策限制。

仲裁协议的客体可仲裁性,除适用仲裁协议准据法之外,还应注意不能和执行地内国法相抵触。具体而言,如果执行地法认为仲裁事项是不可仲裁的,而双方选择的仲裁协议准据法又是允许仲裁的,诸如传统认为不具有可仲裁性的反托拉斯争议、专利商标的授予和效力问题、涉及破产的实体争议、证券争议、雇佣争议和消费者争议已经在一些国家纳入仲裁范围,由此做出的仲裁裁决,无论是基于执行地内国法还是基于《承认及执行外国仲裁裁决公约》第五条第二款,执行地法院都可以不予承认与执行。仲裁协议客体可仲裁性的法律适用问题,类似"重叠适用准据法的冲突规范"。这在仲裁实践中应特别注意。

我国对仲裁事项可仲裁性的规定是《仲裁法》第三条与第十七条。根据规定,婚姻、收养、监护、扶养、继承纠纷以及依法应当由行政机关处理的行政争议被排除在仲裁客体范畴之外,如果约定的仲裁事项超出法律规定的仲裁范围的,仲裁协议无效。

---

① 〔1999〕深中法经二初字第 169 号。参见中国商事仲裁网,http://www.ccarb.org/,2009-05-12。

② 〔2000〕深中法经二初字第 19 号。参见中国商事仲裁网,http://www.ccarb.org/,2009-05-12。

③ 在《关于甘肃省乡镇第三产业公司诉德国阿丝德有限公司、中国香港欣承实业有限公司合作合同无效纠纷案的请示报告的复函》(法经〔1995〕第 273 号)中,最高院曾对"一切争议"这种概括性约定做出解释:关于"执行本合同所发生的一切争议"的理解,应当按照最高人民法院关于适用《涉外经济合同法》若干问题的解答第二部分的规定:"对于涉外经济合同法第五条所说的'合同争议'应作广义理解。凡是双方当事人对合同是否成立、合同成立的时间、合同内容的解释、合同的履行、违约的责任,以及合同的变更、中止、转让、解除、终止等发生的争议,均应包括在内。"

3. 仲裁机构应可确定且专一

在国际商事仲裁中,对于仲裁机构的选择有两种做法,其一是组成临时仲裁庭,其二是选择某个常设仲裁机构。如果约定选择临时仲裁,则应在仲裁协议中具体写明仲裁庭的组成人数及如何指定仲裁员,以及采用什么仲裁程序规则审理等,如果约定在常设仲裁机构仲裁,则应具体写明双方选定的仲裁机构全称。

我国《仲裁法》不允许进行临时仲裁,要求双方必须选定仲裁委员会。如果就仲裁委员会没有约定或者约定不明确的,当事人可以补充协议;达不成补充协议的,仲裁协议无效。对仲裁机构选定问题的争议,实践中主要有如下几种:

(1)当事人选择的仲裁机构不存在或仲裁机构名称称谓不准确

国际商事仲裁理论及实践对这两种情形的处理是截然不同的。一般认为,当事人选择了不存在的仲裁机构,仲裁协议是无法执行的。而对于机构名称称谓不准确的,在一定条件下对仲裁协议的效力是可以认定的。由于笔误或其他错误,双方所签仲裁协议中约定的仲裁机构可能不确切。理论上来说,可以按"能否合理推断出当事人所指的仲裁机构"作为其划分标准。在尽量使仲裁协议有效这样的原则的指引下,对于这种仲裁机构名称不准确的仲裁协议,若查明其构成仲裁协议的全部法定要件,并能够合理推断出当事人指定的仲裁机构,即使其是有瑕疵的,也应认为它是有效并可执行的。《关于适用〈中华人民共和国仲裁法〉若干问题的解释》第三条规定,仲裁协议约定的仲裁机构名称不准确,但能够确定具体的仲裁机构的,应当认定选定了仲裁机构。这体现了仲裁法所确定的自愿原则,不以文字上的疏漏来否定当事人通过仲裁解决争议的意愿,与此前最高人民法院的做法是一致的。最高人民法院《对仲裁条款中所选仲裁机构的名称漏字,但不影响仲裁条款效力的一个案例的批复意见》(法经〔1998〕第 159 号)中指出,虽然当事人的仲裁条款中将中国国际经济贸易仲裁委员会名称漏掉"经济"二字,但不影响该仲裁条款的效力,中国国际经济贸易仲裁委员会拥有管辖权。又例如北京市民政日用化工实业公司申请确认仲裁协议案①和北京启蒙学校申请确认仲裁协议无效案②中,各方当事人分别于 1995 年和 1996 年签订含有仲裁条款的仲裁协议。该仲裁条款中选定的仲裁委员会名称比实际受理此纠纷的仲裁委员会法定名称多一个"市"字。法院认为,北京地区当时只有一家受理国内仲裁案件的仲裁委员会,即北京仲裁委员会,据此可以认定,当事人在仲裁条款中约定的仲裁委员会是明确的。

(2)选定仲裁规则未写明仲裁机构

《关于适用〈中华人民共和国仲裁法〉若干问题的解释》第四条规定:"仲裁协议仅约定纠纷适用的仲裁规则的,视为未约定仲裁机构,但当事人达成补充协议或者按照约定的仲裁规则能够确定仲裁机构的除外。"

---

① 〔1996〕二中经仲字第 893 号民事裁定书。参见中国商事仲裁网,http://www.ccarb.org/,2009-05-12。
② 〔2000〕二中经仲字第 472 号民事裁定书。参见中国商事仲裁网,http://www.ccarb.org/,2009-05-12。

许多仲裁机构都可以适用其他机构的仲裁规则来进行仲裁程序。① 因此,不能当然认为,约定某机构的仲裁规则,即应视为同意在该机构仲裁,除非该机构的仲裁规则本身规定,②选择该规则视为当事人同意由该机构进行仲裁。如若约定的仲裁规则无法确定仲裁机构而当事人又无法达成补充协议的,那么,约定某机构的仲裁规则,视同未约定仲裁机构。最高人民法院《关于德国旭普林国际有限责任公司与无锡沃可通用工程橡胶有限公司申请确认仲裁协议效力一案的请示的复函》③是以此理由认定仲裁条款无效。该案中的仲裁条款为:"国际商会仲裁规则,上海。"

不过,应当指出,倘若仲裁条款同时规定仲裁地点,且依仲裁协议准据法即仲裁地的法律,此种约定是有效的,则不影响仲裁条款的效力。最高人民法院在致湖北省高级人民法院的复函(法经〔1999〕第143号)中指出,本案仲裁条款为"由本合同产生的或与本合同有关的所有分歧、争议或违约事项,应当在香港依据国际商会的仲裁规则进行仲裁,仲裁裁决是终局的,对双方都有约束力",由于本案当事人约定在香港进行仲裁,按照仲裁地香港的条例,该仲裁条款是有效的、可以执行的。故人民法院对本案纠纷无管辖权。④

(3)同时约定两个以上仲裁机构

许多国家的商事仲裁机构都不止一个。中国现有仲裁机构已经超过180家。在这种情况下,当事人拟订仲裁条款时可能选定两个或两个以上的仲裁机构。《关于适用〈中华人民共和国仲裁法〉若干问题的解释》第五条规定:"仲裁协议约定两个以上仲裁机构的,当事人可以协议选择其中的一个仲裁机构申请仲裁;当事人不能就仲裁机构选择达成一致的,仲裁协议无效。"

最高院的上述规定改变了过去的做法。此前的仲裁实践中,包括最高人民法院在内的各级法院,对于约定两个仲裁机构的仲裁条款,均持宽容的态度,即在当事人未达成补充协议的情况下,仲裁申请方选择其中一家仲裁机构提起仲裁,即视

① 例如,2015年《中国国际经济贸易仲裁委员会仲裁规则》第四条第二款规定:当事人约定适用其他仲裁规则,或约定对本规则有关内容进行变更的,从其约定,但其约定无法实施或与仲裁地强制性法律规定相抵触者除外。

② 2015年《中国国际经济贸易仲裁委员会仲裁规则》第四条第三款规定:凡当事人约定按照本规则进行仲裁但未约定仲裁机构的,均视为同意将争议提交仲裁委员会仲裁。所以,约定适用《中国国际经济贸易仲裁委员会仲裁规则》,且未约定仲裁机构的,视为约定中国国际经济贸易仲裁委员会作为仲裁机构。

③ 〔2003〕民四他字第23号。载于《涉外商事海事审判指导》,2004年第3辑,第36页。本案的仲裁条款为:Arbitration:ICC Rules,Shanghai shall apply。最高人民法院认为:在当事人没有约定确认仲裁条款效力准据法的情况下,根据确认仲裁条款效力准据法的一般原则,应当按照仲裁地的法律予以认定,即本案应当根据我国的法律确认所涉仲裁条款的效力。该条款没有明确指出仲裁机构,依我国法律应当认定为无效。

④ 可见,"因本合同产生的一切争议,均应在上海,按照国际商会仲裁规则仲裁解决""因本合同产生的一切争议,均应在上海,按照中国国际经济贸易仲裁委员会仲裁规则仲裁解决""因本合同产生的一切争议,均应在香港,按照中国国际经济贸易仲裁委员会仲裁规则仲裁解决"三条仲裁规则表面上类似,其效力却不同。

为当事人已经做出选择。① 学界普遍认为，相对于此前的法院实践和司法解释而言，从支持仲裁的角度来说，该规定应认为是一种倒退。②

还有一种约定两个仲裁机构的情况。商事仲裁没有级别管辖，不同仲裁机构之间没有互相隶属的关系。仲裁裁决是终局的。但是，实践中曾出现如下仲裁条款："凡因执行本合同所发生的或者与本合同有关的一切争议，双方应通过友好协商解决。协商不能解决，应提交中国国际经济贸易仲裁委员会仲裁。如败诉方不服，可向瑞典斯德哥尔摩仲裁院提请仲裁，仲裁裁决为终局的，对双方均有约束力。"因这种条款项下的两个仲裁机构的关系不同于《关于适用〈中华人民共和国仲裁法〉若干问题的解释》第五条的情况，故不能认定其全部无效。实际上，当事人将争议提交仲裁解决的意思明确，约定提交中国国际经济贸易仲裁委员会仲裁，对该仲裁机构的约定是明确的，亦是可以执行的，当事人可以在该选定的仲裁机构进行仲裁。至于向瑞典斯德哥尔摩仲裁院提请仲裁部分的约定，与我国的有关法律相冲突，因而是无效的。但是，该部分的无效并不影响双方就其争议在中国国际经济贸易仲裁委员会仲裁。因而该合资合同中的仲裁条款部分有效，且是可以执行的。

(4)约定某地的仲裁机构

《关于适用〈中华人民共和国仲裁法〉若干问题的解释》第六条规定："仲裁协议约定由某地的仲裁机构仲裁且该地仅有一个仲裁机构的，该仲裁机构视为约定的仲裁机构。该地有两个以上仲裁机构的，当事人可以协议选择其中的一个仲裁机构申请仲裁；当事人不能就仲裁机构选择达成一致的，仲裁协议无效。"例如约定所在地在宁波的仲裁机构仲裁，则宁波仲裁委员会为约定的仲裁机构，可以受理案件。如果约定所在地是上海的仲裁机构仲裁，则上海有上海仲裁委员会和中国国际经济贸易仲裁委员会上海分会两个仲裁机构，故需要当事人的补充协议。

不过，倘若当事人仅约定了仲裁地点，而未约定仲裁机构的所在地，则情况又不同。仲裁地点和仲裁机构所在地是两个不同的概念，仲裁机构不实行地域管辖，中国国际经济贸易仲裁委员会上海分会根据其规则亦可将宁波作为仲裁地点。仅约定了仲裁地点，即使该选择的地点只有一家仲裁委员会，也不能推定为仲裁委员

---

① 最高人民法院于 1996 年发布《关于同时选择两个仲裁机构的仲裁条款效力问题的函》(1996 年 12 月 12 日，法函〔1996〕176 号)，涉案当事人订立的合同中仲裁条款约定"合同争议应提交中国国际贸易促进委员会对外经济贸易仲裁委员会或瑞典斯德哥尔摩商会仲裁院仲裁"。最高人民法院在该函中认为，该仲裁条款对仲裁机构的约定是明确的，亦是可以执行的。当事人只要选择约定的仲裁机构之一即可进行仲裁。参照该函，在约定或 A 或 B 仲裁的情况下，有关仲裁机构的约定是明确的，也是可以执行的，当事人只要选择约定的仲裁机构之一即可进行仲裁。因此，本案仲裁条款有效。

② 事实上，国际商事仲裁理论和大多数国家和地区的仲裁立法和司法实践对该种情形的仲裁协议均采取了肯定态度，认为从本质上讲该类仲裁协议具备了各国仲裁法所规定的几乎全部条件。只要选择了其中之一的仲裁机构，该协议就可得到执行。在仲裁理论上可能产生的质疑便是此种选择性仲裁协议会引起仲裁管辖权的积极冲突。但有学者对此进行了论证，认为这一担心完全没有必要。因为在双方当事人分别向不同仲裁机构先后提请仲裁申请的情况下，应以先申请的一方为优先，因为对后一个仲裁机构来说，存在"一事再理"的情形，参照诉讼系属理论，它应至少拒不受理或暂停做出裁决。

会的约定是明确的。最高人民法院《关于仅选择仲裁地点而对仲裁机构没有约定的仲裁条款效力问题的函》《关于确认仲裁协议效力几个问题的批复》以及《关于连云港星球塑料有限公司申请确认仲裁协议效力案的请示的复函》也都是这个观点。

另外,什么叫作"某地"? 应明确到何种程度? 一般认为,若泛泛约定"纠纷发生地仲裁机构"属于无效约定,因其非法律概念。但约定诸如"申请人住所地仲裁机构",因其系诉讼法上之概念,我们应参考诉讼管辖实践,认定其有效。

(三)国际商事仲裁协议的其他内容

除了请求仲裁的意思表示、仲裁事项、选定的仲裁委员会三项必备内容之外,仲裁协议还可以包含仲裁地点、仲裁规则、裁决效力等。根据我国《仲裁法》,这些内容并非仲裁条款生效的必要要件,但能起到减少成本、节约时间、提高仲裁效益的作用。

1. 仲裁规则

仲裁规则是伴随着机构仲裁的产生而出现的,是由常设仲裁机构制定并供当事人适用的有关仲裁过程中所应遵循的程序规则。它包括仲裁申请的提出、仲裁员的选定、仲裁庭的组成、仲裁的审理、仲裁裁决的做出等内容。根据《承认及执行外国仲裁裁决公约》第五条的规定,仲裁程序应同当事人之间的协议相符,或者当事人之间未订立此种协议时,应与仲裁地国家的法律相符。否则,被请求承认和执行裁决的主管机关可以根据当事人的请求,拒绝承认和执行该项裁决。这里的"当事人之间的协议"指的主要是当事人选择的仲裁规则。正因仲裁规则也影响到日后仲裁裁决的承认与执行,故在订立仲裁协议时也要认真考虑,妥善处理。

此外,当事人选择甲仲裁机构进行仲裁,但同时约定适用乙仲裁机构的仲裁规则,这样的选择有效吗? 该种情形下取决于有关仲裁机构仲裁规则的规定。有些国家和地区的商事仲裁机构不允许当事人在本机构仲裁时选择其他仲裁规则。在这些仲裁规则中,强调当事人选择了该机构仲裁,也即选定了该机构的仲裁规则,即使当事人选择了其他仲裁规则,仍然按所选定仲裁机构的仲裁规则仲裁。当然,也有仲裁机构对此并未加以限制或者明文许可。例如,2005 年《中国国际经济贸易仲裁委员会仲裁规则》第四条第二款规定:"当事人约定适用其他仲裁规则,或约定对本规则有关内容进行变更的,从其约定,但其约定无法实施或与仲裁地强制性法律规定相抵触者除外。"我国《仲裁法》并没有禁止这种选择。

2012 年和 2015 年施行的上述《仲裁规则》第四条第三款也做了相同规定。

2. 仲裁地点

在国际商事仲裁中,仲裁地点是最为重要的因素之一。从国际商事仲裁的司法权理论出发,国家具有控制和管理发生在其管辖领域内的所有仲裁的权力,这便使得仲裁地具有了极其重要的作用。无论是对仲裁协议效力的确定、仲裁所适用的实体法的确定,还是对于仲裁裁决的执行等均具有极其重要的意义。

首先,仲裁地点直接关系到仲裁协议的效力。仲裁协议效力准据法,除当事人另有约定外,一般为仲裁地国家的法律。这一点在前面已有详尽阐述。

其次,仲裁地点影响到仲裁程序的进行。根据国家属地管辖原则,国家对其境内发生的任何行为均享有属地管辖权,仲裁也不例外。该原则在仲裁领域中的体现便是传统的"所在地理论",即仲裁的合法性及其效力来自仲裁地法,仲裁程序应受仲裁地法支配,仲裁地是决定仲裁程序法适用最具决定性意义的连结因素。因此,在国际商事仲裁实践中,当事人没有明确约定仲裁程序法时,一般适用仲裁地国家的法律。而且,即使当事人选择了仲裁程序法,该法律也不能违反仲裁地国家有关强制性法律的规定,否则,其所做出的裁决有可能被仲裁地国法院撤销。

再次,仲裁地点影响解决争议所适用的实体法。在仲裁争议实体法的确定上,仲裁地同样具有重要意义。在仲裁当事人未就解决争议所适用的实体法做出明确选择时,审理案件的仲裁庭通常会按仲裁地的冲突规范确定应予援用的实体法。在某些情况下,当事人未确定解决争议的准据法时,仲裁庭将直接适用仲裁地的实体法对争议进行裁决。

最后,仲裁地点影响仲裁裁决的承认和执行。当国际商事仲裁裁决需在仲裁地以外国家申请承认和执行时,便会产生外国仲裁裁决的承认与执行问题。根据《承认及执行外国仲裁裁决公约》规定,缔约国在加入该公约时可保留声明,该国只对在另一缔约国领土内做成的仲裁裁决的承认和执行适用该公约。因而为了保证仲裁裁决能在公约框架内得到承认和执行,当事人应尽量注意选择公约缔约国作为仲裁地。否则,在仲裁地国与裁决承认与执行国之间不存在有关国际条约的情况下,只能按互惠原则予以承认和执行,若不存在互惠的话,仲裁地国家所做出的裁决就很有可能得不到承认和执行。

3. 裁决的效力

裁决的效力是指仲裁机构就有关争议所做出的实质性裁决是否为终审裁决,对双方当事人有无约束力,有关当事人是否有权向法院起诉请求变更或撤销该项裁决。关于仲裁裁决的效力问题,各国的仲裁立法和各常设仲裁机构及国际组织所制订的仲裁规则一般都有明确规定。就较普遍的实践来看,仲裁庭就有关争议所做出的实质性裁决具有终审裁决的效力,是终局性的。

仲裁裁决的效力直接关系到整个仲裁程序的效力,而各国立法及有关的仲裁规则对此规定又不尽相同,因而,当事人双方在订立仲裁协议时应该规定仲裁裁决的效力,通常应明确规定仲裁裁决具有终局性,具有终审裁决的效力。

另外,著名的国际商事仲裁机构一般都有自己的示范仲裁条款,而且可以在其官方网站查询。这既能为当事人提供便利,又能保障仲裁条款的效力。例如,中国国际经济贸易仲裁委员会的示范条款为:"凡因本合同引起的或与本合同有关的任何争议,均应提交中国国际经济贸易仲裁委员会,按照申请仲裁时该会现行有效的仲裁规则进行仲裁。仲裁裁决是终局的,对双方均有约束力。"

第五节 认定仲裁协议效力的机构及其准据法

一、确认仲裁协议效力的机构

如果当事人质疑仲裁协议的效力,该由谁来裁判这一异议? 我们知道,仲裁协议是国际商事仲裁管辖权的来源与基础。没有仲裁协议,就没有仲裁机构的管辖权。当事人质疑仲裁协议的效力,也就等于其对仲裁庭的管辖权提出异议。对这个问题的不同处理,反映了各国立法对仲裁的支持力度和司法对仲裁的监督程度。

(一)管辖权/管辖权理论和我国相关立法述评

1. 管辖权/管辖权理论

随着国际商事仲裁制度的不断发展,多数国家对仲裁采取宽容与支持的态度。在此背景下,产生了仲裁庭的自裁管辖原则,即仲裁庭享有对它自身的管辖权包括对仲裁协议的存在或效力等问题做出裁定的权力,而不需要事先的司法决定权。由于该原则解决的是"对管辖权的管辖权"问题,因而在理论上它又被形象而通俗地称为:管辖权/管辖权理论。

表面上,管辖权/管辖权理论似乎是一个悖论。因为仲裁庭管辖权的取得完全取决于当事人之间仲裁协议的效力;而管辖权/管辖权理论在当事人对仲裁协议的有效性提出质疑时,却首先赋予了仲裁庭判定仲裁协议是否有效进而决定自己是否享有管辖权的权力。对此,我们究竟该作何理解呢?

其实,只有从仲裁制度的本质出发,并同时结合国际商事仲裁的实际需要,才能正确理解仲裁庭管辖自裁原则和管辖权/管辖权理论。首先,仲裁庭的自裁管辖权源自当事人的授权、来源于双方当事人之间的仲裁协议。当事人通过协议的方式约定将其争议交付仲裁方式解决时,就意味着将协议项下的一切争议,包括对该协议效力的异议交由仲裁解决。尤其是在当事人明确约定由仲裁庭决定其自身管辖权时,更没有理由否认仲裁庭的自裁管辖权。因此,若一方当事人根据仲裁协议将有关争议提交仲裁机构,而另一方当事人就仲裁协议的效力提出异议时,应首先让有关仲裁庭取得对该项争议的管辖权,并就该仲裁协议的效力做出裁定。同时,由于目前各国国际商事仲裁立法纷纷对该原则予以认可,这便使仲裁庭的自裁管辖权得到法律的授权。其次,鉴于当事人之间订立的仲裁协议可能存在种种缺陷或瑕疵,或甚至是不可实现或无效的仲裁协议;而且,由于对于法律规定和仲裁实践的不同理解,即使是有效的仲裁协议,当事人之间也有可能存在不同的立场和观点;况且,尚不排除还可能存在一方当事人利用声称仲裁协议无效以达到拖延仲裁时间目的的情况。因此,该"管辖权/管辖权原则"设立的实际功效是十分明显的,它避免了仲裁协议效力方面的瑕疵对仲裁程序的延宕,也在很大程度上防止了任何一方当事人恶意利用法院解决管辖权问题的冗长程序对仲裁程序的破坏,保证了仲裁效率和仲裁价值的实现。

2. 管辖权/管辖权理论与仲裁条款独立性理论的关系

这是两项不同的原则和理论,其区别在于:

第一,仲裁条款独立性理论规定了仲裁条款的自治,是一个实体法范畴的理论,它是从合同分割的角度出发,主张仲裁条款与合同其他条款相分离,主合同的存在与效力,不影响仲裁条款的存在与效力。

管辖权/管辖权原则规定了仲裁庭有权决定其自身的管辖权,是程序法上的原则,其所解决的是当仲裁当事人就仲裁协议的效力与仲裁管辖权提出异议时,应由法院抑或仲裁庭行使管辖权的问题。

第二,从两项原则实行的客观效果来看,管辖权/管辖权原则涉及的内容更为广泛,不仅包含了对仲裁协议存在和有效问题的处理以及涉及主观及客观仲裁范围方面的问题,而且还涉及仲裁庭是否合法有效组成的问题,尽管该问题并未在行使管辖权/管辖权原则中得到重视,特别是在机构仲裁的情况下。

然而,仲裁条款独立性与管辖权/管辖权原则是密切联系的两项国际商事仲裁基本原则。两者相辅相成,共同完善了仲裁管辖权,使仲裁程序成为一个相对自足的程序。可以说,仲裁条款独立在某种程度上简化了仲裁庭自裁管辖的程序。在仲裁条款独立的情况下,仲裁庭在确定仲裁协议是否存在及其有效性时,只需查明和审查仲裁协议的有关内容即可,而不必去审查整个合同,更无须确定整个合同的效力。

3. "具有中国特色的仲裁管辖权决定制度"评述

我国《仲裁法》第二十条第一款规定:"当事人对仲裁协议的效力有异议的,可以请求仲裁委员会做出决定或者请求人民法院做出裁定。一方请求仲裁委员会做出决定,另一方请求人民法院做出裁定的,由人民法院裁定。"该条款首先赋予仲裁机构决定仲裁协议效力的权力,实际上对作为仲裁机构的仲裁委员会的自裁管辖权予以了认可。

但是,我国《仲裁法》明确赋予仲裁委员会而非仲裁庭决定仲裁协议效力的权力,这不同于国际上著名仲裁机构的通常做法。仲裁机构与仲裁庭是两个不同的概念,并有着不同的功能和使命。常设仲裁机构的主要任务是负责对整个机构的日常运转工作的管理,它并不参与对特定仲裁案件的审理,但在最初受理仲裁申请时,仲裁机构可以根据当事人之间订有仲裁协议的表面证据并对仲裁协议的效力做出初步裁定,以决定是否受理特定的仲裁案件。仲裁庭的功能则是就具体仲裁案件进行审理,并最终做出仲裁裁决。从国际商事仲裁实践来看,在大多数案件中,仲裁员(仲裁庭)在决定仲裁管辖方面发挥着主导作用。因此,学界普遍认为我国的规定有待改进。

值得一提的是,2005年中国国际经济贸易仲裁委员会修订了仲裁规则,其中就包括这个问题。由于仲裁法的规定没有修改,2005年规则的第六条仍然规定仲裁委员会有权对仲裁协议的存在、效力以及仲裁案件的管辖权做出决定。为解决仲裁委员会做出的管辖权决定与仲裁庭经实体审理后得出的结论相矛盾的问题,2005年规则增加了以下两点规定:第一,如有必要,仲裁委员会也可以授权仲裁庭做出管辖权决定。第二,如果仲裁委员会依表面证据认为存在由仲裁委员会进行仲裁的协议,则可根据表面证据做出仲裁委员会有管辖权的决定,仲裁程序继续进行。仲裁委员会依表面证据做出的管辖权决定并不妨碍其根据仲裁庭在审理过程中发现的与表面证据不一致的事实及/或证据重新做出管辖权决定。2005年规则在现行立法框架内尽可能地体现了"管辖权/管辖权"的理论本质,兼顾了可行性和合理性,是值得肯定的。2014年11月4日中国国际贸易促进委员会/中国国际商会对仲裁规则又进行了修订并通过,最新的修改版本保留了上述规定。

(二)司法对仲裁的监督和法院的最终决定权

1. 法院决定论

管辖权/管辖权理论不是指在任何情况下仲裁管辖权都应由仲裁庭来决定,也不是说仲裁庭的管辖权决定就是终局的,而是指法院对仲裁协议效力、或者说对仲裁庭管辖权的确定享有最终决定权。学界将之称为"法院决定论"。《仲裁法》第二十条规定:"一方请求仲裁委员会做出决定,另一方请求人民法院做出裁定的,由人民法院裁定。"这说明我国也是坚持法院决定论的。

根据《仲裁法》第五十八条,2000年最高人民法院《关于当事人对仲裁协议的效力提出异议由哪一级人民法院管辖问题的批复》和2006年最高人民法院《关于适用〈中华人民共和国仲裁法〉若干问题的解释》第十二条、第二十九条的规定,在国际商事仲裁的程序刚刚启动时、仲裁裁决撤销程序和仲裁裁决执行程序中,都可以由法院介入审查仲裁庭自裁管辖的决定。具体而言,在程序刚刚启动时,申请确认涉外仲裁协议效力的案件,由仲裁协议约定的仲裁机构所在地、仲裁协议签订地、申请人或者被申请人住所地的中级人民法院审查仲裁机构的自裁管辖决定。涉及海事海商纠纷仲裁协议效力的案件,由仲裁协议约定的仲裁机构所在地、仲裁协议签订地、申请人或者被申请人住所地的海事法院管辖;上述地点没有海事法院的,由就近的海事法院管辖。而在仲裁裁决的撤销程序中,由仲裁委员会所在地的中级人民法院管辖。而在仲裁裁决的执行程序中,则由被执行人住所地或者被执行的财产所在地的中级人民法院管辖。

无论是从仲裁的契约性本质出发,还是从仲裁的价值目标的实现角度,或是从法院本身的职能来看,法院对仲裁的适度监督都是必要的。这主要有两方面的原因：第一，仲裁程序的操作过程及其裁决结果不仅关系到当事人的切身利益，还维系着社会的公正问题。而法院作为代表国家行使审判权的权力机构，负有维护社会公正以及保障国家法律统一的任务。第二，仲裁程序的进行、仲裁裁决的执行乃至整个仲裁价值目标的实现也离不开来自法院的最起码的司法支持。

2.仲裁庭与法院的管辖权冲突及其协调

一方面，管辖权/管辖权原则授权仲裁庭对自己的管辖权做出决定；另一方面，仲裁庭就仲裁协议的有效性及其自身管辖权的裁定最终要受法院监督和审查，法院可以对管辖权问题重新加以评价并因此拒绝承认和执行有关仲裁裁决。这便造成了法院与仲裁庭管辖权的冲突。

协调这个冲突，要把握两个原则，一要坚持法院对仲裁的适度监督，二要保障国际商事争议的迅速、公正解决。《仲裁法》第二十六条、最高人民法院1998年《关于确认仲裁协议效力几个问题的批复》、2006年《关于适用〈中华人民共和国仲裁法〉若干问题的解释》第十三条、第十四条、第二十七条对仲裁庭与法院的管辖权冲突做了如下规定：

第一，一方当事人仅诉请人民法院确认仲裁协议无效，而不诉请法院审理实体纠纷，另一方当事人申请仲裁的情况下，区分仲裁机构是否先于人民法院接受申请并已做出决定：如果仲裁机构先于人民法院接受申请并已做出决定，就当事人申请确认仲裁协议效力或者申请撤销仲裁机构的决定，人民法院不予受理；如果仲裁机构接受申请后尚未做出决定，人民法院应予受理，同时通知仲裁机构中止仲裁。

可见，在仲裁机构先于人民法院接受申请并已做出决定的情况下，对仲裁机构所做出肯定自身管辖权的决定，该决定的效力可保持至仲裁审理程序结束。在此之前，当事人不得请求人民法院重新确认仲裁协议的效力。当事人只能在仲裁裁决的承认与执行阶段才能请求法院审查仲裁机构的决定。同时，当事人以此请求法院撤销仲裁裁决或者将之作为不予执行的抗辩理由，需同时满足一个程序要求，即该当事人必须在仲裁庭首次开庭前对仲裁协议的效力提出异议。上述规定，体现了人民法院对仲裁机构自裁管辖权的尊重。

第二，一方当事人不仅请求人民法院确认仲裁协议无效，而且还起诉实体问题，另一方当事人申请仲裁的情况下，不论仲裁机构是否做出决定，人民法院受理后应当通知仲裁机构中止仲裁。人民法院依法做出仲裁协议有效或者无效的裁定后，应当将裁定书副本送达仲裁机构，由仲裁机构根据人民法院的裁定恢复仲裁或者撤销仲裁案件。人民法院对仲裁协议做出无效的裁定后，另一方当事人拒不应诉的，人民法院可以缺席判决；原受理仲裁申请的仲裁机构在人民法院确认仲裁协议无效后仍不撤销其仲裁案件的，不影响人民法院对案件的审理。

第三，一方当事人没有请求人民法院确认仲裁协议无效，仅仅起诉实体问题而未声明有仲裁协议的情况下，人民法院受理后，另一方当事人在首次开庭前提交仲裁协议的,人民法院应当驳回起诉,但仲裁协议无效的除外;另一方在首次开庭前未对人民法院受理该案提出异议的,视为放弃仲裁协议,人民法院应当继续审理。而什么是"首次开庭"呢?"首次开庭"是指答辩期满后人民法院组织的第一次开庭审理,不包括审前程序中的各项活动。

同时,为保证人民法院在行使该项权力时的正确性和权威性,最高人民法院还在1995年8月28日发布的《关于人民法院处理与涉外仲裁及外国仲裁事项有关问题的通知》中规定:人民法院认为合同中的仲裁条款或仲裁协议无效、失效或者内容不明确无法执行的,在决定受理一方当事人起诉之前,必须报请本辖区所属高级人民法院进行审查;如果高级人民法院同意受理,应将其审查意见报告最高人民法院。在最高人民法院未作答复前,可暂不予受理。可见,该《通知》对人民法院做出的仲裁管辖权决定设立了一种十分严格的多级审查和报告制度,对基层人民法院对仲裁协议效力行使司法监督权时进行自上而下的内部监督,防止基层法院随意认定涉外仲裁协议无效,而将此权力归于最高人民法院。这一报告制度对地方保护主义的抵制作用是值得肯定的。

需要指出的是,上述规定仅适用于当事人约定在中国仲裁的情况,因为在这个问题上,我国法院对仲裁地不设在我国的外国仲裁机构并不具有司法监督权。除非外国仲裁裁决将来可能要到中国来执行,否则,当外国仲裁机构认定仲裁协议有效,而我国法院裁定仲裁协议无效的情况下,我国法院的裁定事实上不可能影响外国仲裁机构继续依据其仲裁协议有效的决定而进行的仲裁程序。

二、认定仲裁协议效力所依据的法律

(一)概述

以国际私法的观点来看,仲裁协议法律冲突的实质是各国关于仲裁协议效力的法律在空间上的冲突。具体而言,仲裁协议是否合法有效,受到诸多因素的影响,如当事人的行为能力、案件的可仲裁性、仲裁协议的形式要件等。而在国际商事仲裁中,各国家有关法律对上述问题的规定并不相同。以仲裁协议有效的实质要件为例,英国仲裁法规定只要包含"当事人仲裁意愿",仲裁协议就属有效,而我国仲裁法的规定则比较具体和严格。适用不同国家的法律可能会对上述各项问题做出不同的结论,进而影响仲裁协议的效力认定,这便构成了仲裁协议的法律冲突。

各国在确定仲裁庭管辖权和承认及执行外国仲裁裁决时,均无法回避仲裁协议效力的法律冲突问题。倘若各国坚持完全适用本国法律来判断仲裁协议之效力,必然成为国际商事仲裁的根本法律障碍。因此,仲裁协议的法律适用问题有着重要的现实意义。

（二）仲裁协议的定性是仲裁协议法律适用的前提

如何确定仲裁协议的准据法呢？若将之视为程序问题，则应适用"程序问题适用法院地法"的冲突规范；若将之视为实体契约，则应适用合同冲突规则。可见，确定仲裁协议的法律性质，是解决仲裁协议法律适用问题的"先决问题"。

较一般民事契约，仲裁协议有其特殊性质。国外学者对有关仲裁协议法律性质的观点主要有以下几种学说，即诉讼契约说、实体契约说、混合契约说和特殊契约说。其中的主流观点，也是最符合目前国际上有利于仲裁和支持仲裁潮流的，是实体契约说。该学说以西方国家的"私法行为说"理论为依托，将仲裁视同一般的私法行为，而非公法（诉讼法）行为，并进而认为，仲裁协议本质上与一般民商事契约并无差异，应视为民商事契约的一种特殊形态。早在 20 世纪 60 年代，著名的英国贸易法学家施米托夫对此就有过精辟的概述："仲裁实质上是解决争议的一种合同制度。"具体而言，仲裁协议从以下四个方面体现了实体契约性质：

首先，从仲裁协议订立目的来看，仲裁协议是当事人将其争议交由仲裁人裁判，并以服从该裁决为目的的合意。从该点上来看，仲裁协议具有与和解契约相类似的性质。

其次，从仲裁协议的内容来看，实为当事人处置实体权利的一种方式。只不过该种处置是间接的、附条件的，即通过仲裁员在当事人合意的仲裁协议的授权范围内进行的。仲裁与诉讼不同，仲裁员并非像法院法官那样完全依职权而行动。根据这一逻辑，在仲裁协议基础上做出的、确定当事人之间的权利义务的仲裁裁决，如同当事人依合意所为之决定，与当事人自行形成的法律关系具有相同本质。

再次，从仲裁协议的形成及其拘束力来看，仲裁协议当事人的主体资格、协议成立的形式要件和实质要件以及其拘束力无不与一般的民商事契约的成立要求相一致。

最后，从创设仲裁制度的目的来看，仲裁制度是根据私法上契约自治原则而设计的私法纷争自主解决制度，创设这一制度的目的在于使当事人对私法上的权利义务争执可以自力解决。如果将仲裁协议视为诉讼法（公法）上的契约，在公权力的种种干预下仲裁制度将不能充分发挥其作用，这将有违仲裁制度设立的初衷。

（三）国际商事仲裁协议应援用合同冲突规范，并区别于仲裁程序与仲裁事项（即待裁实体问题）的法律适用

鉴于仲裁协议是种特殊的实体契约，我们就应以私法自治作为仲裁活动中的首要原则。而作为一种特殊涉外民事合同的国际商事仲裁协议，其准据法的选择自然也要遵守涉外合同的冲突规范，采取分割论而非统一论。换言之，应分别从当

事人的行为能力①、仲裁协议的形式要件和实质要件三个方面,去考查国际商事仲裁协议的法律适用。

此外,由于仲裁协议主要表现为具有特殊性质的实体性契约,因而仲裁协议的法律适用也具有特殊的特征,既有别于仲裁程序法的适用,又不同于仲裁事项即待裁实体问题的法律适用。

首先,关于仲裁协议的法律适用与仲裁程序法适用的区别。仲裁程序法所调整的事项是仲裁协议项下的程序问题,即如何进行仲裁程序的问题,具体包括:仲裁员的指定、仲裁员的撤销及更替、仲裁庭的组成、仲裁中的保全措施、证据及其效力、仲裁裁决的做出及对仲裁裁决异议的处理等事项。而关于仲裁协议所应适用的法律,即仲裁协议准据法,其调整范围则应包括仲裁协议的形式要件、仲裁协议解释、解除、自身内容的有效性及客体可仲裁性等问题。在国际商事仲裁实践中,仲裁协议的法律适用与仲裁程序的法律适用很容易混淆,特别是在法院确认仲裁协议的效力、仲裁裁决的撤销程序以及承认、执行程序中,很容易将仲裁协议的效力问题一并识别为程序问题,并进而适用法院地法。目前,仲裁协议的法律适用与仲裁程序法适用的可分性还是已经为大部分国家的仲裁理论及实践所肯定。

其次,仲裁协议的法律适用有别于仲裁事项的法律适用。此问题的焦点在于合同准据法与其中仲裁条款准据法的关系。理论上而言,鉴于仲裁条款独立原则,支配主合同的准据法不一定就是仲裁协议的准据法。也就是说当事人对主合同准据法的选择,也并不必然包含对仲裁协议准据法的选择。尽管在实践中当事人特别指明仲裁条款适用某一法律,而合同的其他部分适用另一法律的情况很少见;也尽管实际上两者可能发生重合,而且将主合同中选择的准据法认定为当事人对仲裁协议适用法律的默示选择有一定的可操作价值;但从仲裁协议独立性原则出发,还是不应将合同准据法与其中仲裁条款的准据法混为一谈。此外,如果有关国家的法律对于某类合同的法律适用有强制性规定,这种强制性法律应理解为仅针对合同的实体问题,即有关合同当事人的权利义务的确定,此类法律不应同时强制适用于仲裁协议。

---

①关于仲裁协议当事人的民事行为能力,其不仅涉及一般意义上的缔约能力问题,还涉及主体可仲裁性(subjective arbitrability)问题,即仲裁协议的主体参与仲裁的行为能力,主要是指国家或由国家控制的国有企业或公司能否作为仲裁协议一方当事人参与仲裁的问题。《承认及执行外国仲裁裁决公约》第五条第一款规定,如果订立仲裁协议的"当事人依对其适用之法律有某种无行为能力情形者",缔约国可以拒绝承认执行该仲裁裁决。公约的这一规定被称为半途的冲突规则,实质是将当事人缔结仲裁协议行为能力的问题留待各国国内法律和法院来加以解决。而各国立法一般没有特别的规定,大多适用国际私法中关于当事人行为能力的普遍冲突规则,故可参见本书关于民事行为能力法律适用的章节。此外,在对待国家或者国家控制企业的仲裁行为能力问题上,出于维护国际公共政策和公平的国际商事交易秩序的需要,当前国际商事仲裁实践越来越倾向于禁止公法人援引国内法上的禁止性规定来对仲裁协议效力提出抗辩。

(四)认定仲裁协议效力的主要准据法

纵观各国的国内立法和有关国际公约的规定,认定仲裁协议效力的准据法主要有以下几种。

1. 当事人选择适用的法律

这种做法已得到世界各国的普遍认可。即当事人在仲裁协议中选择的解决争议所适用的程序法和实体法对仲裁协议本身也适用,有关机构可以据此对仲裁协议是否有效做出判定。但这种法律的适用,在个别情况下也有例外,即当这种法律规定与仲裁地国家法律的强制性规定或不可排除规定相抵触时,应适用符合仲裁地法的规定。

这里要补充两点:(1)根据《仲裁法司法解释》第十六条,在当事人没有约定适用的法律且仲裁地约定不明的情况下,应当适用法院地法即中国法来审查仲裁协议的效力。(2)原《合同法》第一百二十六条第二款(现《民法典》第四百六十七条第二款)规定,在中华人民共和国境内履行的中外合资经营企业合同、中外合作经营企业合同、中外合作勘探开发自然资源合同,适用中华人民共和国法律。这是对解决合同实体争议的准据法的规定。我国法律并未强制规定在确定中外合资经营合同中仲裁条款效力时必须适用我国的法律作为准据法,而是以当事人选择适用的法律为准。

【典型案例 5-5】

无锡日窒热交换机器有限公司诉哈蒙一罗特米勒有限公司买卖合同案

(〔2006〕锡民三初字第 6 号裁定书)

江苏省无锡市中级人民法院根据上述事实和证据认为:判断仲裁条款的效力,不应适用当事人约定适用于解决合同争议的准据法,而应当适用当事人约定的关于仲裁条款效力的准据法来确定,未约定仲裁条款效力的准据法但约定了仲裁地的,应当适用仲裁地国家或地区的法律,只有在未约定仲裁地或仲裁地约定不明的情况下,才能适用法院地法即我国法律作为确认仲裁条款效力的准据法。根据日窒公司提交的证据显示,2002 年 1 月 25 日其与哈蒙公司签订的合同中约定,因本订单引起的或本订单有关的任何争议应由协议双方通过友好协商解决,如无法通过友好协商解决,争议应提交仲裁,按照"中国国际贸易仲裁"仲裁规则并由三名依据该规则指定的仲裁员进行仲裁,仲裁应在瑞士日内瓦进行。上述仲裁条款已明确约定了仲裁地,其效力应当依据仲裁地法即瑞士法确定,而不应依据我国法律确定。

为证明上述仲裁条款无效,日窒公司依法应当就此提供瑞士法的相关规定,日窒公司提供的《瑞士联邦仲裁协约》规定仲裁协议应为书面形式,仲裁条款禁止法律工作人员在仲裁中担任仲裁员、秘书或当事人的代理人的为无效,该规定并不能起到上述证明作用。《瑞士联邦国际私法典》第十二章国际仲裁第一百七十六条第一款规定:该章的规定适用于仲裁庭在瑞士,且缔结仲裁协议时,当事人中至少有一方的住所、惯常居所不在瑞士的一切仲裁,上述仲裁条款对仲裁地的约定,表明双方当事人选择了仲裁庭在瑞士开展仲裁程序,而且本案双方当事人中至少日室公司一方在瑞士并无住所,故上述仲裁条款的效力可以适用该法做出判断。依据该法第一百七十七条第一款的规定,任何具有财产性质的纠纷均可以提交仲裁。涉及仲裁协议效力的方面,该法第一百七十八条第一款、第二款规定:仲裁协议必须以书面订立;仲裁协议如符合当事人选择的法律或符合调整纠纷、特别是主要合同的法律或符合瑞士法,即为有效,并未将当事人须约定明确的仲裁机构作为确定仲裁协议效力的要件。同时,该法还规定了当事人可直接规定或通过援引仲裁规则的方式决定仲裁程序,可协议指定、撤销和更换仲裁员。因此,上述仲裁条款符合《瑞士联邦国际私法典》的相关规定,应当被认定有效。此外,上述仲裁条款中关于"中国国际贸易仲裁"的表述,虽然与中国国际经济贸易仲裁委员会的名称略有差异,但仍可以判断出该仲裁规则实际指向为中国国际经济贸易仲裁委员会所制定的仲裁规则,并非约定了不存在的仲裁规则。上述仲裁条款还表明,双方当事人除选择了仲裁规则之外,还合意确定了仲裁员的人数及仲裁员由上述仲裁规则指定的产生方式,使仲裁员的范围得以固定,保证了仲裁条款的可执行性。故上述仲裁条款具有法律效力,并可得到执行。日室公司关于上述仲裁条款因未约定明确的仲裁机构及约定的仲裁规则实际不存在而无法执行的主张,不符合瑞士法的相关规定,也与其提供的上述仲裁条款内容不符,本院对此不予采纳。故本案纠纷应当通过仲裁解决,日室公司不得向人民法院提出诉讼。

【典型案例 5-6】

原告闽东丛贸船舶实业有限公司与被告瓦锡兰瑞士有限公司
船舶物料和备品供应合同纠纷案

(〔2014〕厦海法商初字第 212 号)

　　本院认为,本案立案案由为船舶物料和备品供应合同纠纷。原告为中国法人,被告为瑞士法人。故本案为主体涉外的船舶物料和备品供应合同纠纷。原、被告双方之间的船用发动机供货合同含有仲裁条款,被告据此认为本院对本案没有管辖权。依照《中华人民共和国仲裁法》第五条的规定,当事人达成仲裁协议,一方向人民法院起诉的,人民法院不予受理,但仲裁协议无效的除外。故本案的焦点在于案涉合同中的仲裁条款是否有效。依照《最高人民法院关于适用〈中华人民共和国仲裁法〉若干问题的解释》第十六条的规定:对涉外仲裁协议的效力审查,适用当事人约定的法律;当事人没有约定适用的法律但约定了仲裁地的,适用仲裁地法律;没有约定适用的法律也没有约定仲裁地或者仲裁地约定不明的,适用法院地法律。在管辖权异议听证中,原被告双方均同意以瑞典法律作为审查案涉仲裁条款效力的准据法,可视为双方就准据法达成一致约定。故应根据瑞典法律审查案涉仲裁条款的效力。

　　关于瑞典法的查明,依照《中华人民共和国涉外民事关系法律适用法》第十条第一款的规定,外国法可由人民法院、仲裁机构或者行政机关查明。当事人选择适用外国法律的,应当提供该国法律。被告提供了《瑞典仲裁法》中英文文本及瑞典维格律师事务所出具的瑞典法律意见用以证明瑞典法律的内容。原告对瑞典仲裁法文本并无异议,但认为:(1)被告提到根据瑞典法只要有仲裁地点或仲裁字眼,仲裁协议就有效,无须具体约定具体仲裁机构和仲裁规则,并没有在法条上找到相关的说法。仲裁的进行必须有程序规则,否则无法操作,被告对瑞典仲裁法的解释不太准确,具有一定的误导性。(2)被告认为本案可以提交 SCC 仲裁并无依据。《瑞典仲裁法》并未规定当事人约定仲裁机构不明确,就只能、或应该提交 SCC。被告作为国际知名的大公司,历史悠久,对国际上的商业争端解决机构的名称比较清楚,在这样的前提下,被告仍然约定了一个和 SCC 名称完全不符的仲裁机构,可以合理推测当时双方并无将争端交由 SCC 仲裁的合意,所以不能因为 SCC 是瑞典唯一的处理国际商事仲裁的机构就置双方的约定措辞不顾,将争端交由 SCC 仲裁,这违反商业合同领域当事人意思自治原则。(3)当事人可以向 SCC 提交仲裁申请,这是当事人的权利,但是能否被 SCC 受理,或者被申请人是否会提出异议,都是未知数,SCC 并非当然具有管辖权,完全有拒绝的可能。一旦 SCC 拒绝,原告就无法再寻求适当的法律救济。(4)对出具瑞典法律意见的约翰·嘉南德以及卡特琳娜·尼尔森的身份和资历有异议。且根据约翰·嘉南德的简历,其自 2002 年起担任斯德哥尔摩商会贸易与工业发展委员会主席,因此原告认为其身份与 SCC 存在利害关系,很难保证客观公正,其意见应不予认可。

本院认为,依照《最高人民法院关于适用〈中华人民共和国涉外民事关系法律适用法〉若干问题的解释(一)》第十八条的规定,人民法院应当听取各方当事人对应当适用的外国法律的内容及其理解与适用的意见,当事人对该外国法律的内容及其理解与适用均无异议的,人民法院可以予以确认;当事人有异议的,由人民法院审查认定。原、被告双方对《瑞典仲裁法》的内容并无异议,故对其内容予以确认。约翰·嘉南德以及卡特琳娜·尼尔森身份可以核实,两人均系瑞典律师事务所的合伙人,具有瑞典律师执业资格,其关于瑞典法内容及其适用的法律意见可作为瑞典法律内容的初步证明,并可以作为本院查明瑞典法律内容的参考之用。

2. 当事人的属人法

一项有效的仲裁协议必须是具有完全行为能力的当事人所缔结的。确定缔约当事人是否具有完全行为能力应根据他们的属人法,这是国际上的通行做法。《承认及执行外国仲裁裁决公约》第五条第一款第一项规定,应根据对当事人适用的法律来判定当事人是否具有行为能力。这里所讲的"对当事人适用的法律",一般是指当事人的属人法。

3. 仲裁协议订立地国的法律

如前所述,一项有效的仲裁协议必须是具有完全行为能力的当事人订立的,确定当事人是否具有签订协议的行为能力的法律,原则上为其属人法,但协议订立地国的法律对衡量当事人是否有签约能力也有影响。即如果根据当事人的属人法,他不具有签订仲裁协议的行为能力,而根据协议签订地国家的法律,他具有这种行为能力;在这种情况下,根据许多国家的法律规定,应视为当事人有签约的行为能力。

4. 仲裁地法

仲裁地法是确认仲裁协议效力所适用的主要法律之一,特别是在当事人没有选择应适用的法律的情况下。根据《承认及执行外国仲裁裁决公约》第五条第一款第一项的规定,在双方当事人没有选定适用的法律情况下,根据做出裁决的国家的法律,仲裁协议是无效的,那么被请求承认和执行裁决的主管机关可以根据当事人的请求拒绝承认和执行该项裁决。仲裁地法对仲裁协议的约束主要体现在以下几个方面:(1)仲裁协议的形式。多数国家的仲裁立法都规定仲裁协议必须用书面形式做出,否则无效。(2)仲裁协议的内容。仲裁协议的内容不能违背仲裁地国家法律体系中有关的强制性规定,不应与仲裁地国家的公共秩序相抵触,否则依据该仲裁协议做出的裁决将会被仲裁地法院以违反本国公共秩序为由撤销。(3)仲裁协议的可仲裁事项。各国仲裁立法对可仲裁事项的规定是不尽相同的,这就要求当事人在订立仲裁协议时,要查明其所提交仲裁的事项依照仲裁地法是否被允许。否则,仲裁协议也归于无效。

【典型案例 5-7】

三星物产株式会社与上海金光外滩置地有限公司建设工程施工合同纠纷上诉案

（〔2001〕沪高民终字第 245 号）

本院认为:根据《中华人民共和国民事诉讼法》第二百五十七条之规定,涉外经济贸易、运输和海事中发生的纠纷,当事人在合同中订有仲裁条款或者事后达成书面仲裁协议,提交中华人民共和国涉外仲裁机构或者其他仲裁机构的,当事人不得向人民法院起诉。同时,我国参加的《承认及执行外国仲裁裁决公约》第二条第三项亦明确规定,"如果缔约国的法院受理一个案件,而就这个案件所涉及的事项,当事人已经达成本条意义内的协议时,除非该法院查明该项协议是无效的,未生效的或不可能实行的,应该依一方当事人的请求,令当事人把案件提交仲裁"。因此,本案的关键在于双方当事人于双方合同文本中关于双方的争议除合同有特别规定外,"应在新加坡最终解决,仲裁过程应使用英文","仲裁决定对各方均有最终约束力"的约定是否有效。如经审查,上述约定是有效的,则本案原审法院关于其对本案无管辖权的裁定是正确的。反之,则否。为此,本院针对此一问题做了认真的审理。

众所周知,仲裁条款是一项独立于主合同权利义务关系的协议,其效力不受主合同效力的影响。故对仲裁条款效力的审查有其自身的适用法律,应与合同的准据法相分离,《承认及执行外国仲裁裁决公约》第五条第一款(a)项对此亦做了明确规定。该公约规定,"被请求承认和执行裁决的管辖当局只有在作为裁决对象的当事人提出有关下列情况的证明的时候,才可以根据当事人的请求,拒绝承认和执行该项裁决:(a)第二条所述之协议(指仲裁协议——本院附注)……根据当事人选定的法律,或在没有这种选定的时候,根据仲裁地国的法律,上述协议是无效的……"。

本案中虽然上诉人与被上诉人在系争合同的 SCC-4-5.1 条款中约定系争合同的适用法律为我国现行法律,但该条款应视为仅是系争合同准据法的约定,而非对仲裁协议准据法的约定。由于双方当事人在系争仲裁协议中未对该协议适用的准据法做出约定,根据《承认及执行外国仲裁裁决公约》的上述规定,当事人未对仲裁协议的准据法做出约定,则适用仲裁地国家法律。因此,系争仲裁条款的效力的准据法应依双方选定的仲裁地国家法律,即新加坡共和国的有关仲裁法律规定确定。在确认仲裁条款效力问题时,原审法院适用《中华人民共和国仲裁法》有误,本院予以纠正。

【典型案例 5-8】

H&CS Holdings Pte Ltd. 与日照中瑞物产有限公司管辖裁定书案

(〔2015〕鲁民辖终字第 199 号)

本院认为,日照中瑞公司系在首次开庭前提出涉案合同中约定有合法有效的仲裁条款。该案系涉外买卖合同纠纷。涉案买卖合同第二十条约定"任何与本合同有关的或者在执行本合同过程中产生的争议,应当通过双方友好协商解决。如果解决不成,则争议应提交香港国际仲裁中心通过仲裁解决,仲裁地在香港"。该条款对仲裁地及仲裁机构均做出了明确约定,故应以仲裁地法即香港仲裁条例作为确认涉案仲裁条款效力的准据法。根据《香港仲裁条例法案》,该仲裁条款有效,人民法院对该案不具有管辖权。对上诉人的上诉请求,本院予以支持。

第六节　仲裁协议的法律效力

仲裁协议是双方当事人约定将争议提交仲裁的一种共同意思表示。仲裁协议之所以具有法律效力,是因为有关国际条约和各国国内法赋予了仲裁协议以法律效力。根据有关国际条约和大多数国家的法律规定,一项有效的仲裁协议在国际商事仲裁中具有以下法律效力。

一、对双方当事人具有严格的约束力

一方面,因仲裁协议约定的特殊法律关系发生的争议,只能通过仲裁方式解决,任何一方不得就该争议向法院起诉。许多国家的法律和有关国际公约都有这种规定。例如我国《民事诉讼法》第二百七十一条规定:"涉外经济贸易、运输和海事中发生的纠纷,当事人在合同中订有仲裁条款或者事后达成书面仲裁协议,提交中华人民共和国涉外仲裁机构或者其他仲裁机构仲裁的,当事人不得向人民法院起诉。"

另一方面,任何一方原则上都只能就仲裁协议所规定的事项提交仲裁,而对于任何超出仲裁协议范围以外的事项,对方当事人都有权自由决定是否承认和参与涉及该项争议的仲裁,有权对仲裁庭就该项争议所进行的仲裁提出异议。

二、可以排除有关国家法院的管辖权

各国的仲裁立法和有关的国际条约都毫无例外地规定:一项有效的仲裁协议能排除法院的管辖权。罗马尼亚 1976 年仲裁条例第四条第二款规定:"仲裁委员会有权裁决的案件,普通法院无权受理。"①德国《民事诉讼法》第一千零二十七条规定:"法院受理诉讼案件,而当事人对诉讼中的争议订有仲裁契约时,如果被告提出仲裁契约,法院应以起诉为不合法而驳回之。"《承认及执行外国仲裁裁决公约》更是协调了各国在这一问题上的立场。公约第二条第三款规定如果缔约国法院受理一个案件,而就这个案件所涉及的事项,当事人已达成本条意义上的协议时,除非该法院查明该协议是无效的、未生效的或不可能实行的,应该依一方当事人的请求,命令当事人把案件提交仲裁。

需要指出的是,一项有效的仲裁协议排除有关国家法院管辖权的前提是,至少有一方当事人坚持适用仲裁协议。如果双方当事人都拒绝适用仲裁协议,应该认为仲裁协议不能完全排除法院的管辖权。例如 1976 年施行的《瑞典仲裁法》第三条就规定:如在提出适用仲裁协议的要求以后,当事人一方拒绝这一要求,或未履行指定仲裁员的义务,而另一方当事人也宁愿向法院起诉并不坚持仲裁裁决,则此项仲裁协议将不排除法院对该争议的管辖权。

【典型案例 5-9】

中国建筑二局第四建筑工程公司与河北国际商贸会展中心有限公司
管辖权纠纷上诉案

([2004]民一终字第 63 号)

根据《中华人民共和国仲裁法》和有关实施该法律的规范性文件规定,《中华

---

① 中国社会科学院法学研究所民法研究室.外国仲裁法[M].北京:中国社会科学出版社,1982:120.

人民共和国仲裁法》施行前当事人依法订立的仲裁协议继续有效;有关当事人向人民法院起诉的,人民法院不予受理,应当告知其向依照《中华人民共和国仲裁法》组建的仲裁机构申请仲裁;当事人双方书面协议放弃仲裁后,一方向人民法院起诉的,人民法院应当依法受理;按照《中华人民共和国仲裁法》施行前国家有关仲裁的规定由直辖市或者省、自治区人民政府所在地的市范围内原各级仲裁机构仲裁的,分别由原仲裁所在地的直辖市或者省、自治区人民政府所在地的市新组建的仲裁委员会受理。双方在仲裁条款中约定涉及的仲裁机构,属于按照《中华人民共和国仲裁法》施行前国家有关仲裁的规定所确定的仲裁机构,按照《中华人民共和国仲裁法》施行后国家有关规范性文件规定的原则,仍然可以确定受理本案当事人之间纠纷的仲裁委员会,故中建二局四公司提出双方签订的仲裁条款中对仲裁机构约定不明确,仲裁条款应属无效的理由不成立,不予支持。

【典型案例 5-10】

江苏省物资集团轻工纺织总公司诉(香港)裕亿集团有限公司、(加拿大)太子发展有限公司侵权损害赔偿纠纷上诉案

该两份合同的第八条均明确规定:"凡因执行本合约所发生的或与本合约有关的一切争议,双方可以通过友好协商予以解决;如果协商不能解决,应提交中国国际经济贸易仲裁委员会,根据该会的仲裁规则进行仲裁。仲裁裁决是终局的,对双方均有约束力。"根据仲裁法和仲裁规则的上述规定,中国国际经济贸易仲裁委员会有权受理侵权纠纷,因此本案应通过仲裁解决,人民法院无管辖权。

三、有关仲裁机构行使仲裁管辖权的依据

仲裁机构的管辖权完全依赖于当事人双方所签订的仲裁协议。这一方面表现为如果双方当事人没有签订将他们之间的争议提交仲裁的仲裁协议,有关仲裁机构就无权受理当事人之间的争议。如上述《瑞典仲裁法》第二十条规定,无有效的仲裁协议,所做的裁决无效。2007 年《土耳其国际私法和国际诉讼程序法》第六十二条第一款也规定:"没有仲裁协议或主要合同中没有仲裁条款的,法院有权驳回请求执行外国仲裁裁决的申请。"另一方面表现为仲裁机构的管辖权受到仲裁协议的严格限制,它只能受理仲裁协议所规定的争议,只能就当事人按仲裁协议的约定所提交的争议进行仲裁审理,并做出裁决。

世界各国的仲裁立法及有关国际条约都对此做了极为明确的规定。如 1958 年 9 月修订的德国《汉堡商会仲裁法庭规则》第一条规定,仲裁庭受理商事争议的

权限取决于当事人双方达成的协议。①《土耳其国际私法和国际诉讼程序法》第四十五条规定,仲裁裁决所涉及的事项,在仲裁协议或仲裁条款中未作规定的,或超过仲裁协议或仲裁条款规定的范围内,法院有权驳回请求执行外国仲裁裁决的申请。《承认及执行外国仲裁裁决公约》第五条也规定,当有关裁决所处理的争议不是交付仲裁的标的或不在有关仲裁协议范围之内,或裁决载有关于交付仲裁范围以外事项的决定时,有关国家的法院可以基于一方当事人的申请而拒绝承认和执行该项裁决。

【典型案例 5-11】

TH&T 国际公司与成都华龙汽车配件有限公司申请承认和执行国际商会仲裁院裁决案

（〔2002〕成民初字第 531 号）

本院认为,我国于 1986 年 12 月 2 日决定加入 1958 年在纽约通过的《承认及执行外国仲裁裁决公约》。在符合公约和我国相关法律规定的情况下,应当承认和执行外国仲裁裁决。关于本案所设仲裁协议效力问题。本案仲裁庭按照仲裁规则的规定通过邮寄及传真方式向宁波市工艺品进出口有限公司送达《受理范围书》和《临时时间表》也有证据表明宁波市工艺品进出口有限公司收到了上述文书,宁波市工艺品进出口有限公司未在有效期限内对仲裁协议的效力提出异议,且国际商会仲裁院已在仲裁裁决中做出仲裁条款有效的认定,根据最高人民法院《关于适用〈中华人民共和国仲裁法〉若干问题的解释》第十三条规定:"依照仲裁法第二十条第二款的规定,当事人在仲裁庭首次开庭前没有对仲裁协议的效力提出异议,而后向人民法院申请确认仲裁协议无效的,人民法院不予受理。仲裁机构对仲裁协议的效力做出决定后,当事人向人民法院申请确认仲裁协议效力或者申请撤销仲裁机构的决定的,人民法院不予受理。"故宁波市工艺品进出口有限公司关于仲裁协议无效的主张不能成立。关于本案是否适用《承认及执行外国仲裁裁决公约》的问题。该公约第一条第一款规定的适用范围有两种情形:一是"仲裁裁决,因自然人或法人间之争议而产生且在申请承认及执行地所在国以外之国家领土内做成者,其承认及执行适用本公约"。另一情形是"本公约对于仲裁裁决经申请承认及执行地所在国认为非内国裁决者,亦适用之"。这里所指的"非内国裁决"是相对"申请承认及执行地所在国"而言的。本案并非我国国内裁决,应当适用《承认及执行外国仲裁裁决公约》。综上,本案不存在拒绝承认和执行所涉仲裁裁决的理由。

---

①中国社会科学院法学研究所民法研究室.外国仲裁法[M].北京:中国社会科学出版社,1982:255.

四、强制执行仲裁裁决的依据

一项有效的仲裁协议是强制执行仲裁裁决的法律依据。国际公约及很多国家的国内法都规定,如果一方当事人拒不履行仲裁裁决,另一方当事人可以向有关国家的法院提交有效的仲裁协议和裁决书,申请强制执行该裁决。例如原《南斯拉夫社会主义联邦共和国法律冲突法》第九十八条第一款第二项规定:"请求承认和执行外国仲裁裁决的当事人除提交申请外,还要提交原始仲裁协议或经证明的副本。"1982 年《土耳其国际私法和国际诉讼程序法》第四十四条规定:"请求执行外国仲裁裁决的申请人需向法院提交仲裁协议或仲裁条款原本,或经过公证的副本。"《承认及执行外国仲裁裁决公约》第四条规定:"为获得仲裁裁决的承认和执行,申请承认和执行仲裁的当事人应该在申请的时候提供仲裁协议正本或经正式证明的副本。"

此外,无效的仲裁协议也是构成有关国家拒绝承认和执行有关裁决的理由之一。根据有关国际条约和各国国内法,一国法院必须以当事人订立的仲裁协议中的约定为根据执行有关仲裁裁决。并且,拒不执行仲裁裁决的一方当事人也有权以不存在有效的仲裁协议为理由对法院的强制执行提出抗辩。

【相关法条 5-2】

《中华人民共和国民事诉讼法》第二百七十四条"不予执行情形":

对中华人民共和国涉外仲裁机构做出的裁决,被申请人提出证据证明仲裁裁决有下列情形之一的,经人民法院组成合议庭审查核实,裁定不予执行:(一)当事人在合同中没有订有仲裁条款或者事后没有达成书面仲裁协议的;(二)被申请人没有得到指定仲裁员或者进行仲裁程序的通知,或者由于其他不属于被申请人负责的原因未能陈述意见的;(三)仲裁庭的组成或者仲裁的程序与仲裁规则不符的;(四)裁决的事项不属于仲裁协议的范围或者仲裁机构无权仲裁的。

人民法院认定执行该裁决违背社会公共利益的,裁定不予执行。

【相关法条 5-3】

《中华人民共和国仲裁法》第五十八条:

当事人提出证据证明裁决有下列情形之一的,可以向仲裁委员会所在地的中级人民法院申请撤销裁决:

(一)没有仲裁协议的;

(二)裁决的事项不属于仲裁协议的范围或者仲裁委员会无权仲裁的;

(三)仲裁庭的组成或者仲裁的程序违反法定程序的;

(四)裁决所根据的证据是伪造的;

（五）对方当事人隐瞒了足以影响公正裁决的证据的；

（六）仲裁员在仲裁该案时有索贿受贿，徇私舞弊，枉法裁决行为的。

人民法院经组成合议庭审查核实裁决有前款规定情形之一的，应当裁定撤销。

人民法院认定该裁决违背社会公共利益的，应当裁定撤销。

【典型案例 5-12】

上海金纬机械制造有限公司与瑞士瑞泰克公司仲裁裁决执行复议案

〔〔2009〕沪高执复议字第 2 号〕

2008 年 7 月 30 日，金纬公司发现被执行人瑞泰克公司有财产正在上海市参展。此时，被申请执行人瑞泰克公司有财产在中华人民共和国领域内的事实，使我国法院产生了对本案的执行管辖权。申请执行人依据《民事诉讼法》"一方当事人不履行仲裁裁决的，对方当事人可以向被申请人住所地或者财产所在地的中级人民法院申请执行"的规定，基于被执行人不履行仲裁裁决义务的事实，行使民事强制执行请求权，向上海一中院申请执行。这符合我国《民事诉讼法》有关人民法院管辖涉外仲裁裁决执行案件所应当具备的要求，上海一中院对该执行申请有管辖权。

考虑到《承认及执行外国仲裁裁决公约》规定的原则是，只要仲裁裁决符合公约规定的基本条件，就允许在任何缔约国得到承认和执行。该公约的目的在于便利仲裁裁决在各缔约国得到顺利执行，因此并不禁止当事人向多个公约成员国申请相关仲裁裁决的承认与执行。被执行人一方可以通过举证已经履行了仲裁裁决义务进行抗辩，向执行地法院提交已经清偿债务数额的证据，这样即可防止被执行人被强制重复履行或者超标的履行的问题。因此，人民法院对该案行使执行管辖权，符合《承认及执行外国仲裁裁决公约》规定的精神，也不会造成被执行人重复履行生效仲裁裁决义务的问题。

第七节　仲裁条款独立性理论

一、仲裁条款独立性理论概述

当国际商事合同被确认无效时，作为合同组成部分的仲裁条款是否仍然有效？对该问题的处理方式，反映了一国对仲裁的支持程度。对于这个问题，目前主要有两种不同的主张。

第一种主张认为,要确定仲裁条款是否有效,应依赖于商事合同被确认为无效的时间。如果商事合同在签订时有效,只是后来由于某种原因变得无效,其中的仲裁条款并不因主合同的无效而无效;但如果商事合同自始无效,则其中的仲裁条款也当然无效。

第二种主张认为,当国际商事合同因为不符合法律规定而被确认为无效时,仲裁条款依然存在,并不当然无效。这就是"仲裁条款独立性理论",或称仲裁协议的可分割性理论,又称仲裁条款自治性理论(doctrine of separability or severability or autonomy of the arbitration clause),其核心含义是指合同中的仲裁条款与主合同是可分的,仲裁条款虽附属于主合同,但在效力上与主合同形成了两项分离或独立的契约,即其有效性不受主合同效力变动的影响。

仲裁条款独立性理论的立论前提,在于仲裁条款性质的特殊性。首先,从其内容来看,仲裁条款规定的是合同争议的解决方式,这区别于调整当事人的实体权利义务关系的其他条款。从这个角度来看,仲裁条款与主合同是可分的。其次,从其作用来看,仲裁条款发挥作用是以当事人就主合同发生争议为前提的。仲裁条款之所以附在主合同中,其目的在于当事人就合同的存在、效力、解释与履行等问题发生争议时,能按照当事人约定的仲裁方式来解决这些争议。而在一般主合同关系中,从合同关系对主合同关系起的是一种保证履行的作用,但仲裁条款对主合同的依存关系绝不表现在它与主合同所约定的当事人实体权利义务的联系上。

仲裁条款独立性理论对仲裁自身价值的实现具有重要的法理意义。如果仲裁条款的效力仅仅因为它是合同的一部分而受主合同效力的影响,实质上剥夺了或者歪曲了当事人在争议解决方法上的共同自治意志,同时对有权解决当事人争议的仲裁机构产生影响,即剥夺了仲裁机构对争议案件的管辖权,这不仅对当事人与仲裁机构而言是不合理的,更重要的是这影响了仲裁价值的实现。一般情况下当事人签订较宽泛的仲裁条款例如"任何与本合同有关或因履行本合同产生的争议应通过仲裁方式解决",则表明合同效力问题也属当事人提交仲裁的意愿范围之内。如果否定了仲裁条款的独立性,那么仲裁庭只能在法院确认合同效力的前提下才能开始仲裁程序。如此一来,仲裁制度就失去了独立存在的基础。仲裁条款独立性原则的最终目的是使得仲裁协议取得最大限度的有效性,因此我们应充分尊重该原则设立的本意及初衷,从支持仲裁的角度来理解这个理论。

二、仲裁条款独立性概况

仲裁条款独立性理论的演变有个历史过程。仲裁界普遍认为确立仲裁条款可独立于主合同而存在的最早案例当推英国法院于1942年审理的"海依曼"案。尽管该案最早确立了仲裁条款可独立于主合同而存在的原则,但其以合同本身有效性为前提,因此仲裁条款的独立性是非常有限的。直到1963年法国最高法院在

"戈塞特"案才确立主合同无效时仲裁条款的独立性。1967年美国"首家涂料公司"案则确认自始无效的欺诈合同中的仲裁条款可保持其独立性。

目前,各国普遍确立了支持仲裁的政策,即只要当事人表明了仲裁意愿,法律与法院就应尽量认可仲裁协议的效力,帮助当事人实现仲裁意愿。因此,许多国际条约和国内立法已经肯定了仲裁条款独立性理论。

我国自20世纪80年代起,开始在立法中规定仲裁条款独立性原则。随着时间的推移,新的立法的出台,该原则适用的范围呈现出不断扩大的趋势。当前,《仲裁法》第十九条与原《合同法》第五十七条一般被认为是我国仲裁条款独立原则的法律依据。《仲裁法》第十九条第一款规定:"仲裁协议独立存在,合同的变更、解除、终止或者无效,不影响仲裁协议的效力。"原《合同法》第五十七条(现《民法典》第五百零七条)规定:"合同无效、被撤销或者终止的,不影响合同中独立存在的有关解决争议方法的条款的效力。"2006年最高人民法院《关于适用〈中华人民共和国仲裁法〉若干问题的解释》以司法解释的方式,扩大了仲裁条款独立性原则的法定适用范围。其第十条规定:"合同成立后未生效或者被撤销的,仲裁协议效力的认定适用仲裁法第十九条第一款的规定。当事人在订立合同时就争议达成仲裁协议的,合同未成立不影响仲裁协议的效力。"

三、仲裁条款独立性的应用解析

仲裁条款独立性原则的最终目的是使得仲裁协议取得最大限度的有效性,那么我们应尊重该原则的设立本意与初衷,从支持仲裁的角度来考量仲裁条款独立性原则的应用问题。《仲裁法》及其解释、《合同法》中的条款只是原则性的规定。以下我们来考查合同失效、被撤销以及转让时仲裁条款的效力。

(一)合同失效

2015年生效的《中国国际经济贸易仲裁委员会仲裁规则》第五条规定:"合同中的仲裁条款应视为与合同其他条款分离的、独立存在的条款,附属于合同的仲裁协议也应视为与合同其他条款分离的、独立存在的一个部分;合同的变更、解除、终止、转让、失效、无效、未生效、被撤销以及成立与否,均不影响仲裁条款或仲裁协议的效力",《中国海事仲裁委员会仲裁规则》第五条的规定亦同。

与《仲裁法》及其解释、《合同法》相比,不难发现,《中国国际经济贸易仲裁委员会仲裁规则》还规定了合同"失效"不影响仲裁条款效力。

从仲裁条款的存在价值来看,当事人之间因主合同失效而发生争议时,正是需要仲裁条款发挥其效力与作用的时候。因此,主合同失效不仅并不必然导致仲裁条款无效,相反还是"激活"仲裁条款效力的条件。当主合同附条件失效时,所附之条件对仲裁条款的效力不应产生消极影响,因为仲裁条款虽与主合同系同一文本,但效力上却是彼此独立的。

从仲裁机构的仲裁规则效力角度,其虽然不具有类似法律或者司法解释的效力,但其适用却源于当事人的明示或者默示选择,应该得到法院的尊重。同时,《中国国际经济贸易仲裁委员会仲裁规则》规定合同"失效"不影响仲裁条款效力,这应理解为是对《仲裁法》的扩展与深化,而非相抵触。因此,《中国国际经济贸易仲裁委员会仲裁规则》所规定的合同"失效"不影响仲裁条款效力,并不因为没有立法依据而无效。

(二)合同被撤销

根据 2006 年最高人民法院《关于适用〈中华人民共和国仲裁法〉若干问题的解释》第十条与原《合同法》第五十七条(现《民法典》第五百零七条),合同成立后被撤销并不影响仲裁协议的效力。而原《合同法》规定的合同撤销事由包括重大误解、显失公平、欺诈、胁迫、乘人之危。这里我们来分析欺诈和胁迫两种情况下,应如何正确适用仲裁条款独立性理论。

1. 胁迫

当主合同作为一方当事人胁迫手段的产物时,应如何认定作为主合同一部分的仲裁条款的效力?《仲裁法》第十七条规定,采取胁迫手段订立的仲裁协议无效。虽然这一条仅仅针对仲裁协议,并未涉及主合同与仲裁条款之间的关系,但是,《关于适用〈中华人民共和国仲裁法〉若干问题的解释》第十条的适用,还是需要区分情况,以免与《仲裁法》第十七条相抵触。换言之,在主合同因一方胁迫而订立时,被胁迫方的意思表示的自由受到了限制,仲裁条款一般情况下也与合同其他条款一样,成为被胁迫方违背真实意思做出的表示的产物,故应归于无效。当然,如果当事人能够证明仲裁条款系双方真实意思表示,则有效。

2. 欺诈

欺诈和胁迫有很大的区别。胁迫可以是被胁迫方缺乏意思表示的"自由",而欺诈则一般可认为当事人缺乏意思表示的"一致"。因此,主合同受欺诈时仲裁条款效力的认定与胁迫情况下的处理并不相同。由于仲裁条款和合同其他条款实际上分别属于程序法和实体法两个不同领域,因此,从实体法与程序法的联系与区别角度,双方在程序法上订立仲裁条款是为了将实体合同可能引起的纠纷交由公正的第三方管辖。这个潜在的、未来的第三方既不是欺诈的一方也不是被欺诈的一方,相反他是有义务确认这种欺诈行为并给予相应制裁的公断人。不管欺诈方是否意识到了这一点,都不以欺诈方的意愿为转移。此外,在多数情况下,仲裁条款并非欺诈的范围,一则因为欺诈方期待的主要利益存在于实体合同中,二则因为仲裁条款大多系明示、可选择的。

因此,除非有证据证明仲裁条款本身的签订也存在欺诈,否则欺诈订立的合同中的仲裁条款不会随着主合同的被撤销而无效。

(三)合同转让

合同一方将其中的权利义务转让给第三方时,在仲裁条款效力的认定,即原合同中仲裁条款是否拘束新合同方的问题上,经常发生对仲裁条款独立性理论的曲解。有的观点否认合同转让后仲裁条款对新合同当事人的效力,表面上是对仲裁条款独立性的坚持,实际则是对该原则的背离。

仲裁条款独立性原则设立的本意是要求单独判断一项合同中仲裁条款的有效性,不受主合同效力的影响,其宗旨是支持仲裁。仲裁条款的独立性是指在效力判断上仲裁条款和主合同被视为两个独立的合同,并非意味着仲裁条款在文本上独立于主合同。换言之,在合同文本构成上,主合同条款与仲裁条款系属同一合同。因此,合同转让时受让人是否接受了仲裁条款,应与合同的其他条款一样,视其是否排除或修改了该条款。

当前,各国对此普遍采用仲裁条款"自动移转规则",即除非转让后的合同当事人在转让时明确反对仲裁条款的继续适用,否则仲裁条款拘束新当事人。换言之,仲裁条款的效力"锁定"即时的合同当事方,而不受主合同权利义务转让的影响。仲裁条款"自动移转规则"是仲裁条款独立性原则的体现,是仲裁程序顺利进行、及时解决纠纷的保证。如果否定仲裁条款的自动转移,如果受让人与相对人在合同概括转让后没有达成仲裁协议,那么让与人与相对人之间纠纷由仲裁解决,受让人与相对人之间纠纷由法院解决,不仅降低了纠纷解决的效率,增加了当事人的争端解决成本,而且还造成了裁判相互抵触以及由此导致法院、仲裁机构之间发生冲突的风险。

《关于适用〈中华人民共和国仲裁法〉若干问题的解释》第九条规定:"债权债务全部或者部分转让的,仲裁协议对受让人有效,但当事人另有约定、在受让债权债务时受让人明确反对或者不知有单独仲裁协议的除外。"根据最高院以往的司法文件,此处的"转让"只能理解为约定转让。[①]

此外,《关于适用〈中华人民共和国仲裁法〉若干问题的解释》第八条还规定了因合并、分立导致的合同权利义务时的仲裁条款效力:"当事人订立仲裁协议后合并、分立的,仲裁协议对其权利义务的继受人有效。当事人订立仲裁协议后死亡的,仲裁协议对承继其仲裁事项中的权利义务的继承人有效。前两款规定情形,当事人订立仲裁协议时另有约定的除外。"

---

①根据《最高人民法院关于中国人民保险公司厦门市分公司与中波轮船股份公司保险代位求偿纠纷管辖权问题的请示的复函》(2004年12月2日,〔2004〕民四他字第43号),最高院并不支持保险人代位求偿时仲裁条款直接对作为提单受让人的保险人发生效力。参见最高人民法院民事审判第四庭编:《涉外商事海事审判指导》,2005年第1辑,人民法院出版社2005年版,第89页。

第六章　仲裁程序

【本章概要】

　　仲裁程序是指国际商事仲裁中自一方当事人提请仲裁到有关仲裁裁决得到执行这一整个过程中,有关仲裁机构、仲裁员、仲裁庭、申请人、被申请人和证人、鉴定人、代理人等其他仲裁参与人,以及有关国家法院之间的相互关系和各自参与进行仲裁活动所必须遵循的程序。其内容一般包括仲裁申请的提出和受理,仲裁员的选定和仲裁庭的组成,仲裁调解和审理,仲裁裁决的做成和执行,以及仲裁费用的分担和给付等。① 本章阐述了仲裁申请、受理、答辩和反请求中应注意的事项,论述了仲裁员和仲裁庭、仲裁审理及其裁决等问题。笔者认为,应适当注意开庭地点和仲裁地点,仲裁地点通常就是指做出裁决的地点,它基本上决定裁决的国籍;开庭地点是指开庭审理的地点,通常是跟仲裁地点是同一的,但仲裁庭也可以在仲裁地点之外开庭审理,但其裁决一般仍应在仲裁地点做出。

第一节　仲裁申请和受理

一、仲裁的申请

　　仲裁的申请是指仲裁协议中所约定的争议事项发生以后,仲裁协议的一方当事人依据该项协议将有关争议提交他们所选定的仲裁机构,从而提起仲裁程序的行为。提出仲裁申请是开始仲裁程序最初的法律步骤。一些国家的仲裁法律明确规定,仲裁机构受理仲裁案件的依据除了仲裁协议以外,还必须有当事人一方的申请。

---

①李双元,谢石松,欧福永.国际民事诉讼法概论[M].武汉:武汉大学出版社,2016:66.

仲裁申请的提出,必须以书面形式进行,各国仲裁立法和仲裁规则大都对此做了明确规定。例如 2006 年《美国仲裁协会国际仲裁规则》第二条规定,申请仲裁的当事人(申请人)应将书面仲裁通知送交协会行政管理人和索赔的对方当事人或对方各当事人(被申请人);自协会行政管理人收到仲裁通知书之日起,仲裁程序应视为即已开始。《日本商事仲裁协会商事仲裁规则》第七条也规定,当事人申请仲裁应向仲裁协会秘书处提交一份书面仲裁申请。2015 年《中国国际经济贸易仲裁委员会仲裁规则》第三条明确规定了受案范围,即仲裁委员会根据当事人的约定受理契约性或非契约性的经济贸易等争议案件。这些案件包括:(1)国际或涉外争议案件;(2)涉及香港特别行政区、澳门特别行政区及台湾地区的争议案件;(3)国内争议案件。我国《仲裁法》第二十二条也规定,当事人申请仲裁,应当向仲裁委员会递交仲裁协议、仲裁申请书及副本。

按照国际商事仲裁中的一般做法,如果双方当事人选择某常设仲裁机构进行仲裁,当事人应将仲裁申请书提交给该常设仲裁机构;如果双方当事人约定设立临时仲裁机构来审理有关争议,则当事人必须将仲裁申请书直接送交另一方当事人,因为只有当双方当事人选出仲裁员以后才能组成受理争议的临时仲裁机构。

【典型案例 6-1】

江苏雅仕贸易有限公司进出口代理合同纠纷案

(〔2016〕苏民终 702 号)

本院认为:《中华人民共和国民事诉讼法》第一百一十九条规定,起诉必须符合下列条件:(1)原告是与本案有直接利害关系的公民、法人和其他组织;(2)有明确的被告;(3)有具体的诉讼请求和事实理由;(4)属于人民法院受理民事诉讼的范围和受诉人民法院管辖。本案中,雅仕公司的诉讼请求分别涉及其与翰森公司之间的国际货物买卖合同和与贝亚公司之间委托代理合同。雅仕公司与翰森公司订立的国际货物买卖合同约定的纠纷解决方式为香港国际仲裁中心仲裁,该约定排除了法院管辖,故雅仕公司与该合同有关的请求事项不属于人民法院民事案件受案范围;根据最高人民法院《关于调整高级人民法院和中级人民法院管辖第一审民商事案件标准的通知》规定,原审法院作为中级人民法院可管辖诉讼标的额不低于 10000 万元的第一审民商事案件,以及诉讼标的额不低于 5000 万元且当事人一方住所地不在本辖区的第一审民商事案件。雅仕公司与贝亚公司之间委托代理合同纠纷,争议标的额达不到原审法院级别管辖范围。雅仕公司在原审法院法律释明后,坚持起诉,原审法院依法裁定对雅仕公司的起诉不予受理并无不当,本院予以维持。雅仕公司的上诉理由缺乏事实和法律依据,不能成立,应予驳回。

仲裁申请书类似于诉讼程序中的起诉状,提出申请书的一方当事人叫申请人,对方当事人叫被申请人。除申请人应按规定提交仲裁申请书、争议和解后提出撤销案件的要求和被申请人有权对申请人的要求提出抗辩或提出反请求以外,在其他方面,申请人和被申请人享有同等的权利,承担同样的义务,即:

(1)在仲裁委员会仲裁员名册中指定仲裁员或者委托仲裁委员会主任代为指定;

(2)向仲裁委员会提出采取财产保全措施的申请;

(3)提出要求公开开庭审理,或者到仲裁委员会所在地以外地点开庭审理的要求;

(4)在仲裁程序开始后,双方当事人可以自行达成和解,由申请人提出撤案的请求;

(5)委托代理人参与仲裁活动,保护其利益及办理有关程序方面的事项;

(6)开庭审理时,提出要求提供翻译人员的请求;双方还可以约定使用除中文以外的语言文字;

(7)出席开庭审理,保护其利益;

(8)遵守并在规定期限内自动执行裁决,不得向法院上诉,也不得向其他机构提出变更裁决的请求。

各仲裁机构的仲裁规则对仲裁申请书的内容都有具体规定。例如2015年《中国国际经济贸易仲裁委员会仲裁规则》第十二条规定,当事人申请仲裁时应提交由申请人或申请人授权的代理人签名及/或盖章的仲裁申请书。仲裁申请书应写明:

(1)申请人和被申请人的名称和住所,包括邮政编码、电话、传真、电子邮箱或其他电子通讯方式;

(2)申请仲裁所依据的仲裁协议;

(3)案情和争议要点;

(4)申请人的仲裁请求;

(5)仲裁请求所依据的事实和理由。

此外,申请人提出仲裁申请时还应该:

(1)附具申请人请求所依据的证据材料以及其他证明文件;

(2)按照仲裁委员会制定的仲裁费用表的规定预缴仲裁费。

仲裁申请书一经提出,即行中止索赔时效,同时标志着有关的仲裁程序开始进行。

二、仲裁的受理

仲裁机关在收到申请人提交的仲裁申请书及有关材料后,应立即进行初步审查以决定是否立案受理。一般来说,审查事项包括:(1)仲裁条款或仲裁协议是否有效,该仲裁机构是否享有对该争议的管辖权。(2)请求仲裁事项是否属于仲裁协议范围之内或是否能进行仲裁。(3)有否超过仲裁时效,如《联合国国际货物买卖时效期限公约》规定买卖合同的时效为 4 年。我国《合同法》第一百二十九条(现《民法典》第五百九十四条)"特殊时效"规定,因国际货物买卖合同和技术进出口合同争议提起诉讼或者申请仲裁的期限为四年,自当事人知道或者应当知道其权利受到侵害之日起计算。如果我国涉外仲裁机构受理案件时,超过了这一时效,将不予受理。(4)仲裁协议当事人的名称和仲裁申请书申请人和被申请人名称是否一致等。如符合上述各项条件,仲裁机构即正式立案受理,否则将仲裁申请书及有关材料退回申请人,并说明其不予受理的理由。如仅是某些形式要件不符规定,仲裁机构可要求申请人予以补正。

【典型案例 6-2】

台州印山制刷有限公司诉乐柏美商务用品有限公司
(Rubbermaid Commercial Products LLC)
国际货物买卖合同纠纷案
(〔2015〕浙台商外初字第 17 号)

本院认为,被告乐柏美商务用品有限公司系根据美利坚合众国法律注册的公司,本案系涉外商事案件。鉴于原、被告对选择中华人民共和国法律作为处理争议所适用的法律无异议,故本案的处理适用中华人民共和国法律。本案争议焦点是:(1)原、被告之间以往贸易往来中是否存在确切未结清的货款;(2)被告的诉讼时效抗辩是否成立。

1. 关于原、被告之间是否存在确切未结清的货款。根据《中华人民共和国民事诉讼法》第六十四条、《最高人民法院关于〈适用中华人民共和国民事诉讼法〉的解释》第九十条第一款之规定,原告有责任举证证明被告拖欠涉案合同货款,而原告提供的证据并不能有效加以证明,故原告主张对被告享有的债权无法确定。

2. 关于诉讼时效。据原告诉状中称"双方采用先记账、后分期付款的方式结算"及当庭陈述称被告付款时间是装船后 90 天,故 2006 年 11 月 1 日始,原告已经知道或者应当知道被告拒绝履行其到期付款义务而侵害原告的权利。根据《最高人民法院关于审理民事案件适用诉讼时效制度若干问题的规定》第六条和《中华人民共和国合同法》第一百二十九条之规定,因国际货物买卖合同和技术进出口合同争议提起诉讼或者申请仲裁的期限为四年,自当事人知道或者应当知道其权利受到侵害之日起计算。自 2006 年 11 月 1 日开始至原告起诉至本院时,已经超过四年,且原告没有证据证明该诉讼时效发生过中止、中断的情形,故即使原告主张的债权成立,该债权已经超过诉讼时效。

仲裁委员会根据当事人在争议发生之前或在争议发生之后达成的将争议提交仲裁委员会仲裁的仲裁协议和一方当事人的书面申请受理案件。仲裁委员会仲裁院收到申请人的仲裁申请书及其附件后,经审查,认为申请仲裁的手续完备的,应将仲裁通知、仲裁委员会仲裁规则和仲裁员名册各一份发送给双方当事人;申请人的仲裁申请书及其附件也应同时发送给被申请人。① 除此之外,为方便仲裁程序的顺利进行,仲裁机构在向双方当事人发出仲裁通知时,应该提醒当事人及时履行相关的仲裁事宜,如确定仲裁庭的组成方式,选定仲裁员,提交仲裁答辩书等。

【典型案例 6-3】

厦门象屿集团有限公司与米歇尔贸易公司确认仲裁条款效力案

(〔2004〕厦民认字第 81 号)

福建省厦门市中级人民法院经审理认为:根据最高人民法院有关涉外商事实务问题的解答意见,申请确认涉外仲裁协议效力的案件,由申请人、被申请人住所地或仲裁协议签订地有权受理涉外商事案件的中级人民法院管辖,故本院作为本案申请人和仲裁案件被申请人所在地有涉外商事案件管辖权的中级人民法院,有权管辖本案。被申请人对于本院管辖本案亦无异议。

关于法律适用问题。第一,讼争合同所约定首先应适用的《联合国国际销售合同公约》及《国际商事合同通则》系实体争议的准据法,它们都未涉及仲裁程序事项,故不是关于仲裁条款效力的准据法。第二,双方在讼争合同约定了补充或替代准据法"出卖方主要营业地的法律"即瑞士法,但被申请人没有在举证期限内亦未在合议庭限定的期限内提交瑞士相关法律规定,应视为其放弃该权利。第三,合同当中的仲裁条款具有独立性,仲裁条款的法律适用亦不同于整个合同的法律适用。根据仲裁法理论以及最高人民法院有关涉外商事实务问题的解答意见,当事人没有约定仲裁协议准据法,但约定了仲裁地点的,适用仲裁地国家或地区的法律;没有约定仲裁地或仲裁地约定不明确的,适用法院地国的法律。既然双方明确约定仲裁地点为北京,故本案准据法为中国法律。只有在当事人没有约定仲裁地点的情况下,仲裁机构所在地才被视为仲裁地。被申请人关于本案仲裁地点系指仲裁机构总部所在地的抗辩没有事实和法律依据。第四,从被申请人的抗辩理由看,其不排斥适用中国法律。综上,本案准据法应为中华人民共和国法律,包括我国所参加的相关国际公约、条约。

---

① 参见 2015 年《中国国际经济贸易仲裁委员会仲裁规则》第十三条第一款和第二款。

第二节 答辩和反请求

一、答辩

　　国际商事仲裁的答辩,是指国际商事案件被申请人,为了维护自己的权益,对申请人在仲裁申请书中所提出的仲裁请求和该项请求中所依据的事实及理由进行答复和辩解。《中国国际经济贸易仲裁委员会仲裁规则》第十五条规定:"被申请人应自收到仲裁通知后45天内提交答辩书。被申请人确有正当理由请求延长提交答辩期限的,由仲裁庭决定是否延长答辩期限;仲裁庭尚未组成的,由仲裁委员会仲裁院做出决定。"通常,仲裁答辩书跟仲裁申请书一样,也应该写明案情经过,答辩的事实、理由及证明,争议的焦点,被申请人对上述问题的看法,等等。

　　如果被申请人对申请人提请仲裁,或对仲裁委员会的管辖权有异议,被申请人也可以对此提出异议(注意,应在被申请人第一次实体答辩之前或同时);在此种情况下,由仲裁委员会做出有关仲裁协议的存在、效力和仲裁案件的管辖权问题的决定后,再进行或终止案件的仲裁程序(2015年第六条第一项、第四项)。

　　在实践中,有些被申请人收到了仲裁委员会的仲裁通知后,置之不理,或者不作书面答辩。这是应该引起注意的。这样做的结果对被申请人可能不利,容易使仲裁员误认为被申请人理亏说不出理由,至少是理由不充分。而在具体仲裁案件中,被申请人不理会或不提出答辩上书,不影响仲裁程序的进行(第十五条)。因此被申请人即使是有理的,也应该认真研究申请人的仲裁申请书,依法力争,据理力争,提出答辩。

　　仲裁委员会在收到被申请人答辩书后,应立即寄送申请人。如果申请人还有什么申请材料要提交或者对答辩书有意见,可以向仲裁委员会提交补充申请材料。在仲裁过程中,申请人还可以随时增减其索赔请求。另一方面,被申请人也可以提交补充答辩材料。

【典型案例 6-4】

三星物产株式会社与上海金光外滩置地有限公司建设工程施工合同纠纷上诉案

(〔2001〕沪高民终字第 245 号)

　　原审法院针对被上诉人在原审答辩期间提出的管辖权异议。查明事实后认为:原、被告签订的建筑工程合同中的特殊条款中关于争议解决的仲裁条款明确约定,将 67.3 款中"应按照国际商会调解协议规定,由根据协议制订的一名或多名仲裁员最终做出裁定"(原文应为:"应按照国际商会仲裁规则的规定,由根据该规则任命的一名或多名仲裁员做出最终裁决。"因当事人提供的译文有误,致原审法院记载不正确,本院予以更正。)删除并改为"应在新加坡最终解决,仲裁过程应使用英文。"合同的该条款应认定合法有效。现双方为履约发生纠纷,应根据双方合同约定的仲裁条款通过仲裁程序解决。原审法院依照《中华人民共和国民事诉讼法》第二百五十七条第一款、《中华人民共和国仲裁法》第二十六条之规定,于 2000 年 7 月 25 日做出裁定,驳回原告的起诉。案件受理费人民币 50 元由原告承担。

……

本院认为:根据《中华人民共和国民事诉讼法》第二百五十七条之规定,涉外经济贸易、运输和海事中发生的纠纷,当事人在合同中订有仲裁条款或者事后达成书面仲裁协议,提交中华人民共和国涉外仲裁机构或者其他仲裁机构的。当事人不得向人民法院起诉。同时,我国参加的《承认及执行外国仲裁裁决公约》第二条第三项亦明确规定,"如果缔约国的法院受理一个案件,而就这个案件所涉及的事项,当事人已经达成本条意义内的协议时(指仲裁协议——本院附注),除非该法院查明该项协议是无效的,未生效的或不可能实行的,应该依一方当事人的请求,令当事人把案件提交仲裁"。因此,本案的关键在于双方当事人于双方合同文本中关于双方的争议除合同有特别规定外,"应在新加坡最终解决,仲裁过程应使用英文","仲裁决定对各方均有最终约束力"的约定是否有效。如经审查,上述约定是有效的,则本案原审法院关于其对本案无管辖权的裁定是正确的。反之,则否。为此,本院针对此一问题做了认真的审理。

……

根据新加坡共和国《国际仲裁法》第二条第一项之规定,"仲裁庭是指独任仲裁员或仲裁合议庭或常设仲裁机构"。此外,该法第三条还规定,除《联合国国际贸易法委员会国际商事仲裁示范法》(以下简称"示范法")第 8 章规定(指仲裁裁决的承认和执行的规定——本院附注)外,示范法在新加坡具有法律效力。而根据示范法第二条之规定,"仲裁是指无论是否由常设仲裁机构进行的任何仲裁"。因此,可以认为常设机构的仲裁和临时仲裁在新加坡都是有效的。上诉人提交的电子邮件也证明,双方当事人间的纠纷除了可以在满足一定条件后提交新加坡的常设仲裁机构——新加坡国际仲裁中心进行仲裁外,也可以在新加坡进行临时仲裁。同时,根据新加坡上述法律的第八条及示范法的有关规定,当当事人无法就仲裁员的委任或仲裁庭的组成达成协议时,可以应当事人请求由新加坡的指定当局给予委任。故即使如上诉人所言双方当事人无法进一步就适用新加坡唯一的常设仲裁机构——新加坡国际仲裁中心的仲裁规则达成协议,该仲裁协议在新加坡也是可实行的。况且当事人亦未向本院举证证明系争协议的内容不是双方当事人的真实意思表示,或违背公序良俗。原审法院驳回上诉人要求宣告该仲裁协议无效的请求是正确的,本院应予维持。双方当事人应按照系争合同的约定,通过在新加坡仲裁的方式解决纠纷。对于在《承认及执行外国仲裁裁决公约》另一缔约国领土内做成的商事性仲裁裁决,我国法院将依照《承认及执行外国仲裁裁决公约》的规定给予承认和执行。

二、反请求

反请求是仲裁过程中被申请人用来保护自身利益的重要手段。在仲裁程序进行过程中,双方当事人具有完全平等的地位,被申请人有权提出自己独立的反请求来抵消申请人的请求权利,甚至反过来要求申请人赔偿被申请人的损失。

我国 2015 年施行的《中国国际经济贸易仲裁委员会仲裁规则》第十六条规定,被申请人如有反请求,应自收到仲裁通知后 45 天内以书面形式提交。被申请人确有正当理由请求延长提交反请求期限的,由仲裁庭决定是否延长反请求期限;仲裁庭尚未组成的,由仲裁委员会仲裁院做出决定。被申请人提出反请求时,应在其反请求申请书中写明具体的反请求事项及其所依据的事实和理由,并附具有关的证据材料以及其他证明文件。被申请人提出反请求,应按照仲裁委员会制定的仲裁费用表在规定的时间内预缴仲裁费。被申请人未按期缴纳反请求仲裁费的,视同未提出反请求申请。

仲裁委员会在收到被申请人提出的反请求书后,一般应审查下列事项:

(1)反请求申请书中的被反请求人是否系仲裁申请书中的申请人,反请求申请书中的反请求人是否系仲裁申请书中的被申请人;

(2)反请求和原申请是否基于同一事实或同一法律关系;

(3)提出反请求的时间是否在仲裁规则规定的期限内。

经过审查,如果同时符合以上三个条件,即接受反请求;如果不符合的,则不受理反请求。

通常,在受理反请求后,为了节省时间、人力和物力,仲裁庭把申请人提起的原申请跟被申请人提起的反请求合并审理。但由于原申请和反请求是两个独立的仲裁请求,即使合并审理,裁决却是分别做出的。因此,即使提出仲裁申请的申请人在审理过程中撤回仲裁申请,也不影响反请求审理的继续进行。这是应该提醒仲裁当事人的。

【典型案例 6-5】

事百世(上海)建筑产品有限公司与上海金属结构厂有限公司申请撤销仲裁裁决案

([2015]沪二中民四(商)撤字第 13 号)

本院认为:涉案裁决过程中,反请求系事百世公司逾期提出,仲裁庭依据涉案仲裁所适用的《仲裁规则》第十四条第(二)(三)的规定,即"被申请人确有正当理由请求延长提交反请求期限的,由仲裁庭决定是否延长期限……""仲裁庭有权决定是否接受逾期提交的反请求",决定受理事百世公司逾期提出的反请求并对该反请求进行了审理且做出裁决,有相应的事实和法律依据,并不属于《仲裁法》第五十八条第一款第(二)(三)项中规定的情形。此外,事百世公司笼统地认为"仲裁庭在实质上没有审理本案的核心问题",也明显不属于《仲裁法》第五十八条第一款第(六)项中关于"枉法裁决"的情形。据此,本院认定事百世公司的撤裁申请无相应的事实和法律依据,本院对事百世公司的撤裁请求不予支持。

第三节　仲裁员和仲裁庭

一、仲裁员的资格

仲裁员必须具有完全行为能力,是指拟担任仲裁员者必须依照本国法律已经成年和具备健全的心智。具备完全行为能力是各国法律对仲裁员的基本要求。例如,2019 年修订的瑞典《仲裁法》第七条规定,对其行为及财产具有完全法律能力的人可以充任仲裁员。

担任仲裁员还必须具有完全的人身自由。理由在于:仲裁员一旦接受委任后,就必须开展工作,如与各方当事人或者其律师进行联系和协调等,开庭审理,有时仲裁庭需要自行调查取证。如果人身自由受到限制,不能自由行动,就无法完成这些工作。某些国家的法律作更严格的规定,禁止某些民事权利部分受到法律限制的人担任仲裁员,如意大利法律规定破产者不能担任仲裁员,埃及法律规定破产和被剥夺了民事权利的人不得担任仲裁员。

能否聘请外国人担任仲裁员,各国对此规定不尽相同。有的国家,如葡萄牙、西班牙等规定外国人不能担任仲裁员。有的国家,如美国则规定首席仲裁员或独任仲裁员的国籍不能跟双方当事人国籍相同。也有的国家,如日本规定只有居住在日本的外国人才可以担任仲裁员。外国人不能担任仲裁员的规定容易使外国籍当事人对仲裁庭的公正性产生顾虑,不利于国际商事仲裁的发展。因此,近年来不少国家已放弃了过去的做法,相继立法确认外国人具有被任命为仲裁员的资格。有些国际公约如 1975 年《美洲国家间关于国际商事仲裁的公约》第二条也明确规定:"仲裁员可以是本国人,也可以是外国人。"

除国籍限制外,还有一些国家对仲裁员的资格做了其他的限制。如荷兰和希腊的仲裁立法规定妇女不能担任仲裁员;比利时的仲裁立法规定已婚妇女担任仲裁员时必须征得她丈夫的同意;阿根廷和荷兰的仲裁立法则规定法官不能担任仲裁员。我国 2015 年《中国国际经济贸易仲裁委员会仲裁规则》对仲裁员的资格没有作详细规定,仅在第二十六条规定:"仲裁委员会制定统一适用于仲裁委员会及其分会/仲裁中心的仲裁员名册;当事人从仲裁委员会制定的仲裁员名册中选定仲裁员。当事人约定在仲裁委员会仲裁员名册之外选定仲裁员的,当事人选定的或根据当事人约定指定的人士经仲裁委员会主任确认后可以担任仲裁员。"

实践中,中国国际贸易促进委员会聘任仲裁员,其条件是十分严格的。一般还须具备以下条件:(1)须有多年的经验,并精通实务;(2)熟谙各种复杂的国际贸易惯例;(3)具有丰富的法律知识,特别是国际贸易法及各国商事法;(4)熟谙外文主要是英文;(5)具有法律知识、从事经济贸易等专业工作并具高级职称或者具有同等专业水平的。

中国国际经济贸易仲裁委员会于 2021 年 5 月 1 日起施行的仲裁员名册,共有 1698 名仲裁员。其中来自外国和港澳地区的仲裁员有 483 名,分别来自世界 85 个国家和地区。

这里需说明的是,仲裁员在审理案件时必须站在公正、独立的立场上,不能偏袒任何一方,也不代表任何一方的利益。当事人也不能误认为哪一方指定的仲裁员就为哪一方说话,代表哪一方的观点和利益。因为仲裁员跟律师是不同的,律师是为委托人服务的,起着辩护人的作用,而仲裁员则是起着公断人的作用,必须站在第三者的立场上公断当事人双方的争议。正因如此,仲裁又称为公断,仲裁员也称为公断人。

【相关法条 6-1】

《中华人民共和国仲裁法》第十三条:

仲裁委员会应当从公道正派的人员中聘任仲裁员。

仲裁员应当符合下列条件之一:(1)通过国家统一法律职业资格考试取得法律职业资格,从事仲裁工作满八年的;(2)从事律师工作满八年的;(3)曾任法官满八年的;(4)从事法律研究、教学工作并具有高级职称的;(5)具有法律知识、从事经济贸易等专业工作并具有高级职称或者具有同等专业水平的。

仲裁委员会按照不同专业设仲裁员名册。

二、仲裁员的指定

根据《中国国际经济贸易仲裁委员会仲裁规则》第二十六条、第二十七条等的规定,凡在我国进行仲裁,应在仲裁委员会的仲裁员名册中指定仲裁员。当事人约定在仲裁委员会仲裁员名册之外选定仲裁员的,当事人选定的或根据当事人约定指定的人士经仲裁委员会主任确认后也可以担任仲裁员。指定仲裁员,是当事人在仲裁中享有的权利之一。当事人应该很好利用这一权利,从仲裁员名册中指定一位自己满意的仲裁员。一般来说,当事人都是选择一个自己比较熟悉的满意的人担任仲裁员,尽管自己指定的仲裁员并不能代表自己的利益,但这样做至少可以给当事人带来心理上的安慰。如果当事人对仲裁员名册中的人士不了解,或者不能挑选出自己满意的仲裁员,可以委托仲裁委员会主任代为指定。仲裁委员会主任对仲裁员名册中的人士较熟悉,根据争议的具体案件,通常都能代当事人挑选出能胜任仲裁的合适的仲裁员。

申请人在收到仲裁通知后15天内,即应在仲裁委员会仲裁员名册中指定一名仲裁员,或者委托仲裁委员会主任指定。被申请人则应在收到仲裁通知之日起15天内在仲裁委员会仲裁员名册中指定一名仲裁员,或者委托仲裁委员会主任指定。如果被申请人没有在规定的时间内指定或委托仲裁委员会主任指定仲裁员的,则由仲裁委员会主任为被申请人指定一名仲裁员。

根据《仲裁规则》第二十九条规定,仲裁案件有两个或两个以上申请人及/或被申请人时,申请人方及/或被申请人方应各自协商,各方共同选定或共同委托仲裁委员会主任指定一名仲裁员。首席仲裁员或独任仲裁员应按照《仲裁规则》第二十七条第(二)(三)(四)款规定的程序选定或指定。申请人方及/或被申请人方按照本规则第二十七条第(三)款的规定选定首席仲裁员或独任仲裁员时,应各方共同协商,提交各方共同选定的候选人名单。如果申请人方及/或被申请人方未能在收到仲裁通知后15天内各方共同选定或各方共同委托仲裁委员会主任指定一名仲裁员,则由仲裁委员会主任指定仲裁庭三名仲裁员,并从中确定一人担任首席仲裁员。

此外,如果双方当事人愿意由独任仲裁员审理案件,也可以由双方当事人共同指定一名仲裁员或者由双方共同委托仲裁委员会主任指定一名仲裁员作为独任仲裁员,审理案件。

一般来说,首席仲裁员是指采取合议仲裁庭方式进行仲裁审理时仲裁庭的主持者。在仲裁中,如果是由三名仲裁员组成的仲裁庭进行案件审理,其中有一名是首席仲裁员。整个仲裁程序,都由首席仲裁员主持进行。首席仲裁员除主持仲裁程序外,同其他仲裁员一样也只有一票决定权。但在仲裁庭不能形成多数意见时,依我国涉外仲裁规则第四十九条第六款规定,仲裁裁决依首席仲裁员的意见做出。

关于首席仲裁员的选定,各国仲裁立法和仲裁规则做了各不相同的规定。有的仲裁立法和仲裁规则,如《联合国国际贸易法委员会仲裁规则》《美洲国家商事仲裁委员会仲裁规则》和《瑞典仲裁法》规定,在由当事人各自任命一名仲裁员后,由这两名仲裁员来选择充当仲裁法庭首席仲裁员的第三名仲裁员。只有当这两个仲裁员在一定的期限内没有就首席仲裁员的选任达成协议时,才由有关的仲裁机构或其他有权机构用选任独任仲裁员的方式为当事人双方选定一名首席仲裁员。但有的仲裁立法和仲裁规则规定由当事人双方通过协议直接选派第三名仲裁员。如1965年《关于解决国家和他国国民之间投资争端公约》第三十七条第二款第二项中规定,解决投资争端国际中心在组织仲裁法庭审理有关争议时,作为仲裁法庭庭长的第三名仲裁员由当事人协议任命之。而瑞典《斯德哥尔摩商会仲裁院规则》第六条第二款则规定,应由有关的仲裁机构在双方当事人各自选定的仲裁员以外选派一名仲裁员作为首席仲裁员。此外,如《国际商会仲裁规则》第十二条第四款规定,原则上由仲裁院在当事人双方各自选定了一名仲裁员的基础之上选派第三名仲裁员担任首席仲裁员;但如果双方当事人约定由他们各自选定的仲裁员在一定期限内合意选定第三名仲裁员,则依双方当事人的约定;但如果他们未能就首席仲裁员的选任达成协议,还是要由仲裁院来对该首席仲裁员做出选择和任命。

　　我国则规定首席仲裁员由仲裁委员会主任指定。《中国国际经济贸易仲裁委员会仲裁规则》第二十七条做了明确规定:第三名仲裁员由双方当事人在被申请人收到仲裁通知后 15 天内共同选定或共同委托仲裁委员会主任指定。第三名仲裁员为仲裁庭的首席仲裁员。双方当事人可以各自推荐一至五名候选人作为首席仲裁员人选,并按照前述规定的期限提交推荐名单。双方当事人的推荐名单中有一名人选相同的,该人选为双方当事人共同选定的首席仲裁员;有一名以上人选相同的,由仲裁委员会主任根据案件的具体情况在相同人选中确定一名首席仲裁员,该名首席仲裁员仍为双方共同选定的首席仲裁员;推荐名单中没有相同人选时,由仲裁委员会主任指定首席仲裁员。双方当事人未能按照上述规定共同选定首席仲裁员的,由仲裁委员会主任指定首席仲裁员。

【典型案例 6-6】

大宇造船海洋株式会社(Daewoo Shipbuilding & Marine Engineering Co. ,Ltd.) 申请承认外国仲裁裁决案

　　大宇造船作为建造方与 J Elephant Corporation 作为买方签订船舶建造合同,约定该合同项下的纠纷按照《1996 年英国仲裁法》提交英国伦敦仲裁解决。后大宇造船与 J Elephant Corporation、西象公司(C Elephant Corporation)签订合同主体变更协议,将买方变更为西象公司。大宇造船与西象公司、西达克凌公司(C Duckling Corporation)又签订补充协议,由西达克凌公司承担部分付款义务。两协议均约定任何因协议所产生的纠纷应依照前述船舶建造合同仲裁条款进行仲裁。其后因未收到造船款,大宇造船在伦敦对西象公司和西达克凌公司提起仲裁。大宇造船指定的独任仲裁员做出仲裁裁决,支持大宇造船的请求。大宇造船向青岛海事法院申请承认该仲裁裁决。

　　青岛海事法院认为,大宇造船提交的我国有资质的翻译公司及翻译员翻译的中文译文符合《承认及执行外国仲裁裁决公约》规定的形式要求;涉案合同主体变更协议及补充协议,均明确约定并入仲裁协议,适用英国法在伦敦仲裁,属于以书面形式达成了有效的仲裁协议;独任仲裁员的委任程序以及仲裁送达程序符合

《1996年英国仲裁法》的规定；承认或执行该项仲裁裁决，不与中国的公共秩序或中国法律相抵触。综上，该英国伦敦仲裁裁决不存在《承认及执行外国仲裁裁决公约》规定拒绝承认的情形，应予承认。

三、仲裁庭的组成

在国际商事仲裁中，仲裁庭的组成一般有两种类型，一种是独任仲裁庭，由一名仲裁员进行仲裁；一种是合议仲裁庭，一般由三名仲裁员组成。如果当事人双方没有就仲裁庭的组成做出明确的约定，有关的仲裁机关有权根据法律或仲裁规则对此做出决定，只是各国的仲裁立法和仲裁规则对这一问题的规定不尽相同。其一是如瑞典《斯德哥尔摩商会仲裁院规则》第六条第一款、《瑞士联邦仲裁协约》第十条第一款、《美洲国家商事仲裁委员会仲裁规则》第五条和《联合国国际贸易法委员会仲裁规则》第五条规定，如果双方当事人没有事先约定仲裁员的人数，在被申请人收到仲裁通知书后一定期限内又未曾商定仲裁员仅为一人，则应由双方当事人和有关的仲裁机构选定三名仲裁员组成合议仲裁庭审理有关仲裁案件。其二是如《英国仲裁法案》第六条、《美国仲裁协会国际仲裁规则》第十六条、《国际商会仲裁规则》第二条第五款和《日本商事仲裁协会商事仲裁规则》第十七条规定，当事人双方没有约定仲裁员的人数或未能就仲裁员的人数达成协议时，除非有关的仲裁机构认为有理由任命三名仲裁员来审理有关争议，应由有关的仲裁机构指定一名仲裁员组成独任仲裁庭。

《中国国际经济贸易仲裁委员会仲裁规则》第二十七条和第二十八条规定了仲裁庭的两种类型，即三名仲裁员组成的合议仲裁庭和一名仲裁员组成的独任仲裁庭。双方当事人可以按照共同的意愿选择仲裁庭的组成。但在我国实践上，由独任仲裁员单独审理案件的情况并不多，绝大多数案件都是由三名仲裁员组成合议庭进行审理做出裁决的。

四、仲裁员的回避

在国际商事仲裁中，由于仲裁员是仲裁审理的直接执行者，起着类似于法官的作用，不仅仲裁员的品质、知识等因素对案件有重要影响，而且，仲裁员和当事人之间的关系也会直接影响仲裁案件的审理，因此，各国仲裁立法和仲裁规则都对仲裁员的回避做了明确规定。例如《联合国国际贸易法委员会仲裁规则》第十条第一款规定："如遇足以使人对任何仲裁员的公正或独立引起正当怀疑的情况存在，可对该仲裁员提出异议。"《美国仲裁协会国际仲裁规则》第八条第一款也规定："如存在对仲裁员的公正性和独立性产生正当的怀疑的情况时，一方当事人得要求该仲裁员回避。"依据各国有关国际商事仲裁的立法与实践，被委任的仲裁员如果与审理的案件存在个人利害关系,或者不符合当事人在仲裁协议中约定的仲裁员标准,或者存在其他不能参与特定的案件的情形,仲裁员应当主动披露存在可能影响案件公正审理的情形,并请求退出仲裁程序;同时,对仲裁员的公正性和独立性存在怀疑的任何一方当事人均可提出回避申请,经有关方面同意,该仲裁员回避。英国1996 年《仲裁法》规定的回避理由较为全面,该法第二十四条规定:

(1)基于下列理由,仲裁程序的一方当事人(经通知另一方当事人、当事仲裁员和其他仲裁员后)可申请法院撤换仲裁员:

(a)存在当事人对该仲裁员的公正性产生具有正当理由的怀疑的事由;

(b)该仲裁员不具备仲裁协议所要求的资格;

(c)该仲裁员身体或心智上不能进行仲裁程序或对其进行仲裁程序的能力产生具有正当理由的怀疑;

(d)该仲裁员拒绝或没有:

(i)适当进行仲裁程序,或

(ii)合理迅捷地进行仲裁程序或做出裁决。

且已经或将对申请方产生实质性的不公正。

(2)如当事人已经授权某个仲裁机构或其他机构或某个人撤换仲裁员,则法院就不能行使其撤换权,除非认为申请方已首先用尽了前述机构或个人的救济。

(3)根据本条向法院提出的申请尚未审结,仲裁庭可以继续仲裁程序直至做出裁决。

(4)法院撤换仲裁员时,可以做出其认为合适的关于该仲裁员对报酬或开支的请求权(如有)或返还已支付的报酬或开支的命令。

(5)法院根据本条做出命令之前,当事仲裁员有权出席并接受法院的聆讯。

(6)针对本条项下法院决定的上诉应取得法院的准许。

我国《仲裁法》第三十四条对仲裁员的回避也做了明确的规定,仲裁员有下列情形之一的,必须回避,当事人也有权提出回避申请:

(1)是本案当事人或者当事人、代理人的近亲属;

(2)与本案有利害关系;

(3)与本案当事人、代理人有其他关系,可能影响公正仲裁的;

(4)私自会见当事人、代理人,或者接受当事人、代理人的请客送礼的。

当事人申请回避,应在一定期间内提出,否则将视为放弃申请回避的权利。各仲裁规则对申请回避的期间规定各不相同,例如瑞典《斯德哥尔摩商会仲裁院规则》第七条第二款规定:“当事人对仲裁员的质询得在认定仲裁员不合格的情形向该当事人讲明后的三十天内做出。未在规定的时间内提出质询的,视为放弃质询权。”《美国仲裁协会国际仲裁规则》第八条也规定:“对仲裁员要求回避的一方当事人应在收到该仲裁员任命通知后 15 天内,或在其知悉产生要求回避情况后 15 天内,将要求回避的通知送交协会行政管理人。”

仲裁员的回避也包括首席仲裁员在内。如果某一仲裁员回避,各仲裁规则均规定应依照原指定仲裁员的程序,重新指定。

发生仲裁员更换后,重新组成的仲裁庭对以前已进行的审理是否需要重复进行,各国仲裁立法和仲裁规则一般规定应由重新组成的仲裁庭决定,但如果是独任仲裁员或首席仲裁员被更换,则一般应重复以前进行的审理。如《美国仲裁协会国际仲裁规则》第十一条第二款规定:"被更换的仲裁员任命后,仲裁庭应自行决定以前全部或部分的审理是否需要重做。"《联合国国际贸易法委员会仲裁规则》第十四条也规定:"独任仲裁员或首席仲裁员被更替时,以前举行过的任何听证均应重复进行,倘其他仲裁员被更替时,仲裁庭得自行决定哪些听证得予重复。"

《中国国际经济贸易仲裁委员会仲裁规则》第三十二条对此问题也做出了明确规定:

首先,如果被指定的仲裁员跟案件有利害关系的,应当自行向仲裁委员会披露并请求回避。所谓利害关系,是指因为这种关系而可能影响仲裁员对案件做出公正裁决。在实践中,一般是指有以下情况,例如仲裁员是一方当事人的法律顾问;仲裁员与一方当事人在同部门工作;在案件裁决前,仲裁员就明确宣称谁胜谁败,对一方当事人存在明显倾向性,等等。

其次,如果当事人对于被指定的仲裁员的公正性和独立性产生具有正当理由的怀疑时,也可以书面向仲裁委员会提出要求该仲裁员回避的请求,但应说明提出回避所依据的具体事实和理由。对仲裁员的回避请求应该在收到组庭通知后 15 天内以书面提出;如果要求回避缘由的发生和得知是在收到组庭通知后,则可以在第一次开庭以后到最后一次开庭审理闭庭之前提出。

最后,仲裁员是否回避,由仲裁委员会主任做出。通常,如果被指定的仲裁员确实与案件有上述所列举的利害关系存在或不能公正、独立仲裁的,仲裁委员会主任是应该接受当事人提出的回避请求的。

仲裁员因回避或者由于其他原因不能履行职责时,应该按照原来指定该仲裁员的程序,重新指定替代的仲裁员。替代的仲裁员指定后,由仲裁庭决定以前进行过的全部或部分审理是否需要重新进行。

【典型案例 6-7】

丸万株式会社与北京德霖高尔夫体育发展有限公司仲裁裁决申请案

（〔2013〕二中民特字第 12593 号）

2011 年 10 月 18 日,日本籍仲裁员确认其在日本振兴银行的关联公司担任董事,且与申请人的仲裁代理人是多年的老朋友。2011 年 10 月 31 日,被申请人申请日本籍仲裁员回避,其中一项理由是其没有按照本案仲裁规则的要求及时披露信息,因为关于日本振兴银行与申请人之间的关系问题直接涉及申请人解约的真实原因,且日本籍仲裁员是申请人的仲裁代理人的多年好友,是受其好友邀请才担任本案仲裁员。2011 年 11 月 29 日,日本商事仲裁协会驳回了被申请人提出的要求日本籍仲裁员回避的申请,且拒绝做出解释。

被申请人认为,仲裁员应当回避的情形与仲裁员应当披露的情形是两个不同的概念,应当区别对待。决定仲裁员回避的关键因素是:该仲裁员与仲裁案件的结果(包括仲裁当事人及其代理人)存在利益冲突,并且该利益冲突情形是客观存在的,如仲裁员是仲裁当事人的股东等情形。仲裁员应当披露的情形是:在当事人看来,可能对其仲裁员身份的公正性或者中立性产生疑问的全部事实,带有一定的主观性,应当从仲裁当事人的角度进行判断。该事实导致的结论可能是仲裁员与仲裁案件存在利益冲突,也可能是没有利益冲突。因此,仲裁员应当回避的情形必须披露;仲裁员应当披露的情形不一定导致仲裁员回避,但是仲裁员不得隐瞒,必须披露。

本案中,日本籍仲裁员故意隐瞒的情形均属于国际仲裁实践中仲裁员必须披露的情形。依照《国际律师协会国际仲裁利益冲突指引》(2004 年 5 月 22 日通过)的规定,下述是仲裁员必须披露的情形:"3.1.1 仲裁员在过去的三年内,曾担任一方当事人或一方当事人的关联公司的法律顾问,或曾就不相关事宜为其指定方当事人或指定方当事人的关联公司提供过咨询或曾被咨询,但仲裁员与当事人或当事人的关联公司没有正在持续的关系……3.3.6 仲裁员与一方当事人的法律顾问之间存在密切的私人朋友关系……3.4.2 仲裁员在过去的三年中曾以专业身份(例如前雇员或前合伙人)与一方当事人或一方当事人的关联公司存在关联关系……3.5.4 仲裁员是一方当事人的关联公司的经理、董事、监事或具有类似控制影响,但该关联公司没有直接参涉仲裁中的争议事项。"

本案的日本籍仲裁员同时具有上述 4 种必须披露的情形,但其却故意隐瞒不予披露,直至被申请人发现并指出后才被动坦白。尽管日本商事仲裁协会没有支持被申请人关于要求日本籍仲裁员回避的申请,但日本籍仲裁员仍然违反了本案仲裁规则第二十八条关于仲裁员应及时披露的规定。因此,本案仲裁裁决属于《承认及执行外国仲裁裁决公约》第五条规定的不予承认之情形。

……

本院认为:

依照《承认及执行外国仲裁裁决公约》第五条第一款(丁)项的规定内容,本案仅需审查仲裁庭的组成与本案仲裁规则是否相符。首先,本案仲裁庭由三名仲裁员组成,符合本案仲裁规则关于仲裁庭组成人数的规定。其次,关于仲裁员的披露义务。被申请人认为该仲裁员担任董事的公司与申请人有关联关系且与申请人的仲裁代理人为多年好友,但该仲裁员未披露上述事实,违反了本案仲裁规则第二十八条规定。同时,被申请人依照《国际律师协会国际仲裁利益冲突指引》(2004 年 5 月 22 日通过)规定,认为该仲裁员故意隐瞒的情形均属于必须披露的情形。如前所述,关于仲裁员披露问题只需审查是否与本案仲裁规则相符,故《国际律师协会国际仲裁利益冲突指引》(2004年5月22日通过)中有关仲裁员必须披露的规定并不适用本案。本案仲裁规则第二十八条规定:"被选任为仲裁员的人,应及时向协会公开一切有可能导致对自己的公正性或者中立性产生疑问的全部事实,或提交表明无此类事实的文书……仲裁员在仲裁程序进行过程中,应以书面形式向当事人和协会公开有可能导致对自己的公正性或者中立性产生疑问的全部事实(已经公开的除外)。"本案中,申请人选定的仲裁员签署了中立性及独立性声明,表明该仲裁员不存在可能对中立性及独立性产生正当性怀疑的任何情形,符合上述仲裁规则规定。因此,被申请人以仲裁员人数实质不满三名、日本籍仲裁员故意不予披露其与申请人之间的关联关系及与申请人的仲裁代理人之间的关系、仲裁庭不公正不中立为由,认为仲裁庭组成违反了本案仲裁规则,缺乏规则依据,本院不予支持。

第四节 仲裁审理

仲裁审理是指仲裁庭以一定的方式和程序收集和审查证据,询问证人、鉴定人,并对整个争议事项的实质性问题进行全面审查的仲裁活动。仲裁审理在整个仲裁程序中占有重要地位。仲裁审理往往是影响案件裁决结果的关键因素。因为有时双方当事人会提供大量材料,仲裁员不一定详细了解每一材料的来龙去脉,特别是对一些复杂的案件,双方当事人陈述的事实与提供的证据不一致时,往往只有通过开庭审理才能查清和确定。仲裁审理一般涉及以下一些问题。

一、审理方式

对于仲裁审理的方式,除英国等少数国家以外,大多数国家都允许当事人双方通过协议确定,只有在当事人没有就审理方式问题做出约定时,才授权有关的仲裁庭依法做出决定。例如《瑞士联邦仲裁协约》第二十四条第一款规定:"仲裁法院的程序,由当事人约定,无约定时,由仲裁法院以裁定的形式予以规定。"《日本民事诉讼法》第七百九十四条第二款也规定:"关于仲裁程序,如果当事人没有签订协议,仲裁员可以根据自己的意见决定程序。"英国的立法和实践则要求,仲裁庭至少得开庭一次,仲裁员可以命令当事人或者证人宣誓,在审理中当事人必须服从仲裁庭的一切要求,仲裁庭可以强迫证人出庭作证。

仲裁审理的方式大体上分为两种,一种是口头审理,又称开庭审理,另一种是书面审理,又称不开庭审理。各国仲裁立法和仲裁规则都规定,当事人双方可自由选定口头审理或书面审理;在当事人没有做出约定时,则采用口头审理的形式进行。如 1991 年《美国仲裁协会国际仲裁规则》第十六条和第二十一条、1989 年《日本商事仲裁协会商事仲裁规则》第三十三条、1985 年《伦敦国际仲裁院仲裁规则》第十条第一款和 1986 年《韩国商事仲裁院商事仲裁规则》第四十四条第一款等都规定原则上采用口头审理的方式,但当事人可以用书面协议请求不用口头审理的方式进行。2015 年《中国国际经济贸易仲裁委员会仲裁规则》第三十五条也明确规定,仲裁庭应当开庭审理案件。但双方当事人约定并经仲裁庭同意,或仲裁庭认为不必开庭审理并征得双方当事人同意的,可以只依据书面文件进行审理。而德国《民事诉讼法》第一千零三十四条则规定,"仲裁员在做出仲裁裁决前,应讯问双方当事人"。据此可以认为,在德国,仲裁审理只能采用口头审理,即开庭审理方式。

【典型案例 6-8】

现代格罗唯视株式会社(Hyundai Glovis Co., Ltd.)
诉浙江企赢能源化工有限公司仲裁裁决案
（〔2015〕浙甬仲确字第 3 号）

　　2014 年 6 月 10 日,仲裁庭通过邮件向现代株式会社、企赢公司(××、××)发送"1 号程序指令",告知双方现代株式会社提交申请书,企赢公司提交答辩书和反诉书的截止日期分别为 2014 年 6 月 20 日、7 月 11 日,口头审理暂定于 2014 年 7 月 25 日在北京进行,并确认企赢公司的地址为达升路地址,邮箱为××、××。企赢公司未对上述指令进行任何回复,同年 7 月 17 日,仲裁庭通过邮件告知现代株式会社、企赢公司(××、××)口头审理的时间及地点。2014 年 7 月 25 日 9:00,口头审理在我国北京嘉里大酒店进行,企赢公司缺席。

　　……

　　本院经审查认为,本案属当事人申请承认外国仲裁裁决案件,由于本案所涉仲裁裁决系由 SIAC 在新加坡境内做出,而我国与新加坡均是《承认及执行外国仲裁裁决公约》的成员国,故应适用《中华人民共和国民事诉讼法》和《承认及执行外国仲裁裁决公约》的相关规定进行审查。本案企赢公司的住所地和主要财产所在地均在我院管辖范围内,我院对本案享有管辖权。现代株式会社提交的 004 号仲裁裁决书、《买卖协议》等已办理公证认证手续,形式上符合《承认及执行外国仲裁裁决公约》第四条的规定。

　　本案双方争议焦点包括:(一)企赢公司是否得到指定仲裁员和进行仲裁程序的适当通知;(二)当事人约定的仲裁条款是否无效;(三)仲裁程序和仲裁庭组成是否违反当事人约定和 SIAC 规则。

二、开庭通知

如果确定案件需要进行开庭审理时,仲裁庭需要向双方当事人发送开庭通知。例如1976年修正的《瑞典仲裁法》第十二条第二款规定,首席仲裁员应为仲裁员会议确定合适的地点和时间,安排传唤及其他行政工作,并主持开庭事务。1988年《斯德哥尔摩商会仲裁院规则》第二十条第一款规定,根据当事人的意愿,仲裁庭应当决定开庭的时间、持续的期限以及如何组织,包括出示证据的方式。1991年《美国仲裁协会国际仲裁规则》第二十一条规定:(1)仲裁庭至少应在首次开庭审理前30天将有关开庭的日期、时间和地点通知各方当事人。仲裁庭应对以后的开庭审理给予合理的通知。(2)各方当事人至少应在开庭审理前15天将其邀请出庭的证人姓名和地址,以及证人提供证词所涉及的问题和使用的语言通知仲裁庭和其他当事人。

《中国国际经济贸易仲裁委员会仲裁规则》第三十七条规定:开庭审理的案件,仲裁庭确定第一次开庭日期后,应不晚于开庭前20天将开庭日期通知双方当事人。当事人有正当理由的,可以请求延期开庭,但应于收到开庭通知后5天内提出书面延期申请;是否延期,由仲裁庭决定。当事人有正当理由未能按前述规定提出延期开庭申请的,是否接受其延期申请,由仲裁庭决定。再次开庭审理的日期及延期后开庭审理日期的通知及其延期申请,不受前述期限的限制。我国《民事诉讼法》第一百四十六条和《仲裁法》第四十一条肯定了这一点。

【相关法条 6-2】

《最高人民法院关于适用〈中华人民共和国民事诉讼法〉的解释》第五百四十一条:

人民法院强制执行涉外仲裁机构的仲裁裁决时,被执行人以有民事诉讼法第二百七十四条第一款规定的情形为由提出抗辩的,人民法院应当对被执行人的抗辩进行审查,并根据审查结果裁定执行或者不予执行。

我国上述涉外仲裁规则第三十七条规定:开庭审理的案件,仲裁庭确定第一次开庭日期后,应不晚于开庭前二十天将开庭日期通知双方当事人。当事人有正当理由的,可以请求延期开庭,但应于收到开庭通知后五天内提出书面延期申请;是否延期,由仲裁庭决定。

在实践中,如果当事人确有正当理由的,例如生病住院、短期出国、晋升考试等,并且在规定期限内提出延期请求的,仲裁庭商议后通常都会同意延期开庭请求。在一方当事人请求延期后仲裁庭一般都会询问当事人延期至什么时间开庭。有的当事人无正当理由,或者确实有正当理由但为了拖延或阻碍仲裁程序的进行,故意说至少等半年或一年以后才能参加庭审。仲裁庭可能会认为此种回答毫无诚意，是想故意拖延仲裁时间，从而拒绝当事人的延期请求。如果同意延期，仲裁庭会立即向双方当事人发出延期开庭的通知。延期通知一般有两种措辞，其一是在延期通知中订明了延期后的开庭通知，如原定于 2020 年 4 月 1 日开庭，因 A 方当事人的请求，现决定改为 2020 年 5 月 10 日进行开庭审理。其二是在延期通知中没有写明延期后的开庭日期，如原定于 2020 年 4 月 1 日开庭，因 A 方当事人的请求，现决定取消 2020 年 4 月 1 日的开庭审理，具体日期另行通知。如果仲裁庭不同意延期的，仲裁庭则会向提出延期一方当事人发出不同意延期开庭请求的通知。请求被拒绝后，请求延期的一方当事人应力争按时参加庭审，否则仲裁庭将进行缺席审理乃至缺席裁决。

三、书面审理和开庭审理

(一)书面审理

书面审理是指双方当事人或者他们的代理人可以不亲自到庭，仲裁庭只根据双方当事人提供的书面证据材料如仲裁申请书、答辩书、合同、双方往来函电以及证人、专家报告等书面证据材料，对争议案件进行审理。采用书面审理方式一般须经双方当事人同意或双方当事人提出书面审理申请才能进行。例如 1985 年《伦敦国际仲裁院仲裁规则》第十条规定，只有在双方当事人同意时才进行书面仲裁。联合国《贸易法委员会国际商事仲裁示范法》第二十四条规定，如果双方当事人商定不开庭，则进行书面审理程序。《日本商事仲裁协会商事仲裁规则》第三十三条也规定，当事人可以协议并书面请求取消开庭程序。《联合国国际贸易法委员会仲裁规则》第十五条更是详细规定："(1)按照本规则的规定，仲裁庭得以它认为适当的方式进行仲裁但必须对当事人各方给予公平待遇，并应在程序进行中的各个阶段给予每一方以陈述其案情的充分机会。(2)在程序进行中的任何阶段，倘任何一方要求仲裁庭听取证人包括专家证人的证词或进行口头辩论时，应即举行听证。倘无这一要求，仲裁庭应自行决定是否开庭听证或是否根据文件和其他资料进行仲裁程序。"

根据我国《仲裁法》第三十九条和《中国国际经济贸易仲裁委员会仲裁规则》第三十五条的规定，进行书面审理必须经双方当事人申请或者征得双方当事人同意，并且仲裁庭也认为不必开庭审理的，仲裁庭才可以只依据书面文件进行审理并做出裁决。在进行书面审理时，仲裁庭仅根据由双方当事人提交的仲裁申请书、答辩书及其他材料进行审查，并可随时要求双方当事人在限定期限内提交必要的解释或答辩文件以及证据等。如果仲裁庭认为材料已足够时，可以结束其审理，并通知双方当事人。自此以后，双方当事人如再提交材料仲裁庭不会接受。但在裁决做出前,为了慎重起见,仲裁庭一般会给双方当事人陈述意见、提交材料的最后期限。

书面审理可缩短周期,快速结案,同时还可以节省双方当事人往返旅途时间和费用。但在实践上,一般不常进行书面审理。通常,只有那些争议金额小、案情简单明了、事实清楚的案件才进行书面审理。

（二）开庭审理

开庭审理是指双方当事人或者其代理人亲自出庭,以口头答辩的方式,接受仲裁庭对案件的审理。在开庭审理时,一般的程序是首先由首席仲裁员宣布仲裁庭的组成人员,如果双方当事人对组成仲裁庭的仲裁员没有异议,再由仲裁员宣读双方当事人出庭人员名单,双方当事人对对方出庭人员的身份如有异议,可以提出。如果没有异议,首席仲裁员就宣布庭审开始。先由申请人陈述案情,讲明事实,然后由被申请人答辩,再由仲裁庭提问。事实调查结束后,由当事人双方进行辩论。最后,由仲裁庭总结开庭情况。如果认为案情清楚,可以进行裁决,仲裁庭就在闭庭前宣布审理终结,即将做出裁决;如果认为还需双方当事人提交材料及有关证据,也应在闭庭前向双方当事人提出,并规定提交材料的日期;如果认为还需要再次开庭审理,也可以向双方当事人宣布。依我国贸仲委仲裁规则规定,仲裁庭开庭审理时,仲裁庭可以做庭审笔录及/或录音。仲裁庭认为必要时,可以做出庭审要点,并要求当事人及/或代理人、证人及/或其他有关人员在庭审要点上签字。但仲裁庭做的庭审笔录和录音只供仲裁庭查用。[1]

四、开庭地点

开庭审理时,确定开庭地点也很重要。各仲裁规则对此都有详细规定。例如《联合国国际贸易法委员会仲裁规则》第十六条规定:(1)除当事人双方对仲裁在何地举行已达成协议外,仲裁地点由仲裁庭在考虑仲裁的各种情况后决定之。(2)仲裁庭得在当事人各方已同意的国家内决定仲裁地点。仲裁庭在考虑仲裁的案情以后得在它视为适当的任何地点听取证言或由其成员举行协商会议。(3)仲裁庭得在它认为适当的任何地点举行会议以检验货物、其他财产或文件。仲裁庭并应在充分的时间以前通知当事人各方,使得其准时到场。(4)仲裁裁决应在仲裁地点做成。1988年《斯德哥尔摩商会仲裁院规则》第十四条和1998年《国际商会仲裁规则》第十四条也规定,除当事人双方约定者外,仲裁地点应由仲裁院确定。

此外,1985年《伦敦国际仲裁院仲裁规则》第七条也明确规定:(1)当事人可以选择仲裁地点。如果当事人未加选择,仲裁地点应当为伦敦,除非仲裁庭根据案件的所有情况认定另一地点更为合适。(2)仲裁庭除根据第十条第二款的规定外,可

---

[1] 2015年《中国国际经济贸易仲裁委员会仲裁规则》第四十条。

以在任何方便的地方开庭审理及召集会议,只要仲裁裁决的做出是在仲裁地点。1991 年《美国仲裁协会国际仲裁规则》第十三条也规定,如各方当事人对仲裁地点不能达成一致,协会行政管理人可以初步选定仲裁地点,但仲裁庭有权在组成后60 天内最后确定。所有这类的决定应考虑到当事人的意见和仲裁的情况,并且仲裁庭可以在它认为适当的任何地点举行会议,开庭审理或检验财产或文件,仲裁庭应给予当事人充分的书面通知,使其得以准时到场。

根据《中国国际经济贸易仲裁委员会仲裁规则》第三十六条的规定,当事人约定了开庭地点的,仲裁案件的开庭审理应当在约定的地点进行;除非当事人另有约定,由仲裁委员会仲裁院或其分会/仲裁中心仲裁院管理的案件应分别在北京或分会/仲裁中心所在地开庭审理;如仲裁庭认为必要,经仲裁委员会仲裁院院长同意,也可以在其他地点开庭审理。依上述规定,对于有的案件,在必要的时候,经双方当事人请求和仲裁委员会仲裁院院长批准,可以在仲裁委员会或分会所在地以外的其他地点开庭审理;这里所指的其他地点,既可以在中国境内也可以在中国境外。但在实践上,我国涉外仲裁机构至今尚无在中国境外开庭审理的先例。

应注意的是,开庭地点和仲裁地点还是有所不同的。仲裁地点通常就是指做出仲裁裁决的地点,它基本上决定仲裁裁决的国籍;开庭地点,则是指开庭审理的地点,一般就是在仲裁地点,但依上述我国和外国仲裁规则的规定,开庭地点也可以在仲裁地点之外。

五、缺席审理

缺席审理,是指在开庭审理时,当事人或者其代理人接到开庭通知,没有正当理由而不到庭,或者未经仲裁庭许可中途退庭,仲裁庭在该当事人或其代理人不出席的情况下进行的审理。各仲裁规则对此都有明确规定。例如《联合国国际贸易法委员会仲裁规则》第二十八条第二款规定:"如当事人一方,经按照本规则如期、合法通知后,无充分理由而不出席听证会时,仲裁庭得继续进行其仲裁程序。"《日本商事仲裁协会商事仲裁规则》第二十四条也规定:"开庭应在双方当事人到场的情况下进行。如果一方当事人已按时收到了开庭时间的通知,但在没有正当理由的情况下不到庭,开庭应照常进行。"1998 年《国际商会仲裁规则》第二十一条第二款规定:"如果当事人的任何一方,虽经适当传唤,但仍无故缺席,则仲裁庭有权继续开庭审理。"《斯德哥尔摩商会仲裁院规则》第三十二条规定:"如果当事人一方无正当理由不出席庭审或违反仲裁庭的命令将不影响仲裁庭继续仲裁程序并做出裁决。"联合国《贸易法委员会国际商事仲裁示范法》第二十五条也规定:"应诉人不按照第二十三条第(1)款的规定提交答辩书,仲裁庭应继续进行仲裁程序,但不把这种不提交答辩书的行动本身视为认可了申请人的申请;当事人任何一方不出庭或不提供文件证据,仲裁庭可以继续进行仲裁程序并根据它所收到的证据做出裁决。"

《中国国际经济贸易仲裁委员会仲裁规则》第三十九条明确规定，申请人无正当理由开庭时不到庭的，或在开庭审理时未经仲裁庭许可中途退庭的，可以视为撤回仲裁申请；被申请人提出反请求的，不影响仲裁庭就反请求进行审理，并做出裁决。被申请人无正当理由开庭时不到庭的，或在开庭审理时未经仲裁庭许可中途退庭的，仲裁庭可以进行缺席审理并做出裁决；被申请人提出反请求的，可以视为撤回反请求。

六、不公开审理

关于仲裁庭开庭审理案件是否公开进行的问题，各仲裁规则一般规定除当事人双方同意公开审理外，仲裁审理应不公开进行。例如《伦敦国际仲裁院仲裁规则》第十条第四款规定："所有会议及庭审都应秘密进行，除非当事人另有协议。"《联合国国际贸易法委员会仲裁规则》第二十五条规定："除当事人另有相反意见外，听证应秘密进行；仲裁庭在某一证人提供证词时，得要求其他证人或所有证人退庭；仲裁庭得自由决定讯问证人的方法。"《美国仲裁协会国际仲裁规则》第二十一条第四款也规定："除非当事人同意或法律另有相反的规定外，开庭审理应秘密进行。仲裁庭可以在某一证人提供证词时要求任一其他证人或所有其他证人退庭。仲裁庭可以决定询问证人的方式。"

《中国国际经济贸易仲裁委员会仲裁规则》第三十八条也规定：仲裁庭开庭审理案件，不公开进行。如果双方当事人要求公开审理，则由仲裁庭做出是否公开审理的决定。并且，由仲裁庭决定不公开审理的案件，双方当事人及其代理人、证人、仲裁员、翻译、仲裁庭咨询的专家和指定的鉴定人，以及其他有关人员，均不得对外界透露案件实体和程序进行的情况。

仲裁审理之所以原则上不公开进行，是基于保护商业秘密的需要。而在实践上，当事人双方要求公开审理的也极少见。

七、调查取证

在仲裁审理中，双方当事人都会提出对自己有利的证据材料，而对自己不利的证据当然不会主动提交给仲裁庭。因而，在双方当事人提交的证据不充分或不足以证明事实真相的情况下，就得由仲裁庭自行调查事实，收集证据。我国2015年涉外仲裁规则第四十三条即做了如此规定，并且，仲裁庭自行调查事实，收集证据时，认为有必要通知双方当事人到场的，应及时通知双方当事人到场，经通知而一方或双方当事人不到场的，仲裁庭自行调查事实和收集证据的行为不受其影响。

仲裁审理中还会涉及专业性、技术性很强的问题。因而，我国涉外仲裁规则第四十四条进一步规定，仲裁庭可以就案件中的专门问题向专家咨询或者指定鉴定人进行鉴定。专家和鉴定人可以是中国或者外国的机构或公民。仲裁庭有权要求当事人而且当事人也有义务向专家或鉴定人提供或出示任何有关资料、文件或财产、实物,以供专家或鉴定人审阅、检验或鉴定。上述专家报告和鉴定报告的副本,应送给双方当事人,给予双方当事人对专家报告或鉴定报告提出意见的机会。任何一方当事人要求专家或鉴定人参加开庭的,经仲裁庭同意后,专家或鉴定人应该参加开庭,并在仲裁庭认为必要和适宜的情况下就他们的报告做出解释。

当事人提出的证据由仲裁庭审定,专家报告和鉴定报告,由仲裁庭决定是否采纳。

国外仲裁机构对此也做了规定,如《伦敦国际仲裁院仲裁规则》第十一条第四款和第十二条就规定,证人的证据可以用书面形式提供,可以用签字的文书或者宣誓书的形式提供。根据前条第二款,任何当事人都可以要求这样的证人出席庭审以口头询问。如果该证人未能出席,仲裁庭可以对所提供的书面证据给予认为适当的重视,或者完全不予理会。并且,除非当事人另有约定,仲裁庭可以指定一个或者多个专家就特定的事项向仲裁庭报告;还可以要求当事人向任何上述专家提供有关信息,或者向其提供或协助其取得有关文件、货物或财产供其进行检验。又如《斯德哥尔摩商会仲裁院规则》第二十一条和第二十二条也规定,按仲裁庭的要求,当事人应当对其所依据的证据做出陈述,具体说明每一证据他们想证明什么并且应当出示其依据的书证。是否可以提交书面证词由仲裁庭决定。如果仲裁庭认为当事人提交的证据并非其所要求的或与本案无关的,或仲裁庭认为可以通过其他途径以更简单的方式或以更少的花费即可求得证明,则仲裁庭可以拒绝接受该已提交的证据。对审理过程中案件的每一情节做出认真的审阅和斟酌后,仲裁庭应当决定案件中那些问题已得到证明。除非当事人另有约定,仲裁庭可以指定一名专家就某个特定的问题发表其意见。

【典型案例 6-9】

国富发展有限公司(Wellrich Development Limited)诉广州市隧道开发公司债权人撤销权纠纷再审案

（〔2014〕粤高法审监民再字第 11 号）

三、隧道公司转让华南路桥公司股份是否损害国富公司债权的问题。基于以上分析,本院认为,因为路桥特许经营权被市政园林局转授园林中心,隧道公司丧失了与华南香港公司合作投资华南路桥公司的基础。隧道公司转让其在华南路桥公司的股份,避免了无法履行其与华南香港公司的合作而可能承担违约责任的风险。隧道公司将其华南路桥公司的权益转让给园林中心,并不存在损害国富公司债权的情形。

另外,国富公司所申请调查隧道公司从合作公司收到 9800 万美元的去向,不属于本案审理的范围,国富公司申请调查取证理由不充分,本院予以驳回。

综上所述,国富公司请求撤销隧道公司向园林中心转让华南路桥公司股权不符合《中华人民共和国合同法》第七十四条规定的条件,本院二审判决适用法律不当,但处理结果正确,本院再审予以维持。依照《最高人民法院关于适用〈中华人民共和国民事诉讼法〉的解释》第四百零七条第一款的规定,判决如下:维持本院〔2009〕粤高法民四终字第383号民事判决。

【典型案例 6-10】

杭州××轴承有限公司与浙江××电机股份有限公司买卖合同纠纷上诉案

(〔2013〕浙金商终字第1049号)

因美国仲裁裁决书没有既判力,故一审法院应当对其中的损失原因、鉴定报告、损失构成等问题进行实体审查。该公司绝不能仅仅提供一份真实性、合法性存疑的美国仲裁书即可,还必须提供其中涉及的多项报告和证据,并交原审法院审查,否则就不能完成对所谓的损失和因果关系等的举证。原审法院也不能简单地直接引用其中的损失。这些需要提交审查的报告至少包括:

(1)IKO公某指出仿冒轴承的预期寿命约为IKO轴承正品的54%的分析报告(IKO公某指出仿冒轴承的预期寿命约为IKO轴承正品的54%的分析报告,成为仲裁裁决损害赔偿金的基础。而该一项赔偿就占到全部赔偿金的68.5%。但是,仲裁裁决书中并未载明该报告的内容和依据是否合理。在本案中也从未看到该报告);

(2)日本IKO公某对电机轴承真实有效的鉴定报告;

(3)Jeffrey Pfaendtner电机故障分析报告;

(4)Cobb的报告;

(5)Yeadin先生对Jeffrey Pfaendtner电机故障分析报告的意见等。

该些文件将对所涉电机质量原因、电机上安装轴承的来源、轴承对电机质量的影响和因果关系、损失的认定、美国仲裁赔偿是否正确合理、是否符合中国法律等问题至关重要。

第五节　仲裁中的财产保全和调解

一、仲裁中的财产保全

仲裁中的财产保全,是指法院或仲裁机构根据仲裁案件当事人的申请,就有关当事人的财产做出临时性强制措施,以保全申请人的权益,保证将来做出的裁决能够得到执行。仲裁中的财产保全是强制性的和临时性的,这些措施包括查封、扣押、冻结、责令提供担保或者法律规定的其他方法,财产一经保全,当事人就不得再行处分。但是,如果被申请人提供有效的担保,或者案件已经审结,财产保全措施应即解除。

仲裁中的财产保全,通常是由当事人在仲裁申请时一并提出,但也可在仲裁审理过程中提出。

各国仲裁立法和仲裁规则大都规定了财产保全制度,但由谁采取财产保全则规定不尽相同。其一是规定只能由法院做出财产保全措施;其二是规定可由仲裁机构做出财产保全决定;其三是规定视不同情况,由法院或仲裁庭分别做出财产保全的决定。美国、日本等国的仲裁立法和仲裁实践主张将做出采取保全措施的决定权授予仲裁机构,而与此相反,英国、澳大利亚和瑞士等国家的仲裁立法和仲裁实践则主张采取财产保全的决定只能由法院做出。中国的立法采取了后一种做法,我国《民事诉讼法》第二百七十二条规定,当事人申请采取财产保全的,中华人民共和国的涉外仲裁机构应当将当事人的申请,提交被申请人住所地或者财产所在地的中级人民法院裁定。我国《仲裁法》第二十八条也规定,当事人申请财产保全的,仲裁委员会应当将当事人的申请依照民事诉讼法的有关规定提交人民法院。《中国国际经济贸易仲裁委员会仲裁规则》第二十三条也明确规定,当事人申请采取财产保全措施的,仲裁委员会应当将当事人的保全申请转交当事人指明的有管辖权的法院。

【相关法条 6-3】

《最高人民法院关于适用〈中华人民共和国民事诉讼法〉的解释》第五百四十二条:

依照民事诉讼法第二百七十二条规定,中华人民共和国涉外仲裁机构将当事人的保全申请提交人民法院裁定的,人民法院可以进行审查,裁定是否进行保全。裁定保全的,应当责令申请人提供担保,申请人不提供担保的,裁定驳回申请。

【典型案例 6-11】

佳能(中国)有限公司与北京宇通兴图文设计制作中心国内非涉外仲裁裁决案

(〔2015〕二中执保字第00018号)

经审查,本院认为,申请人佳能(中国)有限公司北京分公司的财产保全申请符合法律规定,应予准许。据此,本院依照《中华人民共和国民事诉讼法》第一百条、第一百零二条、第一百零三条、第一百零八条、第一百五十四条第一款第(四)项及《中华人民共和国仲裁法》第二十八条之规定,裁定如下:

(1)准许申请人佳能(中国)有限公司北京分公司的财产保全申请;

(2)冻结被申请人北京宇通兴图文设计制作中心银行存款人民币九万四千一百三十五元八角七分,如银行存款不足,则查封、冻结与其相等值的其他财产。

【典型案例 6-12】

武钢集团国际经济贸易总公司与财富国际船务有限公司
(Fortune International Shipping Limited)等
航次租船合同纠纷上诉案

(〔2009〕武海法商字第 71 号,〔2009〕鄂民四终字第 66 号)

1. 实体法中包含有程序性问题

有些实体法中对一般程序性事项进行了规定。例如,合同法第一百二十八条、海商法第一百八十四条规定的内容完全属于一般争端解决方式和诉讼权利、诉讼义务的条款。此外,在公司法以及其他很多实体法中均可找到类似的程序性规定。这些规定均不涉及当事人实体权利义务,属纯程序性事项。

除上述一般程序性规定外,有些实体法中还涉及非常具体的程序性问题。例如,最高人民法院《关于适用公司法若干问题的规定(二)》[以下简称《规定(二)》]的主要内容都与解散公司诉讼的具体诉讼程序有关。《规定(二)》第一条规定的是该类型案件的受理条件,第三条规定的是财产保全和证据保全问题,而第四条则涉及适格当事人的确定,第六条规定的是该类判决的约束范围,第二十四条则对案件的管辖问题进行了具体规定;最高人民法院《关于适用合同法若干问题的解释(一)》关于代位权诉讼的有关规定中,也包含着很多程序性的事项。例如,起诉的条件、管辖法院的确定、诉讼费的负担、当事人的诉讼地位等。

上述一般程序性规定和具体的程序性规定均出现于实体法中,当谈及"准据法仅指实体法"时,虽然这些程序性条款被规定在实体法典内,适用时亦应予以排除。

因此在我国涉外仲裁机构仲裁中,当事人需申请财产保全措施的,应当向仲裁机构提出,仲裁机构不对申请加以审查,只将当事人的申请提交给主管法院,由主管法院审查后做出是否准予财产保全的裁定。

关于采取财产保全的范围问题,考虑到采取财产保全的目的在于保证仲裁裁决能得到顺利执行,使裁决所确定的有关当事人的权益能够得到实现,或者确保有关的证据事实不至于因为时过境迁或其他原因而消失或者遭到破坏。我国《民事诉讼法》第一百零二条规定保全限于请求的范围,或者与本案有关的财物。第一百零二条规定财产保全采取查封、扣押、冻结或者法律规定的其他方法。人民法院保全财产后,应当立即通知被保全财产的人。财产已被查封、冻结的,不得重复查封、冻结。所谓限于请求的范围,是指被保全的财物的价额,应在利害关系人的权利请求或者诉讼当事人提出的诉讼请求的财产范围之内,不应超过权利请求或诉讼请求的标的物的价额,两者在数额上应大致相等。限于请求的范围,也可以是利害关系人或诉讼当事人对某项具体财物提出的保全申请,例如,申请人请求对某一汽车实施保全,那么,保全的对象就只能限于这辆汽车。所谓与本案有关的财物,是指保全的财产应是利害关系人之间发生争议而即将起诉的标的物,或者是诉讼当事人之间发生争议的标的物,或者与本案的标的物有牵连的物品。诉讼保全的范围,在现实生活中尤为重要,如果申请人申请保全所写的范围超出请求的范围或者保全的财物与本案无关,那么,申请人应该承担由此而造成的财产损失,承担有关赔偿责任,赔偿的范围应与造成的损失的范围相一致。

二、仲裁中的调解

仲裁中的调解是指在仲裁过程中,经双方当事人的请求或同意在仲裁机构或仲裁庭的主持下,由双方当事人自愿协商,互谅互让达成和解,以解决争议的活动。《中国国际经济贸易仲裁委员会仲裁规则》第四十七条对此做了详细规定:仲裁程序中的调解,必须由双方当事人共同提出;或者一方当事人有调解愿望并经仲裁庭征得另一方当事人同意的,仲裁庭可以在仲裁程序进行过程中对其审理的案件进行调解。

仲裁中的调解,由仲裁庭主持。仲裁庭可以按照其认为适当的方式进行调解。

在整个仲裁过程中都必须以尊重事实和当事人的意思自治为原则。主持调解程序的仲裁机构或仲裁庭首先必须查明有关争议的事实情况,分清当事人之间的是非曲直,然后,在此基础上促使当事人相互谅解,达成协议。并且在整个调解过程中,不管是调解程序的继续进行,还是调解协议的达成和制作,都必须完全尊重双方当事人的意愿,不得有任何勉强。

在进行调解过程中,如果任何一方当事人提出终止调解或仲裁庭认为已经没有调解成功的可能时,仲裁庭应该停止调解,继续进行仲裁程序。

在仲裁庭进行调解的过程中,即使双方当事人在仲裁庭之外达成和解的,也应视为是在仲裁庭调解下达成的和解。经仲裁庭调解达成和解的,双方当事人应签订书面和解协议;除非当事人另有约定,仲裁庭应该根据当事人书面和解协议的内容做出裁决书结案。

如果调解不成,任何一方当事人均不得在其后的仲裁程序、司法程序和其他任何程序中援引对方当事人或仲裁庭在调解过程中发表过的、提出过的、建议过的、承认过的以及愿意接受过的或否定过的任何陈述、意见、观点或建议作为其申请、答辩或反请求的依据。

此外,我国上述涉外仲裁规则第四十七条第十款还规定,当事人在仲裁程序开始之前自行达成或经调解达成和解协议的,可以依据由仲裁委员会仲裁的仲裁协议及其和解协议,请求仲裁委员会组成仲裁庭,按照和解协议的内容做出仲裁裁决。除非当事人另有约定,仲裁委员会主任指定一名独任仲裁员成立仲裁庭,由仲裁庭按照其认为适当的程序进行审理并做出裁决。具体程序和期限,不受本规则其他条款关于程序和期限的限制。

目前国际上还有专门关于调解的规定,把调解作为一种独立的程序。如《国际商会仲裁规则》。

《瑞士联邦苏黎世商会调解与仲裁规则》第三条规定:"调解与仲裁基本上是两种各自独立的程序。"该规则第十四条第一款也规定:"在调解程序以后的仲裁程序中,只有经双方当事人和调解员本人同意,才得任命调解员为独任仲裁员、首席仲裁员或仲裁员。"但上述调解与仲裁是两种独立的程序,因此当事人在进行此种调解程序时,需要向调解人交纳费用。如果调解失败,在后来的仲裁程序里仍需交纳仲裁费。按照这种调解程序达成的协议也不具有强制执行的效力。

此外,目前还有专门的调解组织如北京调解中心和北京—汉堡调解中心,专门从事国际商事争议的调解工作。中国国际经济贸易仲裁委员会与美国、日本等国的仲裁机构还创造了联合调解的形式,实践中收到较好的效果。

简言之,仲裁中的调解跟作为一种独立程序的调解两者最主要的区别在于,前者如果调解成功,是根据和解内容制作仲裁裁决书,具有强制执行的效力,而后者如果调解成功,是根据和解内容制作调解书,而调解书不具有强制执行力。

作为一种不是独立程序的仲裁中的调解,是我国首创的,主要也为我国涉外仲裁机构所采用。但在国际上,也有其他国家仿效,例如韩国。①

【典型案例 6-13】

TH&T 国际公司(TH & T International Corp.)与成都华龙汽车配件有限公司申请承认和执行国际商会国际仲裁院裁决纠纷案

(〔2002〕成民初字第 531 号)

本院认为,我国与法国均系《承认及执行外国仲裁裁决公约》的缔约国,且本案所涉仲裁裁决解决的是按照我国法律属于契约性商事法律关系所引起的争议,因此本案应适用该公约。根据最高人民法院《关于执行我国加入的〈承认及执行外国仲裁裁决公约〉的通知》第五条的规定,申请承认及执行的期限为 6 个月,TH&T公司的申请是在有效期内向本院提出。《承认及执行外国仲裁裁决公约》第五条第一款(乙)项规定的"受裁决援用之一造未接获关于指派仲裁员或进行仲裁程序的适当通知,或因他故,致未能申辩者"属于拒绝承认及执行的情形。华龙公司系仲裁程序的"受裁决援用之一造",国际仲裁院已将关于指派仲裁员和进行仲裁程序的适当通知送达给华龙公司,故不存在上述不予承认及执行的情形。因此本院对华龙公司关于其法定代表人未得到该通知,导致未能申辩的主张不予支持。关于

① 根据 1986 年《韩国商事仲裁院商事仲裁规则》第十八条规定:在接受仲裁申请后,如果双方当事人提出调解请求,"秘书处应着手通过调解程序解决争议,而不诉诸仲裁程序","如果调解成功,调解员应被视为根据双方协议指定的仲裁员;调解结果应与第五十三条规定的根据和解协议做出裁决同等对待,并与裁决有同等效力"。

双方争议的国际仲裁院是否对华龙公司销售了有瑕疵的产品的赔偿问题有管辖权的问题,华龙公司认为,有瑕疵的产品属于生产方面的争端,根据合同协议第三十二条关于生产方面的仲裁约定,应由中国国际贸易促进委员会下的仲裁委员会在中国北京仲裁解决;TH&T 公司认为,该争议属于销售和货款支付的问题,根据合同协议第三十二条关于销售方面的仲裁约定,应根据国际商会的调解和仲裁规则在美国洛杉矶进行仲裁。本院认为,首先应以双方签订的合同协议确定"生产"的特定含义。合同协议的第二章专门就"生产与销售"问题进行了约定,其中对生产的约定为:"华龙公司在协议所规定的产品范围内进行独家生产,并有权力扩大生产所列产品的能力",可见双方对生产的约定是指独家生产权。其次,从生产本身的词义理解,是指制造。而华龙公司已将有瑕疵的产品销售给了 TH&T 公司,该批产品已进入销售领域。同时仲裁院仲裁的是华龙公司是否向 TH&T 公司销售了有瑕疵的产品及相关退货或退款等问题。故双方对有瑕疵的产品的争议问题不属于生产方面的争端,而属于因市场销售而产生的商务争议。第三,双方在合同协议中约定因市场销售、货款支付等问题产生的商务争议,根据国际商会的调解和仲裁规则在洛杉矶进行仲裁,因此国际仲裁院对该争议事项具有管辖权。华龙公司还认为,双方未对仲裁方案和仲裁地点达成一致意见,故国际仲裁院对本案无管辖权。TH&T 公司认为,双方对管辖权并无争议。刘庆丰的信函虽表态不参与仲裁,但未对管辖权提出异议。本院认为,根据合同协议第三十二条,建议提交瑞士苏黎世商会仲裁院仲裁的前提是,双方对上述(即生产和销售的仲裁约定)仲裁方案及地点不能达成一致意见。华龙公司未举出其对国际仲裁院的管辖权提出异议及双方有争议的证据,其所引用的刘庆丰(华龙公司副总经理)的信函,一方面华龙公司并不承认刘庆丰的行为代表公司,另一方面刘庆丰在信函中亦未对国际仲裁院的仲裁方案、地点等提出异议,故对华龙公司的主张,本院不予支持。综上,被申请人提出的存在不予承认和执行的两个事项,并不构成《承认及执行外国仲裁裁决公约》第五条所规定的拒绝承认及执行的情形。据此,依照《承认及执行外国仲裁裁决公约》第五条,《中华人民共和国民事诉讼法》第二百六十九条之规定,裁定如下:

对国际仲裁院由独任仲裁员何炳(Bing Ho)组成的仲裁庭于 2002 年 1 月 8 日做出的,案件编号为 10512/BWD/SPB 的仲裁裁决的法律效力予以承认和执行。

第六节　仲裁裁决

一、仲裁裁决的概念

仲裁裁决是指仲裁庭对仲裁当事人提交的争议事项进行审理终结后做出的结

论性意见。仲裁庭做出最终裁决后,整个仲裁程序即宣告终结。

除做出最终裁决外,根据需要,仲裁庭还可以做出中间裁决或部分裁决。例如《联合国国际贸易法委员会仲裁规则》第三十二条第一款就规定,除做出最终裁决外,仲裁庭亦有做出临时性的、中间的或部分的裁决之权。2015 年《中国国际经济贸易仲裁委员会仲裁规则》第五十条也规定,仲裁庭认为必要或当事人提出请求并经仲裁庭同意的,仲裁庭可以在做出最终裁决之前,就当事人的某些请求事项先行做出部分裁决。部分裁决是终局的,对双方当事人均有约束力。一方当事人不履行部分裁决,不影响仲裁程序的继续进行,也不影响仲裁庭做出最终裁决。

最终裁决,又称终局裁决。仲裁庭在审理终结后,对争议的所有问题或遗留下的问题,做出最终裁决。最终裁决一经做出,即具有法律约束力,当事人既不能向法院起诉,也不能请求其他机构变更仲裁裁决。

部分裁决是指仲裁庭在案件审理过程中,如果认为案件的某部分事实已经查清,并且有必要先行做出裁决的,就对该部分事实做出裁决。部分裁决一经做出,即具有法律约束力,在性质上和终局裁决一样,只不过是在最后审理终结前做出的。已经在部分裁决中裁决的事项,在终局裁决中就不得再次进行裁决。

中间裁决,又称为临时裁决。仲裁庭认为有必要或当事人提出请求并经仲裁庭同意时,可以在仲裁过程中的任何时候,就案件的任何问题做出中间裁决。中间裁决不对当事人的责任问题做出结论,它只是仲裁庭查清事实或对案件重要问题做出临时性措施的一种手段,以便仲裁庭做出最后裁决。例如根据《联合国国际贸易法委员会仲裁规则》第二十六条第二款、《美国仲裁协会国际仲裁规则》第二十二条第二款的规定,对财产保全措施,仲裁机构便是用中间裁决的方式做出的。

此外,在仲裁审理中,当事人或其代理人接到开庭通知而又没有正当理由不到庭,仲裁庭在一方当事人或其代理人不出席的情况下做出裁决,这种裁决称为缺席裁决。各仲裁规则都赋予仲裁庭做出缺席裁决的权力,并且规定缺席裁决和当事人出席做出的裁决具有同样的效力。

【典型案例 6-14】

厦门象屿集团有限公司与米歇尔贸易公司确认仲裁条款效力案

([2004]厦民认字第 81 号)

关于仲裁机构是否明确。首先,《中华人民共和国仲裁法》第十八条以及《最高人民法院关于确认仲裁协议效力几个问题的批复》(法释[1998]27 号)第四条关于当事人对仲裁委员会没有约定或者约定不明确而人民法院应认定仲裁协议无效的规定,主要是针对国内仲裁做出的规定。在当时,同一城市有多个仲裁机构的情况比较普遍,因此,仲裁法规定当事人必须选择一个明确的仲裁机构。此外,我国不承认在我国领域内的临时仲裁,故国内立法规定当事人必须约定明确的仲裁委员会。其次,我国参加的《承认及执行外国仲裁裁决公约》第一条第(二)项规定:"'仲裁裁决'一词不仅指专案选派之仲裁员所做裁决,亦指当事人提请之常设仲裁机关所做裁决。"我国未对该条款保留,由此可以确定我国承认国际性的临时仲裁。因此,人民法院不能仅凭讼争仲裁条款未明确约定仲裁机构而认定该条款无效。但本院并非认定讼争仲裁条款约定的是临时仲裁,而只是从逻辑角度进行分析。第三(最重要一点),双方当事人采用了国际商会推荐的标准仲裁条款作为本案争议的仲裁条款。双方约定仲裁适用国际商会仲裁院的仲裁规则并依照该规则组成仲裁庭。该仲裁条款的文字表达清楚,不会让人产生任何歧义,无须当事人补充约定就能推导出对双方之间的仲裁案有管辖权的唯一仲裁机构是国际商会仲裁院。根据当事人所选择的仲裁规则,足以组成仲裁庭以及由所组成的仲裁庭审理双方之间的合同纠纷。国际商会仲裁院是常设仲裁机构,其推荐使用的仲裁条款普遍为各国当事人所接受。国际商会所制定的大量规则已成为国际贸易的惯例。仲裁的最初形式就是临时仲裁,后来才有机构仲裁。在机构仲裁的情况下,仲裁裁决并不是机构做出的,而是仲裁庭或独任仲裁员依据当事人约定的规则或该机构的规则和其他法律规定做出。仲裁机构对仲裁事务提供管理和服务。通行的国际仲裁理论认为若采用常设仲裁机构的仲裁规则而未约定由该机构仲裁且未约定其他仲裁机构的,推定规则被适用的机构有权仲裁有关案件。《最高人民法院关于人民法院处理涉外仲裁及外国仲裁案件的若干规定(征求意见稿)》第二十六条规定:"当事人仅约定适用某一仲裁机构的仲裁规则但未约定由该仲裁机构仲裁的,人民法院应认定其规则应被适用的仲裁机构有权仲裁有关案件。"该规定虽然不是生效的司法解释,但反映了我国通行的相关仲裁法理论观点。依照该理论,本院应认定讼争仲裁条款有效。最后,双方当事人的真实意思表示就是要将争议提交国际商会仲裁院仲裁。如果根据我国国内法的规定认定该仲裁条款无效,显然有鼓励我国当事人不诚信履行合同之虞。

二、裁决的形式和内容

无论什么类型的裁决,各国仲裁立法和仲裁规则都要求以书面形式做成。

仲裁裁决应由仲裁庭全体或多数仲裁员签名,但各国对此规定有所不同。例如1980年《法兰西共和国仲裁法令》第三十三条规定,仲裁裁决由全体仲裁员签字,如有少数仲裁员拒绝签字,其余的仲裁员应注明这一点。《联合国国际贸易法委员会仲裁规则》第三十二条第四款和《美洲国家商事仲裁委员会仲裁规则》第三十二条第四款也明确规定,如果三名仲裁员中有一人未能在裁决书上签名,则应在裁决中说明未能签名的原因。1976年修正的《瑞典仲裁法》第十七条和第二十条更是严格规定,裁决书应由仲裁员签字;在裁决书由多数仲裁员签名的情况下,只有在该裁决书上附有没签字的仲裁员曾参加裁决的证明时,该项裁决才属有效裁决。2015年《中国国际经济贸易仲裁委员会仲裁规则》第四十九条第七款规定："……(5)由三名仲裁员组成的仲裁庭审理的案件,裁决依全体仲裁员或多数仲裁员的意见做出。少数仲裁员的书面意见应附卷,并可以附在裁决书后,该书面意见不构成裁决书的组成部分;(6)仲裁庭不能形成多数意见的,裁决依首席仲裁员的意见做出。其他仲裁员的书面意见应附卷,并可以附在裁决书后,该书面意见不构成裁决书的组成部分;(7)除非裁决依首席仲裁员意见或独任仲裁员意见做出并由其署名,裁决书应由多数仲裁员署名。持有不同意见的仲裁员可以在裁决书上署名,也可以不署名;(8)做出裁决书的日期,即为裁决发生法律效力的日期;(9)裁决是终局的,对双方当事人均有约束力。任何一方当事人均不得向法院起诉,也不得向其他任何机构提出变更仲裁裁决的请求。"

仲裁裁决书的内容,一般应包含如下几项:(1)仲裁机构的名称、裁决书编号、仲裁员的姓名和地址、当事人双方的名称和住所地、代理人和其他参与人的姓名,以及做出仲裁裁决的准确日期和地点;(2)简述有关裁决背景的事实情况,如双方当事人之间所签订的国际商事合同及其发生的争议、仲裁协议、仲裁申请和仲裁庭的组成情况、仲裁双方当事人的仲裁要求和支持其要求的根据;(3)仲裁庭根据当事人双方的申请、抗辩、证据和可适用的法律对案件做出的评价以及从这种评价中得出的关于判定双方当事人权利的结论;(4)当事人需支付的仲裁费用和仲裁员报酬;(5)由仲裁员在裁决书上签名,并加盖仲裁机构的印章,并且要载明裁决是终局裁决。

【典型案例 6-15】

力奇投资有限公司(Twist Magic Investments Ltd.)
与李键等仲裁裁决申请案

(〔2014〕穗中法民四初字第 24 号)

……

(2)2008版《仲裁规则》第七条关于独任仲裁员指定的规定中,第7.1款规定:除非当事人另有约定,在满足第11.1和11.2两款规定的前提下,以下两款适用:①若当事人约定将争议提交独任仲裁员,当事人应在被申请人收到仲裁通知之日或当事人约定将争议提交独任仲裁员之日(以迟者为准)起30日内,共同指定独任仲裁员;②若当事人未约定仲裁员人数,而仲裁中心理事会决定争议应提交独任仲裁员,当事人应在最后一方收到仲裁中心理事会的决定之日起30日内,共同指定独任仲裁员。第7.2款规定:若当事人未在适用的期限内指定独任仲裁员,则由仲裁中心理事会指定。

(3)2008版《仲裁规则》第十一条关于仲裁员的独立、国籍、质疑和免职规定中,第11.1款规定:以本规则指定的所有仲裁员,均应始终保持公正及独立于当事人。第11.2款规定:依本规则仲裁时,若当事人国籍不同,独任仲裁员或首席仲裁员不得由与任何一名当事人的国籍相同的人士担任,除非当事人另有书面约定。

(4)2008 版《仲裁规则》第三十条关于裁决的形式和效力的规定中,第 30.1 款规定:除终局裁决外,仲裁庭有权做出临时裁决、中间裁决或部分裁决。如合适,仲裁庭可在非终局的裁决中裁定费用。第 30.2 款规定:裁决应是书面的,终局的,对当事人各方有约束力。当事人各方有义务立即履行。

【典型案例 6-16】

达利特商务技术有限责任公司与沧州东鸿包装材料有限公司买卖合同纠纷上诉案

(〔2006〕冀民三初字第 2-1 号,〔2007〕民四终字第 15 号)

本案中,上诉人达利特公司对其主张的本案所涉仲裁条款有效的观点,在上诉状中充分表达了以下理由:(1)本案当事人在买卖合同中已就可能发生的争议约定了通过仲裁方式解决,并明确约定了适用的仲裁规则为《国际商会仲裁规则》。《国际商会仲裁规则》系国际商会国际仲裁院专门适用的程序性规定,该规则第一条关于仲裁院确保规则适用职责之规定,表明《国际商会仲裁规则》专属于国际商会国际仲裁院,且与国际商会国际仲裁院密不可分。虽然《国际商会仲裁规则》目前有为更多的仲裁机构所借鉴和引用的趋势,但倘若当事人在订立仲裁协议时只约定适用《国际商会仲裁规则》本身,而未约定适用其他具体仲裁机构的名称或临时仲裁机构,则因《国际商会仲裁规则》的独一无二性和专属性,仍应理解或认定当事人同意将该合同项下的争议提交国际商会国际仲裁院通过仲裁解决,而不应认为仲裁机构约定不明。退言之,因当事人约定适用的《国际商会仲裁规则》对仲裁庭的组成、仲裁程序等均有详尽规定,即使当事人之间未在仲裁条款中明确仲裁机构的名称,也并不影响仲裁程序的进行,因为当事人约定的仲裁规则足以使仲裁活动有效并顺利地开展。事实上,该规则也已明确规定了具体负责案件审理的仲裁庭,其活动均在国际商会国际仲裁院的管理和监督之中。因此,虽然本案所涉仲裁条款未显示仲裁机构的字样,但当事人同意将合同项下可能发生的争议提交国际商会国际仲裁院仲裁的意思表示已经明确。(2)国际商会推荐使用的标准仲裁条款即"由本合同引起的或与本合同相关的所有争议应根据《国际商会仲裁规则》,并由根据该规则指定的一名或多名仲裁员终局裁决",该标准条款中并没有使用"国际商会国际仲裁院仲裁"等表明仲裁机构名称的措辞,但在理解上和对仲裁条款是否有效的认定上,均不会得出相反的结论。本案所涉仲裁条款"适用《国际商会仲裁规则》"的表述与该标准条款完全一致,就仲裁员的指定,《国际商会仲裁规则》本身已有明确规定,故应当认定本案当事人之间已经通过约定适用《国际商会仲裁规则》的方式选定了明确的仲裁机构——国际商会国际仲裁院。事实上,达利特公司已经根据该仲裁条款向国际商会国际仲裁院提出了仲裁申请,仲裁院亦已具体指定了审理案件的仲裁员。(3)根据我国目前的司法审判和仲裁实践以及有关专家对本案所涉仲裁条款出具的法律意见,应当认定本案所涉仲裁条款有效。

本案中,当事人在仲裁条款中约定"依据国际商会的有关规则进行仲裁",即明确约定了仲裁规则。但明确约定了仲裁规则能否等于明确约定了仲裁机构呢? 这就要看仲裁规则本身的规定。1998年1月1日生效的《国际商会仲裁规则》第一条第(1)项规定:"国际商会(商会)国际仲裁院(仲裁院)是附属于商会的仲裁机构……仲裁院的职能是按照本规则以仲裁方式解决国际性的商事争议。如果仲裁协议授权,则仲裁院也按照本规则以仲裁方式解决非国际性的商事争议。"根据《国际商会仲裁规则》的上述规定,国际商会国际仲裁院是执行《国际商会仲裁规则》的机构,但规则本身没有规定国际商会国际仲裁院是执行《国际商会仲裁规则》的唯一机构,而且,从实践中看,国际商会国际仲裁院之外的世界上其他的仲裁机构也可以根据当事人的约定适用《国际商会仲裁规则》,例如,中国国际经济贸易仲裁委员会就曾经适用《国际商会仲裁规则》仲裁案件。也就是说,从《国际商会仲裁规则》本身的规定以及实践表明,我们不能得出国际商会国际仲裁院是执行《国际商会仲裁规则》的唯一的仲裁机构。在这种情况下,就不能认为当事人在仲裁条款中明确约定适用《国际商会仲裁规则》就等于明确约定了仲裁机构。也就是说,本案所涉仲裁条款对仲裁机构的约定并不明确。

三、裁决的决定

对于裁决的决定,一般都是依多数票做出的。例如《联合国国际贸易法委员会仲裁规则》第三十一条第一款规定,在有三名仲裁员的情况下,任何仲裁或其他决定应由仲裁员的多数做出。但关于程序问题,在未取得多数的情况下或由仲裁庭授权时,首席仲裁员得单独做出决定,但应遵从仲裁庭的可能修正。《美国仲裁协会国际仲裁规则》第七条规定:(1)仲裁庭的任何裁决、决定或裁定在有一名仲裁员以上时应由仲裁员的多数做出;(2)在得到当事人或仲裁庭的授权时,首席仲裁员可以对程序问题做出决定或裁决,但仲裁庭可以改变。1976年修正的《瑞典仲裁法》第十六条也规定,全体仲裁员均应参加对争议的决定。如有意见分歧,除当事人另有约定外,以过半数的意见为准。如多数仲裁员不同意对争议做出的决定,除当事人另有约定外,仲裁协议对有关该争议部分失效。

如果有三名仲裁员组成的仲裁庭,三人各抒己见,对裁决形不成多数意见时,又如何办理呢? 很多仲裁规则规定,在此种情况下,依首席仲裁员的意见做出裁决。例如《国际商会仲裁规则》第三十二条规定,仲裁庭由三名仲裁员组成时,裁决得依多数票决定之。如达不到多数时,应由首席仲裁员单独做出。《伦敦国际仲裁院仲裁规则》第十六条第三款规定,如果仲裁员人数在一个以上而不能就任何事项达成一致,则应由多数做出决定。如果未能达成多数一致,则首席仲裁员就应单独做出裁决,就如同他是独任仲裁员一样。如果一个仲裁员拒绝或未曾在裁决书上签字,只要对该仲裁员的没有签字的理由做了说明,则多数的签字就足够了。《斯德哥尔摩商会仲裁院规则》第二十五条也规定,举行表决时以多数人的意见为准。如果没有产生多数,则以首席仲裁员的意见为准。

《中国国际经济贸易仲裁委员会仲裁规则》第四十九条第五款和第六款规定,由三名仲裁员组成的仲裁庭审理的案件,裁决依全体仲裁员或多数仲裁员的意见做出。少数仲裁员的书面意见应附卷,并可以附在裁决书后,该书面意见不构成裁决书的组成部分。仲裁庭不能形成多数意见的,裁决依首席仲裁员的意见做出。其他仲裁员的书面意见应附卷,并可以附在裁决书后,该书面意见不构成裁决书的组成部分。

【典型案例 6-17】

佰富利集团有限公司(B&F&L Group Limited) 诉深圳市振业(集团)股份有限公司案

([2014]深中法涉外仲字第 41 号)

......

3.关于仲裁程序是否符合仲裁规则的问题

佰富利公司主张涉案仲裁应由中国国际经济贸易仲裁委员会仲裁,但根据2005 年《仲裁规则》第二条(八)规定,在双方当事人仅约定中国国际经济贸易仲裁委员会而没有约定是在北京、上海或深圳仲裁的,应以仲裁申请人首先提出选择的为准。涉案振业集团申请仲裁的机构是中国国际经济贸易仲裁委员会华南分会,该会受理该案符合仲裁规则。佰富利公司主张中国国际经济贸易仲裁委员会华南分会没有管辖权,但其在仲裁庭首次开庭前并未提出该异议,根据《最高人民法院关于适用《中华人民共和国仲裁法》若干问题的解释》第二十七条,现以此为由申请撤裁,本院不予支持。根据广东省司法厅颁布的《中华人民共和国仲裁委员会登记证》及深圳市事业单位登记管理局颁布的事业单位法人证书等记载的内容,中国国际经济贸易仲裁委员会华南分会系依法设立的仲裁机构,在涉案仲裁中该仲裁机构已依法更名为华南国际经济贸易仲裁委员会(深圳国际仲裁院),因此华南国际经济贸易仲裁委员会有权继续审理涉案仲裁并适用 2005 年《仲裁规则》。关于延期裁决的问题。涉案仲裁的延期裁决决定是由华南国际经济贸易仲裁委员会主任批准,这符合 2005 年《仲裁规则》第四十二条的规定。关于裁决书草案核阅的问题。裁决书草案的核阅属于仲裁机构的内部管理,不属于法院应予审查的仲裁程序,而且根据《仲裁规则》第四十五条,仲裁庭应将裁决书草案提交仲裁委员会核阅,这里的"仲裁委员会"应指做出裁决的华南国际经济贸易仲裁委员会,而不是中国国际经济贸易仲裁委员会。因此,涉案仲裁程序并无违反法定程序的情形。

四、裁决理由的说明

对于做出的裁决,是否要附具裁决所依据的理由,各仲裁规则对此规定不尽一致。但总的来说,一般是要求附具理由。1961年订于日内瓦的《关于国际商事仲裁的欧洲公约》反映了这一普遍趋向。该公约第八条规定:"应推定双方当事人已经约定裁决须附具理由,除非:(甲)明确宣布裁决不须附具理由;或(乙)同意采用某一种仲裁程序,而根据该程序,裁决通常是不附理由的,并且在这种场合,任何一方在审理结束前,或在没有审理的情况下做出裁决前,都未请求附具理由。"《德国民事诉讼法》第一千零四十一条规定:"除非当事人另有约定,否则,对于仲裁裁决未附理由的,可以申请撤销。"

此外,《斯德哥尔摩商会仲裁院规则》第二十八条规定,"裁决应包括一项命令或声明及其理由"。《伦敦国际仲裁院仲裁规则》第十六条第一款和《美国仲裁协会国际仲裁规则》第二十八条第二款也规定,除非双方当事人另有约定,应当说明裁决所依据的理由。《联合国国际贸易法委员会仲裁规则》第三十二条第二款、联合国《贸易法委员会国际商事仲裁示范法》第三十三条第二款也做了上述相同规定。

《中国国际经济贸易仲裁委员会仲裁规则》第四十九条规定:"(1)仲裁庭应当根据事实和合同约定,依照法律规定,参考国际惯例,公平合理、独立公正地做出裁决。(2)当事人对于案件实体适用法有约定的,从其约定。当事人没有约定或其约定与法律强制性规定相抵触的,由仲裁庭决定案件实体的法律适用。(3)仲裁庭在裁决书中应写明仲裁请求、争议事实、裁决理由、裁决结果、仲裁费用的承担、裁决的日期和地点。当事人协议不写明争议事实和裁决理由的,以及按照双方当事人和解协议的内容做出裁决书的,可以不写明争议事实和裁决理由。仲裁庭有权在裁决书中确定当事人履行裁决的具体期限及逾期履行所应承担的责任。"

五、裁决的期限

各国仲裁立法和仲裁规则对于裁决做出的期限,规定并不一致。如《美国统一仲裁法》第八条第二款规定,仲裁当事人双方可以通过协议自行约定裁决做出的期限,如果双方当事人没有约定,应由有管辖权的法院应任何一方当事人的请求加以指定。仲裁双方当事人还可以在其约定或法院指定的裁决期限届满前或届满后用书面形式加以延长。如裁决书没有在其规定的期限内做成,则任何一方当事人都可以在该项裁决书送达前通知有关的仲裁庭,对该项裁决的期限表示异议。但只有当有关当事人依法对此明确表示异议时,才认为他已否定这一裁决期限,否则,该项裁决仍应视为有效裁决。

此外,《国际商会仲裁规则》第十八条也规定,裁决做出的期限为6个月,但起算日期应从当事人双方和仲裁庭共同签署委托"审理事项"授权书之日起开始。但在特殊情况下,仲裁院可以延长此期限。《斯德哥尔摩商会仲裁院规则》第二十六条规定,仲裁庭在1年以内做出裁决,但裁决期限不是从申请仲裁,而是从案件移交仲裁庭起算。同时仲裁机构也可以基于任何一方当事人的申请,或应仲裁法庭的要求延长裁决期限。

《中国国际经济贸易仲裁委员会仲裁规则》第四十八条也明确规定:

(1)仲裁庭应在组庭后 6 个月内做出裁决书;

(2)经仲裁庭请求,仲裁委员会仲裁院院长认为确有正当理由和必要的,可以延长该期限;

(3)程序中止的期间不计入上述第(1)款规定的裁决期限。

六、裁决的效力

裁决的效力是指裁决的定案效力。一项终局裁决只要是合法有效的即可构成定案。任何一方当事人都无权向法院起诉或请求其他机构变更裁决,法院和任何其他机构都必须承认该项裁决是对案件中业已决定的事项所做的正确的解决,而且,除非当事人双方一致同意,任何一方都无权不理会或否定该项裁决。各国仲裁立法和仲裁规则对此做了比较一致的规定。例如《伦敦国际仲裁院仲裁规则》第十六条第八款规定,一经同意按照本规则仲裁,当事人就承担了毫不迟延地执行裁决的义务,并放弃了任何形式的上诉或诉诸法院或其他司法机构的权利,只有这种放弃是可以有效做出的。裁决应当是终局的,并且自做出之日起对所有当事人具有约束力。《国际商会仲裁规则》第二十四条规定,仲裁裁决应是终局的。并且,双方当事人将争议提交国际商会仲裁时,就应视为已承担毫不迟延地执行最终裁决的义务,并在依法可以放弃的范围内放弃任何形式的上诉权利。其他如《联合国国际贸易法委员会仲裁规则》第三十二条第二款和《美国仲裁协会国际仲裁规则》第二十八条第一款等也都规定仲裁裁决是终局性的。

《中国国际经济贸易仲裁委员会仲裁规则》第四十九条第九款规定,裁决是终局的,对双方当事人均有约束力。任何一方当事人均不得向法院起诉,也不得向其他任何机构提出变更仲裁裁决的请求。此外,我国《民事诉讼法》第二百七十三条也明确规定,经中华人民共和国的涉外仲裁机构裁决的案件,当事人不得向人民法院起诉。我国《仲裁法》第九条第一款再次明确规定,仲裁实行一裁终局的制度。裁决做出后,当事人就同一纠纷再申请仲裁或者向人民法院起诉的,仲裁委员会或者人民法院不予受理。

【典型案例 6-18】

上海金纬机械制造有限公司与瑞士瑞泰克公司仲裁裁决执行复议案

(〔2009〕沪高执复议字第 2 号)

根据《民事诉讼法》的规定,我国涉外仲裁机构做出的仲裁裁决,如果被执行人或者其财产不在中华人民共和国领域内的,应当由当事人直接向有管辖权的外国法院申请承认和执行。鉴于本案所涉仲裁裁决生效时,被执行人瑞泰克公司及其财产均不在我国领域内,因此,人民法院在该仲裁裁决生效当时,对裁决的执行没有管辖权。

2008年7月30日,金纬公司发现被执行人瑞泰克公司有财产正在上海市参展。此时,被申请执行人瑞泰克公司有财产在中华人民共和国领域内的事实,使我国法院产生了对本案的执行管辖权。申请执行人依据《民事诉讼法》"一方当事人不履行仲裁裁决的,对方当事人可以向被申请人住所地或者财产所在地的中级人民法院申请执行"的规定,基于被执行人不履行仲裁裁决义务的事实,行使民事强制执行请求权,向上海一中院申请执行。这符合我国《民事诉讼法》有关人民法院管辖涉外仲裁裁决执行案件所应当具备的要求,上海一中院对该执行申请有管辖权。

【相关资料 6-1】

最高人民法院关于天津中燃船舶燃料有限公司与丹麦宝运石油(中国)有限公司、山东烟台国际海运公司船舶物料供应合同纠纷仲裁条款效力问题的请示的复函

其次,烟台海运对宝运公司享有债权的凭证是《油款支付情况确认书》,中燃公司接受债权的依据也是该确认书,而在该确认书中并没有载明烟台海运与宝运公司之间的仲裁协议。因此,中燃公司在接受债权时并不知道宝运公司与烟台海运之间存在单独的仲裁协议。根据《最高人民法院关于适用中华人民共和国仲裁法若干问题的解释》第九条的规定"债权债务全部或者部分转让的,仲裁协议对受让人有效,但当事人另有约定、在受让债权债务时受让人明确反对或者不知有单独仲裁协议的除外",应当认定上述仲裁协议对中燃公司没有约束力。

七、裁决的解释、更正和补充

裁决做出以后,当事人如果认为裁决内容有不清楚之处,可以在一定期限内请求仲裁庭予以解释。《联合国国际贸易法委员会仲裁规则》第三十五条规定,在收到裁决后30天内,任何一方当事人,经通知他方,得要求仲裁庭就该裁决进行解释;仲裁庭应于收到要求后45天内做出书面解释。此项解释应构成裁决的一部分。

如果裁决做出后,当事人或仲裁庭发现裁决书上存在计算或打字上的错误,则可以对裁决内容加以更正。《联合国国际贸易法委员会仲裁规则》第三十六条规定,在收到裁决后30天内,任何一方当事人,经通知他方,得要求仲裁庭更正任何计算上的错误,任何誊写或打字上的错误,或其他类似性质的错误。仲裁庭在送达仲裁裁决后 30 天内亦得自行做出上述更正。并且此项更正应以书面形式做出。

如果裁决做出后,当事人发现裁决内容遗漏了已在仲裁程序中提出且经仲裁审理的事项,则可在一定期限内申请仲裁庭做出补充裁决。《联合国国际贸易法委员会仲裁规则》第三十七条规定,在收到裁决后 30 天内,任何一方当事人,经通知他方,得申请仲裁庭就其在仲裁程序中已经提出而在仲裁裁决内遗漏未提及的要求事项做出补充裁决;如仲裁庭认为要求一项补充的裁决是合理的并认为补充原裁决中的遗漏部分可毋庸继续任何其他听证或提示证据时,应在收到该要求后 60 天内完成其裁决。

其他如《斯德哥尔摩商会仲裁院规则》第三十一条、《美国仲裁协会国际仲裁规则》第三十一条、《伦敦国际仲裁院仲裁规则》第十七条、《韩国商事仲裁院商事仲裁规则》第五十四条等均对此做了规定。

《中国国际经济贸易仲裁委员会仲裁规则》第五十四条对此也做了详细规定:

(1)如果裁决书中有遗漏事项,仲裁庭可以在发出裁决书后的合理时间内自行做出补充裁决。

(2)任何一方当事人可以在收到裁决书后 30 天内以书面形式请求仲裁庭就裁决书中遗漏的事项做出补充裁决;如确有漏裁事项,仲裁庭应在收到上述书面申请后 30 天内做出补充裁决。

(3)该补充裁决构成裁决书的一部分,应适用本规则第四十九条第四至九款的规定。

【典型案例 6-19】

Xcoal 能源和资源有限合伙企业(Xcoal Energy & Resources) 诉中能滨海电力燃料天津有限公司仲裁裁决案

([2016]津 02 协外认 10 号)

2016 年 2 月 17 日,新加坡国际仲裁中心做出 2013 年第 63 号(ARB063/13/SL)仲裁的裁决更正:"因此,仲裁庭认为,Xcoal 的合理诉讼费用和其他费用为 1934920.34 新加坡元,Xcoal 有权按照这一数额向中能索偿。"

申请人向本院提交了 2013 年第 63 号(ARB063/13/SL)仲裁裁决、附加裁决和裁决解释及裁决更正的正本及中文翻译件。根据《新加坡国际仲裁中心仲裁规则》(2010 年 7 月 1 日第四版)的规定,本案仲裁裁决、附加裁决和裁决解释及裁决更正自做出之日起即对被申请人产生约束力。

我国和新加坡共和国均属《承认及执行外国仲裁裁决公约》的缔约国,根据该公约的约定,申请人可以向我国法院提出承认缔约国仲裁裁决的申请。且涉案裁决解决的是按照我国法律属于契约性商事法律关系所引起的争议,因此,关于涉案裁决是否存在不予承认和执行的情形,适用《承认及执行外国仲裁裁决公约》第五条的规定进行审查。

被申请人主张其不是合同的相对方,新加坡国际仲裁中心对被申请人没有管辖权的主张系对仲裁实体问题的抗辩,不属于本案审查范围。本案审查的争议问题为:一、仲裁庭是否对被申请人进行了合理、适当的送达;二、被申请人主张杨女士无权代表其公司参加涉案仲裁是否具有依据。

第七节　简易程序

在时间就等于金钱的商界,当事人都希望在尽可能短的时间内通过仲裁解决争议,因而各仲裁机构还规定了诸如"简易仲裁""快速仲裁""速办程序""小额争议仲裁"等做法,适用于一些案情较为简单、争议金额不大,而双方当事人都希望仲裁程序进行的时间尽可能缩短的案件。简易程序作为解决国际商事纠纷的有效程序之一,以其高度的自治性和快速灵活的审理过程,在世界范围内被广泛应用。

《中国国际经济贸易仲裁委员会仲裁规则》第四章"简易程序"自第五十六条至第六十四条对此做了规定。跟普通仲裁程序相比,它主要有以下特点:

(1)除非当事人另有约定,凡争议金额不超过人民币 500 万元,或争议金额超过人民币 500 万元但经一方当事人书面申请并征得另一方当事人书面同意的,或双方当事人约定适用简易程序的,适用简易程序。

没有争议金额或争议金额不明确的,由仲裁委员会根据案件的复杂程度、涉及利益的大小以及其他有关因素综合考虑决定是否适用简易程序。

(2)由一名独任仲裁员审理案件。适用简易程序时,仲裁庭的组成比较简单。简易程序一律采用独任仲裁庭的形式审理案件,即由双方当事人共同选定或共同委托仲裁委员会主任指定一名仲裁员组成仲裁庭对国际商事案件进行审理。

(3)简易程序的各阶段较短。对于开庭审理的案件,仲裁庭应在开庭前 15 天将开庭日期通知双方当事人。并且,一般开庭一次,不开二次,除非必要。另一方当事人应在收到仲裁通知之日起 20 天内向仲裁庭提交答辩书或反请求书及有关证明文件。仲裁庭应在组庭后 3 个月内做出裁决书。如确有必要,仲裁委员会可以对上述期限予以延长。

(4)审理方式灵活。适用简易程序审理仲裁案件时,仲裁庭可以根据案件的实际情况,按照其认为适当的方式进行仲裁,既可以决定只依据当事人提交的书面材料和证据进行书面审理,也可以决定开庭审理。

【相关资料 6-2】

《中国国际经济贸易仲裁委员会仲裁规则》

第五十六条 简易程序的适用

（一）除非当事人另有约定，凡争议金额不超过人民币 500 万元，或争议金额超过人民币 500 万元但经一方当事人书面申请并征得另一方当事人书面同意的，或双方当事人约定适用简易程序的，适用简易程序。

（二）没有争议金额或争议金额不明确的，由仲裁委员会根据案件的复杂程度、涉及利益的大小以及其他有关因素综合考虑决定是否适用简易程序。

第五十七条 仲裁通知

申请人提出仲裁申请，经审查可以受理并适用简易程序的，仲裁委员会仲裁院应向双方当事人发出仲裁通知。

第五十八条 仲裁庭的组成

除非当事人另有约定，适用简易程序的案件，依照本规则第二十八条的规定成立独任仲裁庭审理案件。

第五十九条 答辩和反请求

（一）被申请人应在收到仲裁通知后 20 天内提交答辩书及证据材料以及其他证明文件；如有反请求，也应在此期限内提交反请求书及证据材料以及其他证明文件。

（二）申请人应在收到反请求书及其附件后 20 天内针对被申请人的反请求提交答辩。

（三）当事人确有正当理由请求延长上述期限的，由仲裁庭决定是否延长；仲裁庭尚未组成的，由仲裁委员会仲裁院做出决定。

第六十条 审理方式

仲裁庭可以按照其认为适当的方式审理案件，可以在征求当事人意见后决定只依据当事人提交的书面材料和证据进行书面审理，也可以决定开庭审理。

第六十一条 开庭通知

（一）对于开庭审理的案件，仲裁庭确定第一次开庭日期后，应不晚于开庭前 15 天将开庭日期通知双方当事人。当事人有正当理由的，可以请求延期开庭，但应于收到开庭通知后 3 天内提出书面延期申请；是否延期，由仲裁庭决定。

（二）当事人有正当理由未能按上述第（一）款规定提出延期开庭申请的，是否接受其延期申请，由仲裁庭决定。

（三）再次开庭审理的日期及延期后开庭审理日期的通知及其延期申请，不受上述第（一）款期限的限制。

第六十二条 做出裁决的期限

（一）仲裁庭应在组庭后 3 个月内做出裁决书。

（二）经仲裁庭请求，仲裁委员会仲裁院院长认为确有正当理由和必要的，可以延长该期限。

（三）程序中止的期间不计入上述第（一）款规定的裁决期限。

第六十三条　程序变更

仲裁请求的变更或反请求的提出，不影响简易程序的继续进行。经变更的仲裁请求或反请求所涉争议金额分别超过人民币 500 万元的案件，除非当事人约定或仲裁庭认为有必要变更为普通程序，继续适用简易程序。

第六十四条　本规则其他条款的适用

本章未规定的事项，适用本规则其他各章的有关规定。

第八节　仲裁中的语文和费用

一、语文

各仲裁规则一般对仲裁使用的语文做出规定。例如《联合国国际贸易法委员会仲裁规则》第十七条规定：除当事人双方另有协议外，仲裁庭应在被任命以后立即决定在程序中所使用的文字或几种文字。这一决定适用于申请书、答辩书以及其他任何书面的陈述，如举行口头听证时，也适用于这类听证中所使用的文字或几种文字；仲裁庭对凡附在申请书、答辩书中的各种文件以及在程序进行中提供的补充文件或证件使用原文者，得命令附有当事人各方同意使用的或仲裁庭决定的文字或几种文字的译文。《伦敦国际仲裁院仲裁规则》第八条也规定，仲裁使用的语言应当是包含有仲裁协议在内的文件中所使用的语言，除非当事人各方另有协议。并且，如果一个文件所用的语言非仲裁使用的语言，提供该文件的当事人亦未提交该文件的译本，仲裁庭（或者如果仲裁庭还未组成，则仲裁院）可以命令该当事人按仲裁庭（或仲裁院）决定的形式提交文件的译本。《日本商事仲裁协会商事仲裁规则》第三十七条规定，裁决应使用日本语文，但如果一方当事人提出请求，裁决也可写成日文和英文。《韩国商事仲裁院商事仲裁规则》第五十条规定，裁决应以韩文写成，如果有一方或双方当事人提出请求，或仲裁员中有一人非为韩国籍，裁决可使用韩文和英文。

1956 年《仲裁程序暂行规则》第三十八条和 1988 年《仲裁规则》第三十九条仅规定，仲裁委员会以中文为正式语文。但为了适应进一步对外开放的需要，方便都是外国籍双方当事人在我国提起仲裁，1994 年 6 月 1 日生效的《中国国际经济贸易仲裁委员会仲裁规则》有了一个重要突破，即允许在仲裁中使用外国语言文字。

2015年《仲裁规则》第八十一条保持类似规定：当事人对仲裁语言有约定的，从其约定。当事人对仲裁语言没有约定的，以中文为仲裁语言。仲裁委员会也可以视案件的具体情形确定其他语言为仲裁语言。仲裁庭开庭时，当事人或其代理人、证人需要语言翻译的，可由仲裁委员会仲裁院提供译员，也可由当事人自行提供译员。当事人提交的各种文书和证明材料，仲裁庭或仲裁委员会仲裁院认为必要时，可以要求当事人提供相应的中文译本或其他语言译本。

二、费用

各仲裁规则对费用问题都做了详细规定。例如《斯德哥尔摩商会仲裁院规则》第二十九条和第三十条规定，仲裁庭应当在裁决中确定应分别付给仲裁院和仲裁员的费用数额。当事人对支付此项费用负有连带责任。败诉一方当事人应当支付该补偿金额和费用以及另一方当事人的费用，除非特殊情况要求与此不同。如果案件在裁决做出之前终止，仲裁庭可就当事人应付给仲裁院和仲裁员的补偿金额做出决定。如果案件在移交仲裁庭之前终止，则由仲裁院决定补偿金额的数额。即使裁决只涉及费用问题，裁决也可以做出。仲裁员的酬金数额应当合理，决定仲裁员的酬金时应考虑仲裁员所花的时间、案件的复杂程度、争议金额的大小和其他情况。

《国际商会仲裁规则》第二十条也详细规定：(1)仲裁员裁决时，除解决案件的实质问题外，应确定仲裁的费用并决定应由哪一方当事人承担费用或双方当事人应按怎样的比例分担费用。(2)仲裁费应包括：仲裁员酬金和仲裁院按其规则附表等级确定的管理费、仲裁员的支出(如有的话)、专家酬金的支出以及由双方当事人引起的正常的法律费用。(3)特殊情况下如有必要，仲裁院得以高于或低于附表等级的金额确定仲裁员的酬金。

《中国国际经济贸易仲裁委员会仲裁规则》第八十二条也规定：

(1)仲裁委员会除按照制定的仲裁费用表向当事人收取仲裁费外，还可以向当事人收取其他额外的、合理的实际费用，包括仲裁员办理案件的特殊报酬、差旅费、食宿费、聘请速录员速录费，以及仲裁庭聘请专家、鉴定人和翻译等费用。仲裁员的特殊报酬由仲裁委员会仲裁院在征求相关仲裁员和当事人意见后，参照《中国国际经济贸易仲裁委员会仲裁费用表(三)》有关仲裁员报酬和费用标准确定。

(2)当事人未在仲裁委员会规定的期限内为其选定的仲裁员预缴特殊报酬、差旅费、食宿费等实际费用的，视为没有选定仲裁员。

(3)当事人约定在仲裁委员会或其分会/仲裁中心所在地之外开庭的，应预缴因此而发生的差旅费、食宿费等实际费用。当事人未在仲裁委员会规定的期限内预缴有关实际费用的，应在仲裁委员会或其分会/仲裁中心所在地开庭。

（4）当事人约定以两种或两种以上语言为仲裁语言的，或根据本规则第五十六条的规定适用简易程序的案件但当事人约定由三人仲裁庭审理的，仲裁委员会可以向当事人收取额外的、合理的费用。

【相关资料 6-3】

最高人民法院关于承认和执行外国仲裁裁决收费及审查期限问题的规定

（法释〔1998〕第 28 号）

为正确执行我国加入的联合国《承认及执行外国仲裁裁决公约》（以下称纽约公约），现对人民法院依照纽约公约规定，承认和执行外国仲裁裁决收费及审查期限问题做出如下规定：

（1）人民法院受理当事人申请承认外国仲裁裁决的，预收人民币 500 元。

（2）人民法院受理当事人申请承认和执行外国仲裁裁决的，应按照《人民法院诉讼收费办法》有关规定，依申请执行的金额或标的价额预收执行费。如人民法院最终决定仅承认而不予执行外国仲裁裁决时，在扣除本规定第一条所列费用后，其余退还申请人。

（3）人民法院受理当事人申请承认和执行外国仲裁裁决，不得对承认和执行分别两次收费。对所预收费用的负担，按照《人民法院诉讼收费办法》有关规定执行。

（4）当事人依照纽约公约第四条规定的条件申请承认和执行外国仲裁裁决，受理申请的人民法院决定予以承认和执行的，应在受理申请之日起两个月内做出裁定，如无特殊情况，应在裁定后六个月内执行完毕；决定不予承认和执行的，须按最高人民法院法发〔1995〕18 号《关于人民法院处理与涉外仲裁及外国仲裁事项有关问题的通知》的有关规定，在受理申请之日起两个月内上报最高人民法院。

第七章 外国仲裁裁决的承认与执行

【本章概要】

　　本章阐述了仲裁裁决的国籍、外国仲裁裁决承认与执行的条件和程序。笔者认为,识别仲裁裁决国籍的标准,首先的和基本的标准应是领域标准也即仲裁地标准,凡是在内国境外做出的裁决均可归为外国裁决;作为一种补充的和从属的标准,也可采用非内国裁决标准。本章所指的外国是指境外国家或地区,我国港澳台地区的仲裁裁决参照境外仲裁裁决的承认和执行处理。

第一节 外国仲裁裁决的承认与执行概述

　　如果说仲裁协议(自愿性)是仲裁的基础的话,那么,裁决的强制履行(强制性)则是仲裁制度得以存在的根本保障。各国仲裁法律普遍认为,当事人应该自觉履行仲裁裁决,一方不履行的,另一方当事人可以向有关法院申请执行仲裁裁决。例如我国《仲裁法》第六十二条规定:"当事人应当履行裁决。一方当事人不履行的,另一方当事人可以依照民事诉讼法的有关规定向人民法院申请执行。受申请的人民法院应当执行。"《中国国际经济贸易仲裁委员会仲裁规则》第五十五条"裁决的履行"更是详细规定:"(1)当事人应依照裁决书写明的期限履行仲裁裁决;裁决书未写明履行期限的,应立即履行;(2)一方当事人不履行裁决的,另一方当事人可以依法向有管辖权的法院申请执行。"

　　对于内国仲裁裁决向内国法院申请强制执行,一般都是按各内国的民事诉讼法的有关规定办理的。因此,本章只涉及外国仲裁裁决的承认与执行问题。

【典型案例 7-1】

Progress Bulk Carriers Ltd. 诉日照昊宇新型建材有限公司仲裁裁决案

(〔2010〕日民三初字第 5 号)

　　本院认为,根据《中华人民共和国民事诉讼法》第二百八十三条的规定,国外仲裁机构的裁决,需要中华人民共和国人民法院承认和执行的,应当由当事人直接向被执行人住所地或者其财产所在地的中级人民法院申请。本案昊宇公司作为被申请人,故我院对本案具有管辖权。

申请人提供的 Charles L. Measter 仲裁员于 2010 年 3 月 12 日做出的最终仲裁裁决,在英国伦敦做出,英国和我国均为《承认及执行外国仲裁裁决公约》的缔约国,根据《中华人民共和国民事诉讼法》《关于执行我国加入的〈承认和执行外国仲裁裁决公约〉的通知》的规定,我国对在另一缔约国领土内做出的仲裁裁决的承认和执行适用该公约。

根据《承认及执行外国仲裁裁决公约》第四条第一项(a)规定:"当事人申请承认和执行外国裁决,应当在请求时提供经正式认证的裁决正本或者经正式证明的副本。"申请人在申请时只提供了该最终裁决书原件,未提供正式认证的证据,且被申请人辩称未收到涉案裁决书,申请人又不能提供证据证实裁决书已送达被申请人,本院无法认定该最终裁决书在境外确已发生法律效力,申请人所提供材料不完备,可在证据完备时另行向本院提出申请。据此,依照《承认及执行外国仲裁裁决公约》第四条第一项(a)的规定,裁定如下:

驳回申请人 Progress Bulk Carriers Ltd. 的申请。

【典型案例 7-2】

SIAC 裁决在中国承认和执行的最新实践

(〔2016〕辽 02 协外认 2 号)

新和海事公司与高德胜(大连新和公司的股东和法定代表人),大连新和公司,签订一份《海事协议》,约定关于大连新和公司仅能在约定的期限内,按照约定的商业事务使用涉案商标,并且大连新和公司仅具有被许可使用人的权利。但是大连新和公司在未经新和海事公司同意的情况下,将涉案商标注册到自己的名下,并且在对方公司发出停止使用,终止合作的声明后仍然继续使用涉案商标。2015 年 3 月 12 日,新和海事公司按照《合作协议》约定的仲裁条款在新加坡国际仲裁中心申请仲裁,最终新加坡国际仲裁中心支持了新和海事公司的请求。并以 2016 年 1 月 8 日的裁决作为该仲裁裁决的最终版本。裁决做出以后,新和海事公司曾致函大连新和公司,督促其履行仲裁裁决中确定的义务,大连新和公司一直未予理睬。

⋯⋯

3. 关于被申请人所称承认和执行本裁决有违我国公共政策的问题

关于《承认及执行外国仲裁裁决公约》第五条第二款第(乙)项规定的违反公共政策情形,应当理解为承认和执行外国仲裁裁决将严重违反我国法律基本原则、侵犯我国国家主权、危害社会公共安全、违反善良风俗以及危及我国根本社会公共利益的情形,本案并不存在上述情形。

(1)被申请人称高德胜在签订协议过程中不知晓有仲裁条款,并辩称承认仲裁裁决会与我国《民法通则》的诚实信用原则相悖。

我国《民法通则》第四条规定:"民事活动应当遵循自愿、公平、等价有偿、诚实信用的原则。"诚实信用原则是民法的基本原则,要求人们在民事活动中应当诚实、守信用,正当行使权利和履行义务。高德胜作为大连新和公司的董事长,多年来一直从事国际贸易,其在签订一份未附中文译本的协议时,应仔细阅读,并要求对方提供中文译本,尽到审慎的注意义务。其本人在签订协议后,已经履行该协议,在双方因协议产生纠纷且对方提请仲裁时,却辩称不知晓协议中有仲裁条款,已有悖诚实信用。依约履行合同、遵守合同约定恰恰是诚实信用原则的体现。

(2)被申请人称裁决书的承认和执行将与我国《商标法》相悖、与已经生效的行政裁决书相悖。

本院认为,新和海事公司向我国商标局提起申请与其向新加坡国际仲裁中心申请仲裁并不冲突。新和海事公司是向我国商标局申请宣告涉案商标无效,行政裁决以涉案商标不属于驰名商标、新和海事公司的无效宣告申请已超过五年法定时限且涉案商标的注册不会有悖社会公共利益、有违公序良俗等理由驳回了新和海事公司的请求。

而新和海事公司依据《合作协议》中"凡因本协议产生或与本协议有关的争议,包括协议的存续、效力或终止等问题,均应提交仲裁"之约定,向新加坡国际仲裁中心申请仲裁,其仲裁请求虽包括大连新和公司及高德胜注销涉案商标或将商标过户、停止使用该名称等,但上述请求均不属于行政裁决范畴。仲裁庭的裁决结果是基于仲裁庭对大连新和公司及高德胜违约责任所做出的判断,裁决的对象限于合同主体之间。仲裁裁决没有裁定我国商标行政管理机关必须做一定的行为或者不做一定的行为,也没有就大连新和公司在我国注册的商标的合法性、有效性做出裁判。故承认和执行该仲裁裁决,并不会与我国《商标法》相悖,亦不会与已经生效的行政裁决书相悖。

此外,即使大连新和公司与高德胜按照仲裁裁决注销涉案商标或过户涉案商标,所影响的也只是大连新和公司与高德胜的经济利益,不违反我国的基本法律制度、损害我国根本社会公共利益。因此,被申请人关于承认和执行仲裁裁决将违反我国公共政策的抗辩不能成立。

第二节　裁决的国籍

在一般情况下,如果一个国际商事仲裁裁决是由某一常设仲裁机构做出的,是不会发生该裁决的国籍难以确定的问题。比如,一个在伦敦国际仲裁院或美国仲裁协会做出的裁决,在中国申请执行,对中国来说,很显然这是一个外国裁决。但是对于一个由临时仲裁庭做出的裁决而言,由于其中的许多因素诸如双方当事人的国籍或住所、仲裁员的国籍或住所、仲裁员进行活动所依据的法律或规则、仲裁程序的进行地、仲裁实体争议问题所适用的准据法等,是多变的,因而就难以用其中的某一因素作为判定该裁决是内国裁决还是外国裁决的依据。实际上,一直到现在,即便已出现许多承认和执行外国仲裁裁决的国际公约,可是对这个问题,仍未能得出一个明确标准。

1927 年 9 月 26 日于日内瓦缔结的《关于执行外国仲裁裁决的公约》仅是在其第一条中规定,它适用于任何缔约国领土内根据一项为解决现有或将来的争端的协议而做成的仲裁裁决,但以此种裁决在缔约国之一的领土内做成,针对的是处于缔约国之一的管辖之下的人为限,并没有规定仲裁裁决国籍的识别依据。到 1958 年缔结《承认及执行外国仲裁裁决公约》时,尽管做了很大努力,也未能如愿在仲裁裁决国籍的确定问题上达成共识。起初,《承认及执行外国仲裁裁决公约》草案第一条第一款曾建议以仲裁地作为标准规定公约适用于在一缔约国领土内做成的而在另一缔约国境内请求承认与执行的仲裁裁决。但遭到法国、德国、瑞典、意大利等国的强烈反对。① 它们认为以仲裁地作为标准的这一规定,无疑是步上述 1927 年日内瓦公约的后尘,并不能在所有情况下用来判断裁决是内国的还是外国的,至少在仲裁裁决是以通讯方式做出的情况下更是如此。实际上,除仲裁地外,当事人的国籍、争议标的物的所在地、仲裁程序的进行地等都是应该予以考虑的因素。因而,上述国家曾提议,把该款修改为:公约适用于经被请求承认和执行地所在国法律识别为非内国裁决的仲裁裁决。但这一提议却又遭致英国、美国、阿根廷和日本等国的反对。正因如此,《承认及执行外国仲裁裁决公约》第一条第一款只好折衷上述两种观点而变成了如下的措辞:"仲裁裁决,因自然人或法人间之争议而产生且在申请承认及执行地所在国以外之国家领土内做成者,其承认及执行适用本公约。本公约对于仲裁裁决经申请承认及执行地所在国认为非内国裁决者,亦适用之。"最终也未明确规定外国仲裁裁决的定义或识别的标准。

对于外国仲裁裁决的确定,上述《承认及执行外国仲裁裁决公约》第一条第一款实际上是采取了两种标准:此条款前半部分即为领域标准,或者说是仲裁地标准,它采用的是一种排除法,即只要不是在内国领域内做成的裁决均为外国裁决。显然,采用此种认定标准具有较强的明确性,在一般情况下是完全能够确定某项裁决是否属外国裁决的。当然在某些例外的情形下,如仲裁裁决是以通讯方式做出的,采用此标准会因为各国的解释不同而具有某种不确定性。另外,更重要的一个原因是,在某些国家,如法国、德国,法律或判例都表明,在本国但依外国法进行的仲裁而做出的裁决不属于本国裁决而是一项外国裁决。在这些国家的要求下,公约又同时确立了非内国裁决标准,即虽在内国但依外国仲裁法进行仲裁而做出的

---

①李双元,欧福永. 国际私法[M]. 北京:北京大学出版社,2015:592.

裁决属于非内国裁决。

这里应注意的是,从领域标准与非内国裁决标准两者关系上看,《承认及执行外国仲裁裁决公约》是首先并且主要采用领域标准,只要仲裁地不在内国,即可认定为外国裁决。因此,这两种标准不是一种平行关系,而是一种主从关系。非内国裁决标准只是领域标准的一种补充或延伸,而不能取代领域标准,它的作用在于扩大公约的适用范围。在任何情况下,缔约国承认和执行在另一国领域内做出的裁决都应适用公约,即使另一国领域内做出的裁决在承认和执行国被认为属于其内国裁决也不例外。对于非内国裁决的认定,《承认及执行外国仲裁裁决公约》基本上是采用仲裁所适用的仲裁法为标准,但从各缔约国的立法和司法实践看,在认定非内国裁决标准问题上,许多国家都做出了更广义的解释。在这些国家里,除了所适用的仲裁法是外国法以外,当裁决解决的争议其国内法院不具有管辖权或因某些其他原因,裁决与该国无充分联系时,该国也有可能认为在其领域内做出的该裁决不是其内国裁决。

我国的现行立法中没有对于识别国际仲裁裁决国籍的明确规定,在司法实践中一般采取的是"仲裁地标准",如 2017 年《民事诉讼法》第二百八十三条规定,国外仲裁机构的裁决,需要中华人民共和国人民法院承认和执行的,应当由当事人直接向被执行人住所地或者其财产所在地的中级人民法院申请,人民法院应当依照中华人民共和国缔结或者参加的国际条约,或者按照互惠原则办理。从该条可以看出我国对于仲裁裁决国籍的规定采取的是"仲裁机构"标准。该标准与国际通行的标准不一致,造成了司法实践中适用法律的困难,因此也对于我国今后的法律完善提出了新的要求。例如,外国仲裁机构在我国境内做出的仲裁裁决国籍识别问题,在实践中的体现就是日益增多的 ICC 仲裁院在我国境内做出仲裁裁决。对于此等裁决的国籍识别,我国学者也是各持观点,有人认为应该视为《承认及执行外国仲裁裁决公约》项下非内国裁决;有人认为应当视为我国裁决或者是涉外裁决;也有人认为该等裁决是临时裁决,我国并不认可其效力;还有人认为此等裁决的国籍值得进一步商榷。我国法院对于此等裁决的效力予以认可,不过对于此等裁决的国籍识别的态度有所反复,最新的发展可认为我国法院开始将此等裁决识别为非内国裁决,进而适用《承认及执行外国仲裁裁决公约》,并根据公约的规定进行相关审查,对满足条件的仲裁裁决进行承认与执行。

【典型案例 7-3】

中国技术进出口总公司诉瑞士工业资源公司侵权损害赔偿纠纷上诉案

(1988 年 10 月 11 日上海市高级人民法院)

上海市高级人民法院经公开审理确认:上诉人瑞士工业资源公司在无钢材的情况下,谎称"货物已在装运港备妥待运","装船日期为 1985 年 3 月 31 日","在我方银行收到信用证二周内交货",诱使被上诉人与其签订合同。这证明,上诉人在签订《合同修改议定书》时,就使用了欺诈手段。上诉人在收到被上诉人指示中国银行上海分行开出的信用证后,在货物没有装船的情况下,向被上诉人提交了包括提单在内的全套伪造单据,以骗取被上诉人的巨额货款。上诉人利用合同形式,进行欺诈,已超出履行合同的范围,不仅破坏了合同,而且构成了侵权。双方当事人的纠纷,已非合同权利义务的争议,而是侵权损害赔偿纠纷。被上诉人有权向法院提起侵权之诉,而不受双方所订立的仲裁条款的约束。因本案侵权行为地在上海,依照民事诉讼法(试行)第二十二条关于"因侵权行为提起诉讼的,由侵权行为地人民法院管辖"的规定,以及该法第一百八十五条、第一百五十六条的规定,上海市中级人民法院对本案具有管辖权。上诉人提出的中国已加入《承认及执行外国仲裁裁决公约》,当事人签订的合同又有仲裁条款,中国法院无管辖权,其理由不能成立。被上诉人并未在其他法院对上诉人提出过侵权损害赔偿的诉讼,因此,也不存在重复诉讼的问题。原审法院准许被上诉人的诉讼保全申请,冻结上诉人在中国银行上海分行的托收货款,符合民事诉讼法(试行)第九十二条第一款和第九十三条第一款、第二款的规定,应予认可。本案是因欺诈行为引起的侵权损害赔偿纠纷,侵权人除应当返还受害人的货款外,对于受害人因被欺诈遭受的其他重大损失,亦应当赔偿。原审法院判决上诉人返还被上诉人的钢材货款,赔偿被上诉人的钢材货款的银行贷款利息、经营损失以及其他费用,并无不当。上诉人反诉要求被上诉人赔偿因申请冻结其4408249美元而造成上诉人需向银行支付利息,以及支付本案的诉讼费、保证金、律师费用等,共计1157819.6美元的损失,没有理由,不予支持。鉴于在原审法院判决后钢材货款的银行贷款利息继续孳生,赔偿金额亦应增加。

第三节　承认与执行外国仲裁裁决的条件

跟外国法院判决的承认和外国法院判决的执行有所区别一样,外国仲裁裁决的承认和执行,这两者也是既有区别又有联系的。一般来说,承认外国仲裁裁决是承认外国仲裁裁决在确认当事人权利义务方面具有跟本国仲裁裁决同等的法律效力,它起着一种防御或抗辩的功能,即:如果在本国境内他人就与该外国仲裁裁决相同的事项,向法院或仲裁机构提出与该外国仲裁裁决内容不同的请求,可以用该外国仲裁裁决作为对抗他人的理由。执行外国仲裁裁决,不但要承认外国仲裁裁决在本国的效力,而且就其应执行的部分,通过适当程序付诸执行,使裁决中确定的当事人间的权利义务得以实行和完成。当然,在绝大多数案件中,当事人都是申请承认并执行外国仲裁裁决,而不仅仅是申请承认外国仲裁裁决。

关于承认与执行外国仲裁裁决的条件,在许多方面与外国判决的承认和执行有类似之处,因而在某些双边司法协助条约或多边国际公约中,甚至将两者一并做规定，或做类推适用的规定。然而两者之间还是存在着某些重要的区别，而且各国的要求也不尽相同。基于《承认及执行外国仲裁裁决公约》的普遍影响，下面主要根据该公约规定对此问题加以论述。

《承认及执行外国仲裁裁决公约》以排除的方式规定了承认和执行外国仲裁裁决的条件，如果被请求承认和执行的裁决具有公约规定的排除情形时，被请求国家有权拒绝承认和执行，即，凡外国仲裁裁决有下列情形之一的，被请求承认和执行的机关可以依据仲裁裁决的执行义务人的请求和证明，拒绝予以承认和执行。

一、仲裁协议无效

根据《承认及执行外国仲裁裁决公约》第五条第一款第一项的规定，如果订立仲裁协议的当事人依对其适用的法律为无行为能力者，或者依仲裁协议选定的准据法，或者在未指明以何种法律为准据法时，根据裁决地所在国法律，该项仲裁协议是无效的，则可以拒绝承认与执行有关裁决。这是因为国际商事仲裁完全以争议双方自愿提交仲裁为基础，仲裁庭的管辖权完全取决于当事人双方合意订立的仲裁协议。如果双方当事人没有订立或没有有效地订立愿意将争议提交仲裁的仲裁协议，仲裁庭就没有受理争议的法律依据。所以，各国在制定国内法和参与缔结有关国际条约时，都把有关仲裁庭行使管辖权所依据的仲裁协议的有效存在作为承认与执行外国仲裁裁决的重要条件之一。

【典型案例 7-4】

北京朝来新生体育休闲有限公司申请承认和执行外国仲裁裁决案

（〔2013〕二中民特字第 10670 号）

法院生效裁判认为：我国及韩国均为加入 1958 年联合国《承认及执行外国仲裁裁决公约》的国家，现朝来新生公司申请承认韩国大韩商事仲裁院做出的仲裁裁决，应依据《承认及执行外国仲裁裁决公约》第二条、第五条的相关规定审理本案。

根据《中华人民共和国民事诉讼法》和《中华人民共和国仲裁法》的规定，涉外经济贸易、运输、海事中发生的纠纷，当事人可以通过订立合同中的仲裁条款或者事后达成的书面仲裁协议，提交我国仲裁机构或者其他仲裁机构仲裁，但法律并未允许国内当事人将其不具有涉外因素的争议提请外国仲裁。

《最高人民法院关于适用〈中华人民共和国民事诉讼法〉若干问题的意见》第三百零四条规定："当事人一方或双方是外国人、无国籍人、外国企业或组织，或者当事人之间民事法律关系的设立、变更、终止的法律事实发生在外国，或者诉讼标的物在外国的民事案件，为涉外民事案件。"

《中华人民共和国外资企业法》第二条："本法所称的外资企业是指依照中国有

关法律在中国境内设立的全部资本由外国投资者投资的企业,不包括外国的企业和其他经济组织在中国境内的分支机构。"第八条:"外资企业符合中国法律关于法人条件的规定的,依法取得中国法人资格。"所望之信公司是在中华人民共和国境内注册成立的由外国自然人独资设立的有限责任公司,根据前述规定,所望之信公司系中国法人。

本案中朝来新生公司与所望之信公司均为中国法人,双方签订的《合同书》,是双方为在中华人民共和国境内经营高尔夫球场设立的合同,转让的系中国法人的股权。双方间民事法律关系的设立、变更、终止的法律事实发生在我国境内,诉讼标的物亦在我国境内,不具有涉外因素,故不属于我国法律规定的涉外案件。因此,《合同书》中关于如发生纠纷可以向大韩商事仲裁院申请仲裁的约定违反了《中华人民共和国民事诉讼法》《中华人民共和国仲裁法》的相关规定,该仲裁条款无效。

因大韩商事仲裁院于 2013 年 5 月 29 日做出的仲裁裁决所适用的准据法为中华人民共和国的法律,依据中华人民共和国法律,《合同书》中的仲裁条款为无效条款,故大韩商事仲裁院受理该仲裁案件所依据的仲裁条款无效。根据《承认及执行外国仲裁裁决公约》第五条第一款(甲)项、第五条第二款(乙)项之规定,该裁决不予承认。

【典型案例 7-5】

最高人民法院关于申请人安徽省龙利得包装印刷有限公司与被申请人 BP Agnati S. R. L 申请确认仲裁协议效力案的请示的复函

(〔2013〕民四他字第 13 号)

申请人安徽省龙利得包装印刷有限公司(以下简称龙利得公司)与被申请人 BP Agnati S. R. L(以下简称 Agnati 公司)以及江苏苏美达国际技术贸易有限公司(以下简称苏美达公司)于 2010 年 10 月 28 日签署了一份《销售合同》。该合同第 10.1 款为仲裁条款,约定:"任何因本合同引起的或与其有关的争议应被提交国际商会仲裁院,并根据国际商会仲裁院规则由按照该等规则所指定的一位或多位仲裁员予以最终仲裁。管辖地应为中国上海,仲裁应以英语进行。"

龙利得公司认为,上述仲裁条款的效力应依据中国法律进行判断。而该仲裁条款因违反我国相关法律规定,应属无效。理由是:(1)国际商会仲裁院不是我国仲裁法项下的仲裁机构,约定将争议提交给其仲裁不构成有效仲裁条款;(2)国际商会仲裁院在我国进行仲裁违背了我国的公共利益,存在侵犯我国司法主权之嫌;(3)即便国际商会仲裁院在我国境内做出裁决,该裁决也应属于我国仲裁法规定的"内国裁决",不能依据《承认及执行外国仲裁裁决公约》受到承认与执行。

……

关于法律适用问题,最高院与合肥中院、安徽高院的意见一致,认为应适用仲裁地法律即中华人民共和国的法律来确认仲裁协议的效力。

关于仲裁协议效力问题,最高院认为,本案仲裁协议有请求仲裁的意思表示,约定了仲裁事项,并选定了明确具体的仲裁机构,符合《中华人民共和国仲裁法》第十六条的规定,应认定有效。因此,最高院同意安徽高院关于仲裁协议有效的多数意见。[①]

二、未给予适当通知或未能提出申辩

根据《承认及执行外国仲裁裁决公约》第五条第一款第二项的规定,如果对作为裁决执行对象的当事人未曾给予有关指定仲裁员或者进行仲裁程序的适当通知,或者作为裁决执行对象的当事人由于其他情况未能提出申辩,则可拒绝承认与执行该项裁决。

这里所指的"适当通知"是指仲裁机构或仲裁庭遵守了适用于仲裁的仲裁程序规定的有关期限:通知有关当事人指定仲裁员的具体期间和开始仲裁程序的具体日期;并且,此种通知要给有关当事人留有足够的时间准备指定仲裁员和准备出席仲裁庭进行申辩。比如说,一项中国国际经济贸易仲裁委员会做出的仲裁裁决,胜诉方申请在《承认及执行外国仲裁裁决公约》缔约国 B 国执行,如果败诉人能证明我国涉外仲裁机构没有根据其 2015 年仲裁规则第三十七条规定,于开庭前 20 天通知当事人第一次开庭审理日期的,B 国可拒绝承认与执行。

此外,应说明的是,当事人未能在仲裁过程中提出申辩,应该是指该当事人自身的过失以外的原因而使他未能提出申辩。如果已经适当地通知了被申请人,被申请人拒绝参加仲裁或者在仲裁中持不积极的态度,则认为被申请人是有意放弃其陈述案情的机会。在适当通知后照常进行的缺席仲裁并不妨碍裁决的执行。

【典型案例 7-6】

俄罗斯欧凯有限公司(O'Key Logistics LLC)与广东南方富达进出口有限公司申请承认和执行外国仲裁裁决纠纷案

（〔2013〕穗中法民四初字第 12 号）

本院认为:本案为申请承认和执行外国仲裁裁决纠纷,被申请人的住所地在本院辖区内,根据《中华人民共和国民事诉讼法》第二百八十三条的规定,本院依法对本案享有管辖权。涉案仲裁裁决是由俄罗斯境内的仲裁机构做出的,中国是《承认及执行外国仲裁裁决公约》(1987 年 4 月 22 日对我国生效)的缔约国,根据《中华人民共和国和俄罗斯关于民事和刑事司法协助条约》第二十一条关于仲裁裁决的承

---

① 原文参见:http://mp. weixin. qq. com/s?　__biz＝MzAwMjMyMzQ5MA＝＝&mid＝212893367&idx
＝1&sn＝2cdd8ebdf9789049c2f99577599124c1&mpshare＝1&scene＝23&srcid＝0304DSPHkDeevZacNDy-
COWVc♯rd,2017-10-26。

认与执行,缔约双方应根据 1958 年 6 月 10 日在纽约签订的关于承认与执行外国仲裁裁决的公约,相互承认与执行在对方境内做出的仲裁裁决的规定,本案依法应适用《承认及执行外国仲裁裁决公约》和《中华人民共和国民事诉讼法》的有关规定。

……

关于被申请人抗辩主张其没有被给予指定仲裁员或者进行仲裁程序的适当通知的问题。涉案仲裁裁决书记载,仲裁庭秘书处于 2010 年 7 月 22 日向被申请人邮寄送达了仲裁申请书和有关文件以及关于仲裁员的通知函,2010 年 7 月 26 日送达给了被申请人;仲裁庭又于 2010 年 9 月 7 日向被申请人送达了仲裁庭的开庭传票。申请人为此提供的俄罗斯 UPS 公司快递妥投证明能与仲裁裁决书的上述记载相印证。而且俄罗斯 UPS 公司快递妥投证明上记载的送达地址与涉案买卖合同上被申请人的地址一致。故根据《俄罗斯工商会国际商事仲裁院(ICAC)规则》第 16 款关于文件的邮寄和交付的规定,应认定仲裁庭已履行了给予被申请人指定仲裁员或者进行仲裁程序的适当通知的义务。被申请人以没有被给予指定仲裁员或者进行仲裁程序的适当通知为由主张不予承认和执行涉案仲裁裁决,本院不予采纳。

关于被申请人抗辩主张仲裁庭的组成与仲裁规则不符的问题。根据《俄罗斯工商会国际商事仲裁院(ICAC)规则》第 17 款关于仲裁庭组成的规定,ICAC 主席团有权根据案件的具体情况决定由独任仲裁员组成仲裁庭审理案件。另根据仲裁裁决书的俄文本,审理本案的独任仲裁员是由 ICAC 主席团任命的。被申请人也无证据证明仲裁庭的组成违反了俄罗斯国际商事仲裁法的规定。故仲裁庭的组成符合上述仲裁规则的规定。被申请人以仲裁庭的组成与仲裁规则不符为由主张不予承认和执行涉案仲裁裁决,本院不予支持。

关于被申请人称申请人提交的合同文本是复印件、余承泉的签名不是其本人签名、仲裁协议不是其真实意思表示以及仲裁庭于 2011 年 1 月 14 日做出的补正决议超出了仲裁规则规定的 30 天期限的问题。因被申请人提出的上述理由并非《承认及执行外国仲裁裁决公约》第五条规定的不予承认和执行外国仲裁裁决的事由,本院依法不做审查和认定。

综上所述,申请人已按照《承认及执行外国仲裁裁决公约》第四条的规定提供了经正式认证的裁决书正本和经正式证明的仲裁协议副本以及相应的中文译本,被申请人无证据证明俄罗斯工商会国际商务仲裁庭于 2010 年 12 月 8 日做出的982010 号仲裁裁决具有《承认及执行外国仲裁裁决公约》第五条所规定的可以拒绝承认和执行的情形。申请人的请求符合 1986 年 12 月 2 日全国人大常委会颁布的《关于我国加入〈承认及执行外国仲裁裁决公约〉的决定》的规定,也不违反我国加入该公约时做出的保留性声明条款,故对该裁决书应当予以承认和执行。

三、仲裁庭超越权限

根据《承认及执行外国仲裁裁决公约》第五条第一款第三项的规定,如果裁决中处理的事项为未交付仲裁的标的或者未在仲裁协议中列举的事项,或者裁决中载有超出仲裁协议规定范围的事项的裁决内容,则被请求承认和执行的机关可依仲裁裁决的执行义务人的请求和证明,拒绝予以承认和执行。

这是因为国际商事仲裁完全是建立在双方当事人自愿签订的仲裁协议的基础之上的,仲裁庭必须严格按照仲裁协议行事。仲裁庭对当事人在仲裁协议中规定的仲裁事项以外的事项进行仲裁,违反了仲裁协议,也即超越了当事人的授权范围,因而所做的裁决,有关国家可以拒绝承认与执行。

此外,《承认及执行外国仲裁裁决公约》第五条第一款第三项还规定,如果交付仲裁事项的裁决内容可与未交付仲裁的事项分开的,则裁决中关于交付仲裁事项的裁决内容仍应予以承认和执行。

【典型案例 7-7】

康家食品(毛里求斯)有限公司与天津中辰番茄制品有限公司
申请承认仲裁裁决纠纷案

（〔2013〕二中民三初字第 1 号）

天津市第二中级人民法院终审认为:我国和新加坡均属《承认及执行外国仲裁裁决公约》的缔约国,根据该公约的约定,申请人可以向我国法院提出承认和执行缔约国仲裁裁决的申请。且涉案裁决解决的是按照我国法律属于契约性商事法律关系所引起的争议,因此,关于涉案裁决是否存在不予承认和执行的情形,适用《承认及执行外国仲裁裁决公约》第五条的规定进行审查。

第一,关于被申请人所称的新加坡国际仲裁中心做出的仲裁裁决部分内容超出了合同约定的仲裁范围的抗辩理由。

本案所涉及的合同系申请人康家公司和被申请人中辰公司双方真实意思的表示,合法有效,对双方当事人均有约束力。根据合同第二十五条中的仲裁条款即合同 25.2 的约定,"任何因本合同引起或与本合同有关的争议仲裁均应在新加坡国际仲裁中心进行",因此,新加坡国际仲裁中心有权依据申请人之申请就合同争议进行裁决。法院认为,新加坡国际仲裁中心做出的裁决结论(a)—(f)均是围绕被申请人是否存在违约行为、违约责任之承担以及因仲裁而产生费用的担负等问题,并未涉及被申请人所称之有关清算事宜,亦不存在超出合同约定的仲裁范围之情形,因此,对于被申请人中辰公司的此项抗辩,法院不予支持。

……

"超裁",在国际商事仲裁及相关司法纠纷中经常被提及,主要指仲裁庭超越权限做出仲裁裁决。对此,国际公约、国际示范法和各国法律一般均规定:超裁或越权做出裁决,是裁决被撤销或不予执行的重要原因。如《承认及执行外国仲裁裁决公约》第五条第一款第三项、第五条第二款第一项之规定,我国仲裁法也有类似规定。司法实践中,"超裁"成为申请承认及执行外国仲裁裁决纠纷中较为常见的抗辩理由。对"超裁"的理解,成为当事人争议的焦点和法官思考的重点。

四、仲裁庭的组成和仲裁程序不当

依照《承认及执行外国仲裁裁决公约》第五条第一款第四项之规定,如果仲裁庭的组成或者仲裁程序与双方当事人的仲裁协议的规定不相符合,或者在双方当事人无仲裁协议规定时与仲裁地所在国的法律不相符合,则被请求承认和执行的机关可依仲裁裁决的执行义务人的请求和证明,拒绝予以承认和执行。

例如,中国香港地区法院于 1989 年 6 月 29 日做出判决,准许广东省进出口公司(原告)提出的请求,对一香港公司(被告)强制执行中国国际经济贸易仲裁委员会深圳分会于 1988 年 7 月 12 日做出的仲裁裁决。这是自中国于 1987 年 4 月 22 日加入《承认及执行外国仲裁裁决公约》以来,中国内地的仲裁裁决首次在境外得到承认和执行。在该案中,被告曾就拒绝执行裁决提出两点抗辩理由:第一,仲裁协议规定的仲裁机构(中国贸促会对外贸易仲裁委员会)与最后做出裁决的机构(中国贸促会对外经济贸易仲裁委员会)不一致,该裁决不得强制执行;第二,因为签订仲裁协议时中国还未加入《承认及执行外国仲裁裁决公约》,因而该裁决不是"公约裁决",亦不得强制执行。但是,中国香港地区最高法院在判决书中对被告的上述两点抗辩均给予驳回,指出:从原告提交的证据中可以很清楚地看出,合同规定的仲裁机构与做出裁决的仲裁机构事实上是同一个机构,仅仅是由于中国国际贸易促进委员会改变了其名称,而且很明显被告接受了改名后的那个机构的仲裁并参加了仲裁程序。判决还指出,裁决是在中国加入公约之后做出的,所以无论仲裁协议是在何时签订,该裁决都应认为是公约裁决。[①]

为了防止以后再出现如上述案例中的名称之争,我国 1994 年 1 月 1 日施行的《中国国际经济贸易仲裁委员会仲裁规则》第二条做了明确规定:中国国际经济贸易仲裁委员会,原名中国国际贸易促进委员会对外贸易仲裁委员会、中国国际贸易促进委员会对外经济贸易仲裁委员会。2015 年《中国国际经济贸易仲裁委员会仲裁规则》规定,仲裁委员会同时使用"中国国际商会仲裁院"名称。

当事人在仲裁协议中订明由中国国际贸易促进委员会(中国国际商会)仲裁,或由中国国际贸易促进委员会(中国国际商会)的仲裁委员会或仲裁院仲裁的,或使用仲裁委员会原名称为仲裁机构的,均视为同意由中国国际经济贸易仲裁委员会仲裁。

---

①李双元,欧福永.国际私法[M].北京:北京大学出版社,2015:595.

五、裁决不具约束力或已被撤销、停止执行

根据《承认及执行外国仲裁裁决公约》第五条第一款第五项规定,如果仲裁裁决对当事人未发生拘束力,或者仲裁裁决已被裁决地所在国或者裁决所依据法律国家的主管机关撤销或者停止执行的,则被请求承认和执行的机关可依仲裁裁决的执行义务人的请求和证明,拒绝予以承认和执行。

此外,根据《承认及执行外国仲裁裁决公约》第五条第二款规定,如果被请求承认和执行外国仲裁裁决的国家的主管机关,认为按照该国法律,有下列情形的,可以主动予以拒绝承认和执行:

(1)裁决的事项不能以仲裁方法处理;

(2)承认或执行裁决违反该国公共政策。

《承认及执行外国仲裁裁决公约》中并没有对"公共政策"进行明确界定,大部分缔约国也没有对该词的含义进行界定,而是由法院进行裁量,使得法院在判定何为违反公共政策的情形时有较大的自主权。此状况出现的原因是国际私法中关于公共政策保留的固有属性,因为公共政策是各国据以维护本国利益的最后防线,需要结合不同的情况予以认定,有较大的弹性和灵活性,即要求体现地域和时间上的差异性。这导致该原则有被滥用的可能性,但各国基于促进国际商事仲裁的考量,普遍对其进行从窄解释,在对公共政策的适用上秉持从严适用、谨慎适用的态度。尽管以违反公共政策为由提起抗辩是比较常见的情形,但各国法院仅在极少数的情形下,以违反公共政策为由不予承认和执行。

不同法系对公共政策的解释略有差异,在大陆法系国家,公共政策通常被认定为根本原则或者价值,而普通法系国家虽相对于大陆法系国家的认定而言更具体,如公正、道德、社会公序良俗或者公众的根本权益等,但仍然属于比较宽泛,难以准确界定的概念。

违反公共政策可以进一步划分为两类,即违反程序性和实体性的公共政策,前者通常包括仲裁过程中一些不正当或者违法的情形,如仲裁员徇私舞弊、违反正当程序、理由不充分、事实的认定方面的偏差等,后者包括国家利益关系、强行性法律、根本的法律原则等。

我国《民事诉讼法》第二百七十四条第二款规定,对中华人民共和国涉外仲裁机构做出的裁决,被申请人提出证据证明仲裁裁决有下列情形之一的,经人民法院组成合议庭审查核实,裁定不予执行:(1)当事人在合同中没有订有仲裁条款或者事后没有达成书面仲裁协议的;(2)被申请人没有得到指定仲裁员或者进行仲裁程序的通知,或者由于其他不属于被申请人负责的原因未能陈述意见的;(3)仲裁庭的组成或者仲裁的程序与仲裁规则不符的;(4)裁决的事项不属于仲裁协议的范围或者仲裁机构无权仲裁的。人民法院认定执行该裁决违背社会公共利益的,裁定

不予执行。

应该认为,上述规定也适用于申请在我国承认执行的外国仲裁裁决。

我国法院在国际商事审查的实践中,对公共政策的认定秉持着从严的原则。根据最高人民法院民四庭与 17 个高级人民法院合作进行的调研项目的统计数据,在 2002—2006 年间申请承认及执行外国仲裁裁决的 74 起案件中,有 58 件的结果为承认及执行,占案件总量的 78.38%,而不予承认及执行的仅 5 件,占 6.76%。而与此形成鲜明对比的是国内对仲裁司法审查却非常任意和宽泛。鉴于此,内部报告制度统一运用到国内仲裁司法审查,应当是很有必要的,有助于统一裁判标准,促进仲裁的健康发展。

公共政策或者说公共秩序作为各国拒绝适用外国法及拒绝执行外国裁决或判决的传统依据,其作用是保护法院地国的基本政策和利益。但是对于公共政策的标准问题向来是一个比较有争议的问题。目前,国际上比较认可的是公共政策的客观标准。与传统的主观标准相对比,公共秩序的客观标准更强调裁决的结果和影响。按照此种标准,法院不得以裁决所适用的法律与本国秩序不一致为由撤销裁决,只有在"承认与执行裁决之结果"会导致危害法院地国利益的情况下,才得以违反公共政策为由不予承认与执行。

【典型案例 7-8】

蕙兰瑜伽信托与广州环娱影视制作有限公司申请承认和执行外国仲裁裁决案

([2006]穗中法民四初字第 278 号)

本院认为,本案为申请承认和执行外国仲裁裁决案,应适用《承认及执行外国仲裁裁决公约》和《中华人民共和国民事诉讼法》的相关规定。

被申请人关于其没有收到国际商会有关材料及国际商会送达的材料没有附上中文译本、独任仲裁不合法而导致仲裁程序不当的抗辩,本院认为,就文件送达的问题,国际商会国际仲裁院秘书处出具的证明符合 DHL 快递公司送达记录的反映,两者能相互佐证,被申请人并无反证推翻申请人上述证据的证明效力,故本院对被申请人没有收到国际商会有关材料的抗辩不予采信;就国际商会送达的材料是否需要附上中文译本的问题,本院认为,首先,被申请人对国际商会送达材料需附中文译本的陈述并无相应法律依据予以支持;其次,考虑到双方当事人签订的《许可权协议》所用语言为英文,并且被申请人在庭审中也陈述《许可权协议》被申请人的签字人埃伦·W.蔡是其授权代表,被申请人具备英文签约的能力,国际商会据此以英文送达相关材料并无不当,故本院对被申请人关于国际商会送达的材料需要附上中文译本的抗辩不予采信。就独任仲裁是否合法的问题,本院认为,国际商会仲裁规则第八条第二款规定仲裁院有权在当事人没有约定仲裁员人数的情形下根据案件的情况决定独任审理,如前所述,本院认定被申请人已经收到国际商会的有关材料,其中第一次送达的材料包括要求被申请人提交答辩并对仲裁庭的组成提出意见的信函,由于被申请人未予答复,仲裁院在当事人没有约定仲裁员人数的情况下进行独任审理符合国际商会仲裁规则第八条第二款的规定,故本院对被申请人关于独任仲裁不合法的抗辩不予采信。综上,本院对被申请人关于仲裁程序不当的抗辩不予采纳。

【典型案例 7-9】

美国法院关于《承认及执行外国仲裁裁决公约》下"违反公共政策"的最新实践

1999 年,美国安然公司(Enron)在尼日利亚设立项目公司——安然尼日利亚能源公司(Enron Nigeria Power Holing Ltd.,下称"ENPH 公司")与尼日利亚拉各斯州(Lagos State)政府及尼日利亚国家电力局(National Electric Power Authority of Nigeria)共同签订了供电合同(下称"PPA 合同"),就拉各斯州投资发电机组三阶段建造事宜进行了约定。但是,项目刚开始不久,合同因某种原因被认定无效,并予以修改,并且仅原合同约定的第二阶段的权利义务被保留。2001 年,美国安然公司宣布倒闭并提交破产申请。项目公司此时仍保证履行 PPA 合同不会受影响,并于 2004 年致函尼日利亚政府,表示开始履行合同。2005 年,尼日利亚政府通知项目公司,称已经中止该项目,ENPH 公司不得单独开展实施工作。2006 年,ENPH 公司以尼日利亚政府为被申请人提起仲裁。

仲裁庭审理情况:仲裁庭查明,尼日利亚政府在安然公司倒闭一年之前就有违反合同的情形。仲裁中,尼日利亚政府认为安然公司是实质当事人。仲裁庭却认为安然公司并非实质当事人,而且也不能在 PPA 合同中找到依据。尼日利亚政府还认为该合同存在欺诈,ENPH 公司使得尼日利亚政府相信安然公司是合同的一方实质当事人,以此成为 ENPH 公司得以履行 PPA 合同的必要因素。然而,仲裁庭审理后发现,尼日利亚政府的主张没有依据,所以对尼日利亚政府的抗辩均不予认可。并且仲裁庭裁决,尼日利亚政府赔偿 ENPH 公司损失、利息及仲裁费用等共计 1122 万美元。ENPH 公司遂向美国华盛顿特区地区法院申请承认和执行该裁决。

美国法院的认定:

在 ENPH 公司提起执行程序之后,尼日利亚政府提出了多项程序性抗辩,接着尼日利亚政府又抗辩称该裁决违反公共秩序而不应予以承认和执行。然而,法院则认为尼日利亚政府仅以申请执行人系安然公司的关联公司为由主张执行该裁决将违反公共秩序的理由不能成立。最终,法院判决承认该裁决。尼日利亚政府又向哥伦比亚特区巡回法院提起上诉,进一步提出执行该裁决将违反美国公共政策,认为"人不得因其欺诈而获利"。ENPH 公司则指出双方签订的合同的仲裁条款约定当事人不得在约定的仲裁地以外的地点,就仲裁庭做出的仲裁裁决提出异议。哥伦比亚特区巡回法院认为,不同于《承认及执行外国仲裁裁决公约》第五条第一款所涉的抗辩事项,当事人不得自行约定放弃第五条第二款 b 项下的权利,因为该条涉及的"违反公共政策"将影响到执行地法院行为的正当性。然而,法院认为尼日利亚政府提出的"违反公共政策"抗辩在该案不适用。法院在审查是否"违反公共政策"时,应当采用限缩解释,即只有仲裁裁决明显侵害公共利益、社会公德、公众对法治的信任、公民的权利或自由时,才能认定为违反公共政策。尽管哥伦比亚特区巡回法院认为执行一个以非法目的而订立的合同或者因欺诈而订立的合同违反公共秩序,但该法院最终决定尊重该仲裁裁决,认定该合同并不存在欺诈。最终驳回了尼日利亚政府的抗辩,并确认了原审法院的判决。

【典型案例 7-10】

Wicor Holding AG、泰州浩普投资有限公司等申请承认与执行法院判决、仲裁裁决案件、仲裁程序案件民事裁定书

（〔2015〕泰中商仲审字第 00004 号）

本院经审查认为,涉案的国际商会仲裁院 18295/CYK 仲裁裁决载明的仲裁地为香港,应认定系由国际商会仲裁院指定的独任仲裁员在香港特别行政区做出的仲裁裁决。因被申请人泰州浩普投资有限公司住所地在江苏省泰州市,故本院对于申请人 Wicor Holding AG 提出的执行申请具有管辖权。关于香港仲裁裁决的在内地执行审查问题,根据《最高人民法院关于香港仲裁裁决在内地执行的有关问题的通知》(法〔2009〕415 号),人民法院应当依照《最高人民法院关于内地与香港特别行政区相互执行仲裁裁决的安排》的规定进行审查。江苏省高级人民法院在审理 Wicor Holding AG 与泰州浩普投资有限公司就同一《中外合资泰州华威绝缘材料有限公司合资合同》项下的另一纠纷时,已于 2012 年 12 月 11 日做出〔2012〕苏商外辖终字第 0012 号民事裁定,认定涉案仲裁条款无效,该裁定已经发生法律效力。而涉案仲裁裁决是仲裁员在认定涉案仲裁条款有效的前提下做出的,在内地执行该仲裁裁决将与人民法院的上述生效裁定相冲突,违反内地社会公共利益。故此,本院认为涉案仲裁裁决应当不予执行。

第四节　承认与执行外国仲裁裁决的程序

根据《承认及执行外国仲裁裁决公约》第三条的规定,执行外国仲裁裁决的程序规则依被申请执行地国的法律。各缔约国在承认或执行外国仲裁裁决时,不得比承认和执行国内仲裁裁决附加更为苛刻的条件或者征收过多的费用。显然公约

在此只是做了一个原则性的规定,在执行外国仲裁裁决的程序方面,具体规定仍依各缔约国国内法。

综观各国立法,可将其承认和执行外国仲裁裁决的程序规则分为三类:一是将外国仲裁裁决作为外国法院判决对待。这是多数国家的做法。二是将外国仲裁裁决作为合同之债对待。这是英美等国的做法,要求有关当事人提起一个请求履行仲裁裁决中规定的义务或请求损害赔偿的诉讼来获得在内国境内承认和执行外国仲裁裁决的执行令。三是将外国仲裁裁决作为内国仲裁裁决对待,把适用于执行内国仲裁裁决的规则扩大及于外国仲裁裁决的执行。

我国《民事诉讼法》对于承认和执行外国仲裁裁决规定了跟承认和执行外国法院判决相同的程序。根据《承认及执行外国仲裁裁决公约》以及《中华人民共和国民事诉讼法》有关规定,我国承认和执行外国仲裁裁决的现行法律制度包括以下内容:

第一,根据我国加入该公约时所做的互惠保留声明,我国对在另一缔约国领土内做出的仲裁裁决的承认和执行适用该公约。该公约与我国民事诉讼法有不同规定的,按该公约的规定办理。对于在非缔约国领土内做出的仲裁裁决,需要我国法院承认和执行的,应按民事诉讼法第二百八十三条的规定办理。

第二,根据我国加入该公约时所做的商事保留声明,我国仅对按照我国法律属于契约性和非契约性商事法律关系所引起的争议适用该公约。所谓"契约性和非契约性商事法律关系",具体的是指由于合同、侵权或者根据有关法律规定而产生的经济上的权利义务关系,例如货物买卖、财产租赁、工程承包、加工承揽、技术转让、合资经营、合作经营、勘探开发自然资源、保险、信贷、劳务、代理、咨询服务和海上、民用航空、铁路、公路的客货运输以及产品责任、环境污染、海上事故和所有权争议等,但不包括外国投资者与东道国政府之间的争端。

第三,根据《承认及执行外国仲裁裁决公约》第四条的规定,申请我国法院承认和执行在另一缔约国领土内做出的仲裁裁决,是由仲裁裁决的一方当事人提出的,对于当事人的申请应由我国下列地点的中级人民法院受理:(1)被执行人为自然人的,为其户籍所在地或者居所地;(2)被执行人为法人的,为其主要办事机构所在地;(3)被执行人在我国无住所、居所或者主要办事机构,但有财产在我国境内的,为其财产所在地。

第四,我国有管辖权的人民法院接到一方当事人的申请后,应对申请承认及执行的仲裁裁决进行审查,如果认为不具有《承认及执行外国仲裁裁决公约》第五条第一、二款所列的情形,应当裁定承认其效力,并且依照民事诉讼法规定的程序执行;如果认定具有第五条第二款所列的情形之一的,或者根据被执行人提供的证据证明具有第五条第一款所列的情形之一的,应当裁定驳回申请,拒绝承认及执行。

第五,申请我国法院承认及执行的仲裁裁决,仅限于《承认及执行外国仲裁裁决公约》对我国生效后在另一缔约国领土内做出的仲裁裁决。该项申请应当在《民事诉讼法》第二百三十九条规定的 2 年申请执行期限内提出。以规定的履行期限的最后 1 日起计算,裁决规定分期履行的,从规定的每次履行期间最后 1 日起计算;法律文件未规定履行期间的,以法律文书生效之日起计算。

【典型案例 7-11】

阿姆龙钢铁有限公司申请执行云南镍钴矿业有限公司等仲裁裁决案

（2009 年 11 月 10 日云南省昆明市中级人民法院）

云南省昆明市中级人民法院认为,阿姆龙公司与镍钴公司、铁路局进出口公司于 2005 年 11 月 7 日签订铜矿买卖合同,在合同第十九条约定了仲裁人员由两位仲裁员和一位公断人依据英国法律裁决。第二十条约定了仲裁地为香港及适用英国准据法。在履行合同过程中,镍钴公司因未支付上述货物款项,申请执行人在香港国际仲裁中心申请仲裁,2007 年 3 月 27 日香港国际仲裁中心函至两被执行人,有意指定 Russell Coleman S. C. 为本案仲裁员,如有异议请在 4 月 10 日前提出。2007 年 5 月 2 日香港国际仲裁中心发函给两被执行人,正式书面通知依据合同第二十条的仲裁条款指定 Russell Coleman S. C. 为本案的仲裁员。两被执行人未到庭参加仲裁。在听证过程中,没有证据证实香港国际仲裁中心适时通知两被执行人选择仲裁员。

综上所述,本案中,香港国际仲裁中心并未根据当事人的约定组成两名仲裁员和一名公断人的仲裁庭,而是由一名仲裁员进行独任仲裁。此种变更既不符合英国仲裁法律的规定,也不符合当事人的约定。仲裁庭的组成与当事人之间协议不符,人民法院可以裁定对裁决不予执行。铁路局进出口公司不予执行的理由成立。同时根据最高人民法院《关于人民法院处理与涉外仲裁及外国仲裁事项有关问题的通知》(1995 年 8 月 28 日法发〔1995〕18 号)第二条及《全国法院涉港澳商事审判工作座谈会纪要》第二十八条的规定,报请云南省高级人民法院进行审查,并报请最高人民法院审查。最高人民法院审查后,同意上述意见。据此,根据最高人民法院《关于内地与香港特别行政区相互执行仲裁裁决的安排》第七条第一款第(四)项的规定,法院裁定对香港国际仲裁中心 Russell Coleman S. C. 做出的裁决不予执行。

【典型案例 7-12】

TH&T 国际公司与成都华龙汽车配件有限公司申请承认
和执行国际商会国际仲裁院裁决案

（〔2002〕成民初字第 531 号）

四川省成都市中级人民法院根据上述事实和证据认为:我国与法国均系《1958

年纽约公约》的缔约国,且本案所涉仲裁裁决解决的是按照我国法律属于契约性商事法律关系所引起的争议,因此本案应适用《承认及执行外国仲裁裁决公约》。根据该公约第五条的规定,申请承认及执行的期限为 6 个月,TH&T 公司的申请是在有效期内向本院提出。该公约第五条第一款(乙)项规定的"受裁决援用之一造未接获关于指派仲裁员或进行仲裁程序的适当通知,或因他故,致未能申辩者"属于拒绝承认及执行的情形。华龙公司系仲裁程序的"受裁决援用之一造",国际仲裁院已将关于指派仲裁员和进行仲裁程序的适当通知送达给华龙公司,故不存在上述不予承认及执行的情形。因此本院对华龙公司关于其法定代表人未得到该通知,导致未能申辩的主张不予支持。关于双方争议的国际仲裁院是否对华龙公司销售了有瑕疵的产品的赔偿问题有管辖权的问题,华龙公司认为,有瑕疵的产品属于生产方面的争端,根据合同协议第三十二条关于生产方面的仲裁约定,应由中国国际贸易促进委员会下的仲裁委员会在中国北京仲裁解决;TH&T 公司认为,该争议属于销售和货款支付的问题,根据合同协议第三十二条关于销售方面的仲裁约定,应根据国际商会的调解和仲裁规则在美国洛杉矶进行仲裁。本院认为,首先应以双方签订的合同协议确定"生产"的特定含义。合同协议的第二章专门就"生产与销售"问题进行了约定,其中对生产的约定为:"华龙公司在协议所规定的产品范围内进行独家生产,并有能力扩大生产所列产品的能力。"可见双方对生产的约定是指独家生产权。其次,从生产本身的词义理解,是指制造。而华龙公司已将有瑕疵的产品销售给了 TH&T 公司,该批产品已进入销售领域。同时仲裁院仲裁的是华龙公司是否向 TH&T 公司销售了有瑕疵的产品及相关退货或退款等问题。故双方对有瑕疵的产品的争议问题不属于生产方面的争端,而属于因市场销售而产生的商务争议。第三,双方在合同协议中约定因市场销售、货款支付等问题产生的商务争议,根据国际商会的调解和仲裁规则在洛杉矶进行仲裁,因此国际仲裁院对该争议事项具有管辖权。华龙公司还认为,双方未对仲裁方案和仲裁地点达成一致意见,故国际仲裁院对本案无管辖权。TH&T 公司认为,双方对管辖权并无争议。刘庆丰的信函虽表态不参与仲裁,但未对管辖权提出异议。本院认为,根据合同协议第三十二条,建议提交瑞士苏黎世商会仲裁院仲裁的前提是,双方对上述(即生产和销售的仲裁约定)仲裁方案及地点不能达成一致意见。华龙公司未举出其对国际仲裁院的管辖权提出异议及双方有争议的证据,其所引用的刘庆丰(华龙公司副总经理)的信函,一方面华龙公司并不承认刘庆丰的行为代表公司,另一方面刘庆丰在信函中亦未对国际仲裁院的仲裁方案、地点等提出异议,故对华龙公司的主张,本院不予支持。综上,被申请人提出的存在不予承认和执行的两个事项,并不构成《承认及执行外国仲裁裁决公约》第五条所规定的拒绝承认及执行的情形。

一、承认及执行外国仲裁裁决公约

（联合国国际商事仲裁会议 1958 年 6 月 10 日通过并开放给各国签字、批准和加入）

第一条

一、仲裁裁决，因自然人或法人间之争议而产生且在申请承认及执行地所在国以外之国家领土内做成者，其承认及执行适用本公约。本公约对于仲裁裁决经申请承认及执行地所在国认为非内国裁决者，亦适用之。

二、"仲裁裁决"一词不仅指专案选派之仲裁员所做裁决，亦指当事人提请仲裁之常设仲裁机关所做裁决。

三、任何国家得于签署、批准或加入本公约时，或于依本公约第十条通知推广适用时，本着互惠原则声明该国适用本公约，以承认及执行在另一缔约国领土内做成之裁决为限。任何国家亦得声明，该国唯于争议起于法律关系，不论其为契约性质与否，而依提出声明国家之国内法认为系属商事关系者，始适用本公约。

第二条

一、当事人以书面协定承允彼此间所发生或可能发生之一切或任何争议，如关涉可以仲裁解决事项之确定法律关系，不论为契约性质与否，应提交仲裁时，各缔约国应承认此项协定。

二、称"书面协定"者，谓当事人所签订或在互换函电中所载明之契约仲裁条款或仲裁协定。

三、当事人就诉讼事项订有本条所称之协定者，缔约国法院受理诉讼时应依当事人一造之请求，命当事人提交仲裁，但前述协定经法院认定无效、失效或不能实行者不在此限。

第三条　各缔约国应承认仲裁裁决具有拘束力，并依援引裁决地之程序规则及下列各条所载条件执行之。承认或执行适用本公约之仲裁裁决时，不得较承认或执行内国仲裁裁决附加过苛之条件或征收过多之费用。

第四条

一、申请承认及执行之一造，为取得前条所称之承认及执行，应于申请时提具：

（甲）原裁决之正本或其正式副本；

（乙）第二条所称协定之原本或其正式副本。

二、倘前述裁决或协定所用文字非为援引裁决地所在国之正式文字，申请承认及执行裁决之一造应备具各该文件之此项文字译本。译本应由公设或宣誓之翻译员或外交或领事人员认证之。

第五条

一、裁决唯有于受裁决援用之一造向申请承认及执行地之主管机关提具证据证明有下列情形之一时，始得依该造之请求，拒予承认及执行：

（甲）第二条所称协定之当事人依对其适用之法律有某种无行为能力情形者，或该项协定依当事人作为协定准据之法律系属无效，或未指明以何法律为准时，依裁决地所在国法律系属无效者；

（乙）受裁决援用之一造未接获关于指派仲裁员或仲裁程序之适当通知，或因他故，致未能申辩者；

（丙）裁决所处理之争议非为交付仲裁之标的或不在其条款之列，或裁决载有关于交付仲裁范围以外事项之决定者，但交付仲裁事项之决定可与未交付仲裁之事项划分时，裁决中关于交付仲裁事项之决定部分得予承认及执行；

（丁）仲裁机关之组成或仲裁程序与各造间之协议不符，或无协议而与仲裁地所在国法律不符者；

（戊）裁决对各造尚无拘束力，或业经裁决地所在国或裁决所依据法律之国家之主管机关撤销或停止执行者。

二、倘申请承认及执行地所在国之主管机关认定有下列情形之一，亦得拒不承认及执行仲裁裁决：

（甲）依该国法律，争议事项系不能以仲裁解决者；

（乙）承认或执行裁决有违该国公共政策者。

第六条　倘裁决业经向第五条第一项（戊）款所称之主管机关申请撤销或停止执行，受理援引裁决案件之机关得于其认为适当时延缓关于执行裁决之决定，并得依请求执行一造之申请，命他造提供妥适之担保。

第七条

一、本公约之规定不影响缔约国间所订关于承认及执行仲裁裁决之多边或双边协定之效力，亦不剥夺任何利害关系人可依援引裁决地所在国之法律或条约所认许之方式，在其许可范围内，援用仲裁裁决之任何权利。

二、1923 年日内瓦仲裁条款议定书及 1927 年日内瓦执行外国仲裁裁决公约在缔约国间，于其受本公约拘束后，在其受拘束之范围内不再生效。

第八条

一、本公约在 1958 年 12 月 31 日以前听由任何联合国会员国及现为或嗣后成为任何联合国专门机关会员或国际法院规约当事之任何其他国家，或经联合国大会邀请之任何其他国家签署。

二、本公约应予批准。批准文件应送交联合国秘书长存放。

第九条

一、本公约听由第八条所称各国加入。

二、加入应以加入文件送交联合国秘书长存放为之。

第十条

一、任何国家得于签署、批准或加入时声明将本公约推广适用于由其负责国际关系之一切或任何领土。此项声明于本公约对关系国家生效时发生效力。

二、嗣后关于推广适用之声明应向联合国秘书长提出通知为之，自联合国秘书长收到此项通知之日后第 90 日起，或自本公约对关系国家生效之日起发生效力，此两日期以较迟者为准。

三、关于在签署、批准或加入时未经将本公约推广适用之领土，各关系国家应考虑可否采取必要步骤将本公约推广适用于此等领土，但因宪政关系确有必要时，自须征得此等领土政府之同意。

第十一条　下列规定对联邦制或非单一制国家适用之：

（甲）关于本公约内属于联邦机关立法权限之条款，联邦政府之义务在此范围内与非联邦制缔约国之义务同；

（乙）关于本公约内属于组成联邦各州或各省立法权限之条款，如各州或各省依联邦宪法制度并无采取立法行动之义务，联邦政府应尽速将此等条款提请各州或各省主管机关注意，并附有利之建议；

（丙）参加本公约之联邦国家遇任何其他缔约国经由联合国秘书长转达请求时，应提供叙述联邦及其组成单位关于本公约特定规定之法律及惯例之情报，说明以立法或其他行动实施此项规定之程度。

第十二条

一、本公约应自第三件批准或加入文件存放之日后第 90 日起发生效力。

二、对于第三件批准或加入文件存放后批准或加入本公约之国家，本公约应自各该国存放批准或加入文件后第 90 日起发生效力。

第十三条

一、任何缔约国得以书面通知联合国秘书长宣告退出本公约。退约应于秘书长收到通知之日 1 年后发生效力。

二、依第十条规定提出声明或通知之国家，嗣后得随时通知联合国秘书长声明本公约自秘书长收到通知之日 1 年后停止适用于关系领土。

三、在退约生效前已进行承认或执行程序之仲裁裁决，应继续适用本公约。

第十四条　缔约国除在本国负有适用本公约义务之范围外，无权对其他缔约国援用本公约。

第十五条　联合国秘书长应将下列事项通知第八条所称各国：

（甲）依第八条所为之签署及批准；

（乙）依第九条所为之加入；

（丙）依第一条、第十条及第十一条所为之声明及通知；

（丁）依第十二条本公约发生效力之日期；

（戊）依第十三条所为之退约及通知。

第十六条

一、本公约应存放联合国档库，其中文、英文、法文、俄文及西班牙文各本同一作准。

二、联合国秘书长应将本公约正式副本分送第八条所称各国。

二、最高人民法院关于执行我国加入的 《承认及执行外国仲裁裁决公约》的通知

〔法(经)发〔1987〕5 号〕

全国地方各高、中级人民法院,各海事法院、铁路运输中级法院:

第六届全国人民代表大会常务委员会第十八次会议于 1986 年 12 月 2 日决定我国加入 1958 年在纽约通过的《承认及执行外国仲裁裁决公约》(以下简称《1958年纽约公约》),该公约将于 1987 年 4 月 22 日对我国生效。各高、中级人民法院都应立即组织经济、民事审判人员、执行人员以及其他有关人员认真学习这一重要的国际公约,并且切实依照执行。现就执行该公约的几个问题通知如下:

一、根据我国加入该公约时所做的互惠保留声明,我国对在另一缔约国领土内做出的仲裁裁决的承认和执行适用该公约。该公约与我国民事诉讼法(试行)有不同规定的,按该公约的规定办理。

对于在非缔约国领土内做出的仲裁裁决,需要我国法院承认和执行的,应按民事诉讼法(试行)第二百零四条的规定办理。

二、根据我国加入该公约时所做的商事保留声明,我国仅对按照我国法律属于契约性和非契约性商事法律关系所引起的争议适用该公约。所谓"契约性和非契约性商事法律关系",具体的是指由于合同、侵权或者根据有关法律规定而产生的经济上的权利义务关系,例如货物买卖、财产租赁、工程承包、加工承揽、技术转让、合资经营、合作经营、勘探开发自然资源、保险、信贷、劳务、代理、咨询服务和海上、民用航空、铁路、公路的客货运输以及产品责任、环境污染、海上事故和所有权争议等,但不包括外国投资者与东道国政府之间的争端。

三、根据《1958 年纽约公约》第四条的规定,申请我国法院承认和执行在另一缔约国领土内做出的仲裁裁决,是由仲裁裁决的一方当事人提出的。对于当事人的申请应由我国下列地点的中级人民法院受理:

1.被执行人为自然人的,为其户籍所在地或者居所地;

2.被执行人为法人的,为其主要办事机构所在地;

3.被执行人在我国无住所、居所或者主要办事机构,但有财产在我国境内的,为其财产所在地。

四、我国有管辖权的人民法院接到一方当事人的申请后,应对申请承认及执

行的仲裁裁决进行审查,如果认为不具有《1958年纽约公约》第五条第一、二两项所列的情形,应当裁定承认其效力,并且依照民事诉讼法(试行)规定的程序执行;如果认定具有第五条第二项所列的情形之一的,或者根据被执行人提供的证据证明具有第五条第一项所列的情形之一的,应当裁定驳回申请,拒绝承认及执行。

五、申请我国法院承认及执行的仲裁裁决,仅限于《1958年纽约公约》对我国生效后在另一缔约国领土内做出的仲裁裁决。该项申请应当在民事诉讼法(试行)第一百六十九条规定的申请执行期限内提出。

特此通知,希遵照执行。

附一:
本通知引用的《承认及执行外国仲裁裁决公约》有关条款
第四条
一、申请承认及执行之一造,为取得前条所称之承认及执行,应于申请时提具:
(甲)原裁决之正本或其正式副本;
(乙)第二条所称协定之原本或其正式副本。
二、倘前述裁决或协定所用文字非为援引裁决地所在国之正式文字,申请承认及执行裁决之一造应备具各该文件之此项文字译本。译本应由公设或宣誓之翻译员或外交或领事人员认证之。
第五条
一、裁决唯有受裁决援用之一造向申请承认及执行地之主管机关提具证据证明有下列情形之一时,始得依该造之请求,拒予承认及执行;
(甲)第二条所称协定之当事人依对其适用之法律有某种无行为能力情形者,或该项协定依当事人作为协定准据之法律系属无效,或未指明以何法律为准时,依裁决地所在国法律系属无效者;
(乙)受裁决援用之一造未接获关于指派仲裁员或仲裁程序之适当通知,或因他故,致未能申辩者;
(丙)裁决所处理之争议非为交付仲裁之标的或不在其条款之列,或裁决载有关于交付仲裁范围以外事项之决定者,但交付仲裁事项之决定可与未交付仲裁之事项划分时,裁决中关于交付仲裁事项之决定部分得予承认及执行;
(丁)仲裁机关之组成或仲裁程序与各造间之协议不符,或无协议而与仲裁地所在国法律不符者;
(戊)裁决对各造尚无拘束力,或业经裁决地所在国或裁决所依据法律之国家之主管机关撤销或停止执行者。
二、倘申请承认及执行地所在国之主管机关认定有下列情形之一,亦得拒不承认及执行仲裁裁决:

（甲）依该国法律，争议事项系不能以仲裁解决者；

（乙）承认或执行裁决有违该国公共政策者。

附二：

本通知引用的《中华人民共和国民事诉讼法（试行）》有关条款

第一百六十九条 申请执行的期限，双方或者一方当事人是个人的为一年；双方是企业事业单位、机关、团体的为六个月。

第二百零四条 中华人民共和国人民法院对外国法院委托执行的已经确定的判决、裁决，应当根据中华人民共和国缔结或者参加的国际条约，或者按照互惠原则进行审查，认为不违反中华人民共和国法律的基本准则或者我国国家、社会利益的，裁定承认其效力，并且依照本法规定的程序执行。否则，应当退回外国法院。

附三：

加入《承认及执行外国仲裁裁决公约》的国家

丹麦（1、2）、法国（1、2）、希腊（1、2）、罗马教庭（1、2）、美国（1、2）、奥地利（1）、比利时（1）、联邦德国（1）、爱尔兰（1）、日本（1）、卢森堡（1）、荷兰（1）、瑞士（1）、英国（1）、挪威（1）、澳大利亚、芬兰、新西兰（1）、圣马利诺、西班牙、意大利、加拿大、瑞典、民主德国（1、2）、匈牙利（1、2）、波兰（1、2）、罗马尼亚（1、2）、南斯拉夫（1、2、3）、保加利亚（1）、捷克斯洛伐克（1）、苏联（1）、苏联白俄罗斯共和国（1）、苏联乌克兰共和国（1）、博茨瓦纳（1、2）、中非共和国（1、2）、中国（1、2）、古巴（1、2）、塞浦路斯（1、2）、厄瓜多尔（1、2）、印度（1、2）、印度尼西亚（1、2）、马达加斯加（1、2）、尼日利亚（1、2）、菲律宾（1、2）、特立尼达和多巴哥（1、2）、突尼斯（1、2）、危地马拉（1、2）、南朝鲜（1、2）、摩纳哥（1、2）、科威特（1）、摩洛哥（1）、坦桑尼亚（1）、贝宁、智利、哥伦比亚、民主柬埔寨、埃及、加纳、以色列、约旦、墨西哥、尼日尔、南非、斯里兰卡、叙利亚、泰国、乌拉圭、吉布提、海地、巴拿马、马来西亚、新加坡。

注：1.该国声明，只适用本公约于在另一缔约国领土内做出的仲裁裁决，即作互惠保留。

2.该国声明，只适用本公约于根据其本国的法律认定为属于商事的法律关系（契约性或非契约性的）所引起争议，即作商事保留。

3.该国声明，只承认和执行该国加入本公约之后在外国做出的仲裁裁决。

三、中华人民共和国民事诉讼法（节选）

(1991 年 4 月 9 日第七届全国人民代表大会第四次会议通过　根据 2007 年 10 月 28 日第十届全国人民代表大会常务委员会第三十次会议《关于修改〈中华人民共和国民事诉讼法〉的决定》第一次修正　根据 2012 年 8 月 31 日第十一届全国人民代表大会常务委员会第二十八次会议《关于修改〈中华人民共和国民事诉讼法〉的决定》第二次修正　根据 2017 年 6 月 27 日第十二届全国人民代表大会常务委员会第二十八次会议《关于修改〈中华人民共和国民事诉讼法〉和〈中华人民共和国行政诉讼法〉的决定》第三次修正)

第二十六章　仲　裁

第二百七十一条　仲裁协议

涉外经济贸易、运输和海事中发生的纠纷，当事人在合同中订有仲裁条款或者事后达成书面仲裁协议，提交中华人民共和国涉外仲裁机构或者其他仲裁机构仲裁的，当事人不得向人民法院起诉。当事人在合同中没有订有仲裁条款或者事后没有达成书面仲裁协议的，可以向人民法院起诉。

第二百七十二条　财产保全

当事人申请采取保全的，中华人民共和国的涉外仲裁机构应当将当事人的申请，提交被申请人住所地或者财产所在地的中级人民法院裁定。

第二百七十三条　仲裁裁决执行

经中华人民共和国涉外仲裁机构裁决的，当事人不得向人民法院起诉。一方当事人不履行仲裁裁决的，对方当事人可以向被申请人住所地或者财产所在地的中级人民法院申请执行。

第二百七十四条　不予执行情形

对中华人民共和国涉外仲裁机构做出的裁决，被申请人提出证据证明仲裁裁决有下列情形之一的，经人民法院组成合议庭审查核实，裁定不予执行：（一）当事人在合同中没有订有仲裁条款或者事后没有达成书面仲裁协议的；（二）被申请人没有得到指定仲裁员或者进行仲裁程序的通知，或者由于其他不属于被申请人负责的原因未能陈述意见的；（三）仲裁庭的组成或者仲裁的程序与仲裁规则不符的；（四）裁决的事项不属于仲裁协议的范围或者仲裁机构无权仲裁的。

人民法院认定执行该裁决违背社会公共利益的，裁定不予执行。

第二百七十五条　不予执行后果

仲裁裁决被人民法院裁定不予执行的，当事人可以根据双方达成的书面仲裁协议重新申请仲裁，也可以向人民法院起诉。

四、中华人民共和国仲裁法（节选）

（1994 年 8 月 31 日第八届全国人民代表大会常务委员会第九次会议通过　根据 2009 年 8 月 27 日第十一届全国人民代表大会常务委员会第十次会议《关于修改部分法律的决定》第一次修正　根据 2017 年 9 月 1 日第十二届全国人民代表大会常务委员会第二十九次会议《关于修改〈中华人民共和国法官法〉等八部法律的决定》第二次修正）

第七章　涉外仲裁的特别规定

第六十五条　涉外经济贸易、运输和海事中发生的纠纷的仲裁，适用本章规定。本章没有规定的，适用本法其他有关规定。

第六十六条　涉外仲裁委员会可以由中国国际商会组织设立。

涉外仲裁委员会由主任一人、副主任若干人和委员若干人组成。

涉外仲裁委员会的主任、副主任和委员可以由中国国际商会聘任。

第六十七条　涉外仲裁委员会可以从具有法律、经济贸易、科学技术等专门知识的外籍人士中聘任仲裁员。

第六十八条　涉外仲裁的当事人申请证据保全的，涉外仲裁委员会应当将当事人的申请提交证据所在地的中级人民法院。

第六十九条　涉外仲裁的仲裁庭可以将开庭情况记入笔录，或者做出笔录要点，笔录要点可以由当事人和其他仲裁参与人签字或者盖章。

第七十条　当事人提出证据证明涉外仲裁裁决有民事诉讼法第二百五十八条第一款规定的情形之一的，经人民法院组成合议庭审查核实，裁定撤销。

第七十一条　被申请人提出证据证明涉外仲裁裁决有民事诉讼法第二百五十八条第一款规定的情形之一的，经人民法院组成合议庭审查核实，裁定不予执行。

第七十二条　涉外仲裁委员会做出的发生法律效力的仲裁裁决，当事人请求执行的，如果被执行人或者其财产不在中华人民共和国领域内，应当由当事人直接向有管辖权的外国法院申请承认和执行。

第七十三条　涉外仲裁规则可以由中国国际商会依照本法和民事诉讼法的有关规定制定。

五、中国国际经济贸易仲裁委员会仲裁规则

（2014 年 11 月 4 日中国国际贸易促进委员会/中国国际商会修订并通过，
自 2015 年 1 月 1 日起施行）

第一章　总　则

第一条　仲裁委员会

（一）中国国际经济贸易仲裁委员会（以下简称"仲裁委员会"），原名中国国际贸易促进委员会对外贸易仲裁委员会、中国国际贸易促进委员会对外经济贸易仲裁委员会，同时使用"中国国际商会仲裁院"名称。

（二）当事人在仲裁协议中订明由中国国际贸易促进委员会/中国国际商会仲裁，或由中国国际贸易促进委员会/中国国际商会的仲裁委员会或仲裁院仲裁的，或使用仲裁委员会原名称为仲裁机构的，均视为同意由中国国际经济贸易仲裁委员会仲裁。

第二条　机构及职责

（一）仲裁委员会主任履行本规则赋予的职责。副主任根据主任的授权可以履行主任的职责。

（二）仲裁委员会设有仲裁院，在授权的副主任和仲裁院院长的领导下履行本规则规定的职责。

（三）仲裁委员会设在北京。仲裁委员会设有分会或仲裁中心（本规则附件一，略）。仲裁委员会的分会/仲裁中心是仲裁委员会的派出机构，根据仲裁委员会的授权，接受仲裁申请，管理仲裁案件。

（四）分会/仲裁中心设仲裁院，在分会/仲裁中心仲裁院院长的领导下履行本规则规定由仲裁委员会仲裁院履行的职责。

（五）案件由分会/仲裁中心管理的，本规则规定由仲裁委员会仲裁院院长履行的职责，由仲裁委员会仲裁院院长授权的分会/仲裁中心仲裁院院长履行。

（六）当事人可以约定将争议提交仲裁委员会或仲裁委员会分会/仲裁中心进行仲裁；约定由仲裁委员会进行仲裁的，由仲裁委员会仲裁院接受仲裁申请并管理案件；约定由分会/仲裁中心仲裁的，由所约定的分会/仲裁中心仲裁院接受仲裁申请并管理案件。约定的分会/仲裁中心不存在、被终止授权或约定不明的，由仲裁委员会仲裁院接受仲裁申请并管理案件。如有争议，由仲裁委员会做出决定。

第三条　受案范围

(一)仲裁委员会根据当事人的约定受理契约性或非契约性的经济贸易等争议案件。

(二)前款所述案件包括:

1.国际或涉外争议案件;

2.涉及香港特别行政区、澳门特别行政区及台湾地区的争议案件;

3.国内争议案件。

第四条　规则的适用

(一)本规则统一适用于仲裁委员会及其分会/仲裁中心。

(二)当事人约定将争议提交仲裁委员会仲裁的,视为同意按照本规则进行仲裁。

(三)当事人约定将争议提交仲裁委员会仲裁但对本规则有关内容进行变更或约定适用其他仲裁规则的,从其约定,但其约定无法实施或与仲裁程序适用法强制性规定相抵触者除外。当事人约定适用其他仲裁规则的,由仲裁委员会履行相应的管理职责。

(四)当事人约定按照本规则进行仲裁但未约定仲裁机构的,视为同意将争议提交仲裁委员会仲裁。

(五)当事人约定适用仲裁委员会专业仲裁规则的,从其约定,但其争议不属于该专业仲裁规则适用范围的,适用本规则。

第五条　仲裁协议

(一)仲裁协议指当事人在合同中订明的仲裁条款或以其他方式达成的提交仲裁的书面协议。

(二)仲裁协议应当采取书面形式。书面形式包括合同书、信件、电报、电传、传真、电子数据交换和电子邮件等可以有形地表现所载内容的形式。在仲裁申请书和仲裁答辩书的交换中,一方当事人声称有仲裁协议而另一方当事人不做否认表示的,视为存在书面仲裁协议。

(三)仲裁协议的适用法对仲裁协议的形式及效力另有规定的,从其规定。

(四)合同中的仲裁条款应视为与合同其他条款分离的、独立存在的条款,附属于合同的仲裁协议也应视为与合同其他条款分离的、独立存在的一个部分;合同的变更、解除、终止、转让、失效、无效、未生效、被撤销以及成立与否,均不影响仲裁条款或仲裁协议的效力。

第六条　对仲裁协议及/或管辖权的异议

(一)仲裁委员会有权对仲裁协议的存在、效力以及仲裁案件的管辖权做出决定。如有必要,仲裁委员会也可以授权仲裁庭做出管辖权决定。

(二)仲裁委员会依表面证据认为存在有效仲裁协议的,可根据表面证据做出仲裁委员会有管辖权的决定,仲裁程序继续进行。仲裁委员会依表面证据做出的管辖权决定并不妨碍其根据仲裁庭在审理过程中发现的与表面证据不一致的事实及/或证据重新做出管辖权决定。

(三)仲裁庭依据仲裁委员会的授权做出管辖权决定时,可以在仲裁程序进行中单独做出,也可以在裁决书中一并做出。

（四）当事人对仲裁协议及/或仲裁案件管辖权的异议,应当在仲裁庭首次开庭前书面提出;书面审理的案件,应当在第一次实体答辩前提出。

（五）对仲裁协议及/或仲裁案件管辖权提出异议不影响仲裁程序的继续进行。

（六）上述管辖权异议及/或决定包括仲裁案件主体资格异议及/或决定。

（七）仲裁委员会或经仲裁委员会授权的仲裁庭做出无管辖权决定的,应当做出撤销案件的决定。撤案决定在仲裁庭组成前由仲裁委员会仲裁院院长做出,在仲裁庭组成后,由仲裁庭做出。

第七条　仲裁地

（一）当事人对仲裁地有约定的,从其约定。

（二）当事人对仲裁地未做约定或约定不明的,以管理案件的仲裁委员会或其分会/仲裁中心所在地为仲裁地;仲裁委员会也可视案件的具体情形确定其他地点为仲裁地。

（三）仲裁裁决视为在仲裁地做出。

第八条　送达及期限

（一）有关仲裁的一切文书、通知、材料等均可采用当面递交、挂号信、特快专递、传真或仲裁委员会仲裁院或仲裁庭认为适当的其他方式发送。

（二）上述第（一）款所述仲裁文件应发送当事人或其仲裁代理人自行提供的或当事人约定的地址;当事人或其仲裁代理人没有提供地址或当事人对地址没有约定的,按照对方当事人或其仲裁代理人提供的地址发送。

（三）向一方当事人或其仲裁代理人发送的仲裁文件,如经当面递交收件人或发送至收件人的营业地、注册地、住所地、惯常居住地或通讯地址,或经对方当事人合理查询不能找到上述任一地点,仲裁委员会仲裁院以挂号信或特快专递或能提供投递记录的包括公证送达、委托送达和留置送达在内的其他任何手段投递给收件人最后一个为人所知的营业地、注册地、住所地、惯常居住地或通讯地址,即视为有效送达。

（四）本规则所规定的期限,应自当事人收到或应当收到仲裁委员会仲裁院向其发送的文书、通知、材料等之日的次日起计算。

第九条　诚实信用

仲裁参与人应遵循诚实信用原则,进行仲裁程序。

第十条　放弃异议

一方当事人知道或理应知道本规则或仲裁协议中规定的任何条款或情事未被遵守,仍参加仲裁程序或继续进行仲裁程序而且不对此不遵守情况及时地、明示地提出书面异议的,视为放弃其提出异议的权利。

第二章　仲裁程序

第一节　仲裁申请、答辩、反请求

第十一条　仲裁程序的开始

仲裁程序自仲裁委员会仲裁院收到仲裁申请书之日起开始。

第十二条　申请仲裁

当事人依据本规则申请仲裁时应:

(一)提交由申请人或申请人授权的代理人签名及/或盖章的仲裁申请书。仲裁申请书应写明:

1. 申请人和被申请人的名称和住所,包括邮政编码、电话、传真、电子邮箱或其他电子通讯方式;

2. 申请仲裁所依据的仲裁协议;

3. 案情和争议要点;

4. 申请人的仲裁请求;

5. 仲裁请求所依据的事实和理由。

(二)在提交仲裁申请书时,附具申请人请求所依据的证据材料以及其他证明文件。

(三)按照仲裁委员会制定的仲裁费用表的规定预缴仲裁费。

第十三条　案件的受理

(一)仲裁委员会根据当事人在争议发生之前或在争议发生之后达成的将争议提交仲裁委员会仲裁的仲裁协议和一方当事人的书面申请,受理案件。

(二)仲裁委员会仲裁院收到申请人的仲裁申请书及其附件后,经审查,认为申请仲裁的手续完备的,应将仲裁通知、仲裁委员会仲裁规则和仲裁员名册各一份发送给双方当事人;申请人的仲裁申请书及其附件也应同时发送给被申请人。

(三)仲裁委员会仲裁院经审查认为申请仲裁的手续不完备的,可以要求申请人在一定的期限内予以完备。申请人未能在规定期限内完备申请仲裁手续的,视同申请人未提出仲裁申请;申请人的仲裁申请书及其附件,仲裁委员会仲裁院不予留存。

(四)仲裁委员会受理案件后,仲裁委员会仲裁院应指定一名案件秘书协助仲裁案件的程序管理。

第十四条　多份合同的仲裁

申请人就多份合同项下的争议可在同一仲裁案件中合并提出仲裁申请,但应同时符合下列条件:

1. 多份合同系主从合同关系;或多份合同所涉当事人相同且法律关系性质相同;

2. 争议源于同一交易或同一系列交易;

3. 多份合同中的仲裁协议内容相同或相容。

第十五条　答辩

(一)被申请人应自收到仲裁通知后 45 天内提交答辩书。被申请人确有正当理由请求延长提交答辩期限的,由仲裁庭决定是否延长答辩期限;仲裁庭尚未组成的,由仲裁委员会仲裁院做出决定。

(二)答辩书由被申请人或被申请人授权的代理人签名及/或盖章,并应包括下列内容及附件:

1.被申请人的名称和住所,包括邮政编码、电话、传真、电子邮箱或其他电子通讯方式;

2.对仲裁申请书的答辩及所依据的事实和理由;

3.答辩所依据的证据材料以及其他证明文件。

(三)仲裁庭有权决定是否接受逾期提交的答辩书。

(四)被申请人未提交答辩书,不影响仲裁程序的进行。

第十六条　反请求

(一)被申请人如有反请求,应自收到仲裁通知后 45 天内以书面形式提交。被申请人确有正当理由请求延长提交反请求期限的,由仲裁庭决定是否延长反请求期限;仲裁庭尚未组成的,由仲裁委员会仲裁院做出决定。

(二)被申请人提出反请求时,应在其反请求申请书中写明具体的反请求事项及其所依据的事实和理由,并附具有关的证据材料以及其他证明文件。

(三)被申请人提出反请求,应按照仲裁委员会制定的仲裁费用表在规定的时间内预缴仲裁费。被申请人未按期缴纳反请求仲裁费的,视同未提出反请求申请。

(四)仲裁委员会仲裁院认为被申请人提出反请求的手续已完备的,应向双方当事人发出反请求受理通知。申请人应在收到反请求受理通知后 30 天内针对被申请人的反请求提交答辩。申请人确有正当理由请求延长提交答辩期限的,由仲裁庭决定是否延长答辩期限;仲裁庭尚未组成的,由仲裁委员会仲裁院做出决定。

(五)仲裁庭有权决定是否接受逾期提交的反请求和反请求答辩书。

(六)申请人对被申请人的反请求未提出书面答辩的,不影响仲裁程序的进行。

第十七条　变更仲裁请求或反请求

申请人可以申请对其仲裁请求进行变更,被申请人也可以申请对其反请求进行变更;但是仲裁庭认为其提出变更的时间过迟而影响仲裁程序正常进行的,可以拒绝其变更请求。

第十八条　追加当事人

(一)在仲裁程序中,一方当事人依据表面上约束被追加当事人的案涉仲裁协议可以向仲裁委员会申请追加当事人。在仲裁庭组成后申请追加当事人的,如果仲裁庭认为确有必要,应在征求包括被追加当事人在内的各方当事人的意见后,由仲裁委员会做出决定。

仲裁委员会仲裁院收到追加当事人申请之日视为针对该被追加当事人的仲裁开始之日。

(二)追加当事人申请书应包含现有仲裁案件的案号,涉及被追加当事人在内的所有当事人的名称、住所及通讯方式,追加当事人所依据的仲裁协议、事实和理由,以及仲裁请求。

当事人在提交追加当事人申请书时,应附具其申请所依据的证据材料以及其他证明文件。

（三）任何一方当事人就追加当事人程序提出仲裁协议及/或仲裁案件管辖权异议的，仲裁委员会有权基于仲裁协议及相关证据做出是否具有管辖权的决定。

（四）追加当事人程序开始后，在仲裁庭组成之前，由仲裁委员会仲裁院就仲裁程序的进行做出决定；在仲裁庭组成之后，由仲裁庭就仲裁程序的进行做出决定。

（五）在仲裁庭组成之前追加当事人的，本规则有关当事人选定或委托仲裁委员会主任指定仲裁员的规定适用于被追加当事人。仲裁庭的组成应按照本规则第二十九条的规定进行。

在仲裁庭组成后决定追加当事人的，仲裁庭应就已经进行的包括仲裁庭组成在内的仲裁程序征求被追加当事人的意见。被追加当事人要求选定或委托仲裁委员会主任指定仲裁员的，双方当事人应重新选定或委托仲裁委员会主任指定仲裁员。仲裁庭的组成应按照本规则第二十九条的规定进行。

（六）本规则有关当事人提交答辩及反请求的规定适用于被追加当事人。被追加当事人提交答辩及反请求的期限自收到追加当事人仲裁通知后起算。

（七）案涉仲裁协议表面上不能约束被追加当事人或存在其他任何不宜追加当事人的情形的，仲裁委员会有权决定不予追加。

第十九条　合并仲裁

（一）符合下列条件之一的，经一方当事人请求，仲裁委员会可以决定将根据本规则进行的两个或两个以上的仲裁案件合并为一个仲裁案件，进行审理。

1.各案仲裁请求依据同一个仲裁协议提出；

2.各案仲裁请求依据多份仲裁协议提出，该多份仲裁协议内容相同或相容，且各案当事人相同、各争议所涉及的法律关系性质相同；

3.各案仲裁请求依据多份仲裁协议提出，该多份仲裁协议内容相同或相容，且涉及的多份合同为主从合同关系；

4.所有案件的当事人均同意合并仲裁。

（二）根据上述第（一）款决定合并仲裁时，仲裁委员会应考虑各方当事人的意见及相关仲裁案件之间的关联性等因素，包括不同案件的仲裁员的选定或指定情况。

（三）除非各方当事人另有约定，合并的仲裁案件应合并至最先开始仲裁程序的仲裁案件。

（四）仲裁案件合并后，在仲裁庭组成之前，由仲裁委员会仲裁院就程序的进行做出决定；仲裁庭组成后，由仲裁庭就程序的进行做出决定。

第二十条　仲裁文件的提交与交换

（一）当事人的仲裁文件应提交至仲裁委员会仲裁院。

（二）仲裁程序中需发送或转交的仲裁文件，由仲裁委员会仲裁院发送或转交仲裁庭及当事人，当事人另有约定并经仲裁庭同意或仲裁庭另有决定者除外。

第二十一条　仲裁文件的份数

当事人提交的仲裁申请书、答辩书、反请求书和证据材料以及其他仲裁文件，应一式五份;多方当事人的案件,应增加相应份数;当事人提出财产保全申请或证据保全申请的,应增加相应份数;仲裁庭组成人数为一人的,应相应减少两份。

第二十二条 仲裁代理人

当事人可以授权中国及/或外国的仲裁代理人办理有关仲裁事项。当事人或其仲裁代理人应向仲裁委员会仲裁院提交授权委托书。

第二十三条 保全及临时措施

(一)当事人依据中国法律申请保全的,仲裁委员会应当依法将当事人的保全申请转交当事人指明的有管辖权的法院。

(二)根据所适用的法律或当事人的约定,当事人可以依据《中国国际经济贸易仲裁委员会紧急仲裁员程序》(本规则附件三,略)向仲裁委员会仲裁院申请紧急性临时救济。紧急仲裁员可以决定采取必要或适当的紧急性临时救济措施。紧急仲裁员的决定对双方当事人具有约束力。

(三)经一方当事人请求,仲裁庭依据所适用的法律或当事人的约定可以决定采取其认为必要或适当的临时措施,并有权决定由请求临时措施的一方当事人提供适当的担保。

第二节 仲裁员及仲裁庭

第二十四条 仲裁员的义务

仲裁员不代表任何一方当事人,应独立于各方当事人,平等地对待各方当事人。

第二十五条 仲裁庭的人数

(一)仲裁庭由一名或三名仲裁员组成。

(二)除非当事人另有约定或本规则另有规定,仲裁庭由三名仲裁员组成。

第二十六条 仲裁员的选定或指定

(一)仲裁委员会制定统一适用于仲裁委员会及其分会/仲裁中心的仲裁员名册;当事人从仲裁委员会制定的仲裁员名册中选定仲裁员。

(二)当事人约定在仲裁委员会仲裁员名册之外选定仲裁员的,当事人选定的或根据当事人约定指定的人士经仲裁委员会主任确认后可以担任仲裁员。

第二十七条 三人仲裁庭的组成

(一)申请人和被申请人应各自在收到仲裁通知后15天内选定或委托仲裁委员会主任指定一名仲裁员。当事人未在上述期限内选定或委托仲裁委员会主任指定的,由仲裁委员会主任指定。

(二)第三名仲裁员由双方当事人在被申请人收到仲裁通知后15天内共同选定或共同委托仲裁委员会主任指定。第三名仲裁员为仲裁庭的首席仲裁员。

(三)双方当事人可以各自推荐一至五名候选人作为首席仲裁员人选,并按照上述第(二)款规定的期限提交推荐名单。双方当事人的推荐名单中有一名人选相同的,该人选为双方当事人共同选定的首席仲裁员;有一名以上人选相同的,由仲裁委员会主任根据案件的具体情况在相同人选中确定一名首席仲裁员,该名首席仲裁员仍为双方共同选定的首席仲裁员;推荐名单中没有相同人选时,由仲裁委员会主任指定首席仲裁员。

(四)双方当事人未能按照上述规定共同选定首席仲裁员的,由仲裁委员会主任指定首席仲裁员。

第二十八条 独任仲裁庭的组成

仲裁庭由一名仲裁员组成的,按照本规则第二十七条第(二)、(三)、(四)款规定的程序,选定或指定独任仲裁员。

第二十九条 多方当事人仲裁庭的组成

(一)仲裁案件有两个或两个以上申请人及/或被申请人时,申请人方及/或被申请人方应各自协商,各方共同选定或共同委托仲裁委员会主任指定一名仲裁员。

(二)首席仲裁员或独任仲裁员应按照本规则第二十七条第(二)、(三)、(四)款规定的程序选定或指定。申请人方及/或被申请人方按照本规则第二十七条第(三)款的规定选定首席仲裁员或独任仲裁员时,应各方共同协商,提交各方共同选定的候选人名单。

(三)如果申请人方及/或被申请人方未能在收到仲裁通知后15天内各方共同选定或各方共同委托仲裁委员会主任指定一名仲裁员,则由仲裁委员会主任指定仲裁庭三名仲裁员,并从中确定一人担任首席仲裁员。

第三十条 指定仲裁员的考虑因素

仲裁委员会主任根据本规则的规定指定仲裁员时,应考虑争议的适用法律、仲裁地、仲裁语言、当事人国籍,以及仲裁委员会主任认为应考虑的其他因素。

第三十一条 披露

(一)被选定或被指定的仲裁员应签署声明书,披露可能引起对其公正性和独立性产生合理怀疑的任何事实或情况。

(二)在仲裁程序中出现应披露情形的,仲裁员应立即书面披露。

(三)仲裁员的声明书及/或披露的信息应提交仲裁委员会仲裁院并转交各方当事人。

第三十二条 仲裁员的回避

(一)当事人收到仲裁员的声明书及/或书面披露后,如果以披露的事实或情况为理由要求该仲裁员回避,则应于收到仲裁员的书面披露后10天内书面提出。逾期没有申请回避的,不得以仲裁员曾经披露的事项为由申请该仲裁员回避。

(二)当事人对被选定或被指定的仲裁员的公正性和独立性产生具有正当理由的怀疑时,可以书面提出要求该仲裁员回避的请求,但应说明提出回避请求所依据的具体事实和理由,并举证。

(三)对仲裁员的回避请求应在收到组庭通知后15天内以书面形式提出;在此

之后得知要求回避事由的,可以在得知回避事由后 15 天内提出,但应不晚于最后一次开庭终结。

(四)当事人的回避请求应当立即转交另一方当事人、被请求回避的仲裁员及仲裁庭其他成员。

(五)如果一方当事人请求仲裁员回避,另一方当事人同意回避请求,或被请求回避的仲裁员主动提出不再担任该仲裁案件的仲裁员,则该仲裁员不再担任仲裁员审理本案。上述情形并不表示当事人提出回避的理由成立。

(六)除上述第(五)款规定的情形外,仲裁员是否回避,由仲裁委员会主任做出终局决定并可以不说明理由。

(七)在仲裁委员会主任就仲裁员是否回避做出决定前,被请求回避的仲裁员应继续履行职责。

第三十三条　仲裁员的更换

(一)仲裁员在法律上或事实上不能履行职责,或没有按照本规则的要求或在本规则规定的期限内履行应尽职责时,仲裁委员会主任有权决定将其更换;该仲裁员也可以主动申请不再担任仲裁员。

(二)是否更换仲裁员,由仲裁委员会主任做出终局决定并可以不说明理由。

(三)在仲裁员因回避或更换不能履行职责时,应按照原选定或指定仲裁员的方式在仲裁委员会仲裁院规定的期限内选定或指定替代的仲裁员。当事人未选定或指定替代仲裁员的,由仲裁委员会主任指定替代的仲裁员。

(四)重新选定或指定仲裁员后,由仲裁庭决定是否重新审理及重新审理的范围。

第三十四条　多数仲裁员继续仲裁程序

最后一次开庭终结后,如果三人仲裁庭中的一名仲裁员因死亡或被除名等情形而不能参加合议及/或做出裁决,另外两名仲裁员可以请求仲裁委员会主任按照第三十三条的规定更换该仲裁员;在征求双方当事人意见并经仲裁委员会主任同意后,该两名仲裁员也可以继续进行仲裁程序,做出决定或裁决。仲裁委员会仲裁院应将上述情况通知双方当事人。

第三节　审　理

第三十五条　审理方式

(一)除非当事人另有约定,仲裁庭可以按照其认为适当的方式审理案件。在任何情形下,仲裁庭均应公平和公正地行事,给予双方当事人陈述与辩论的合理机会。

(二)仲裁庭应开庭审理案件,但双方当事人约定并经仲裁庭同意或仲裁庭认为不必开庭审理并征得双方当事人同意的,可以只依据书面文件进行审理。

(三)除非当事人另有约定,仲裁庭可以根据案件的具体情况采用询问式或辩论式的庭审方式审理案件。

（四）仲裁庭可以在其认为适当的地点以其认为适当的方式进行合议。

（五）除非当事人另有约定，仲裁庭认为必要时可以就所审理的案件发布程序令、发出问题单、制作审理范围书、举行庭前会议等。经仲裁庭其他成员授权，首席仲裁员可以单独就仲裁案件的程序安排做出决定。

第三十六条　开庭地

（一）当事人约定了开庭地点的，仲裁案件的开庭审理应当在约定的地点进行，但出现本规则第八十二条第（三）款规定的情形的除外。

（二）除非当事人另有约定，由仲裁委员会仲裁院或其分会/仲裁中心仲裁院管理的案件应分别在北京或分会/仲裁中心所在地开庭审理；如仲裁庭认为必要，经仲裁委员会仲裁院院长同意，也可以在其他地点开庭审理。

第三十七条　开庭通知

（一）开庭审理的案件，仲裁庭确定第一次开庭日期后，应不晚于开庭前 20 天将开庭日期通知双方当事人。当事人有正当理由的，可以请求延期开庭，但应于收到开庭通知后 5 天内提出书面延期申请；是否延期，由仲裁庭决定。

（二）当事人有正当理由未能按上述第（一）款规定提出延期开庭申请的，是否接受其延期申请，由仲裁庭决定。

（三）再次开庭审理的日期及延期后开庭审理日期的通知及其延期申请，不受上述第（一）款期限的限制。

第三十八条　保密

（一）仲裁庭审理案件不公开进行。双方当事人要求公开审理的，由仲裁庭决定是否公开审理。

（二）不公开审理的案件，双方当事人及其仲裁代理人、仲裁员、证人、翻译、仲裁庭咨询的专家和指定的鉴定人，以及其他有关人员，均不得对外界透露案件实体和程序的有关情况。

第三十九条　当事人缺席

（一）申请人无正当理由开庭时不到庭的，或在开庭审理时未经仲裁庭许可中途退庭的，可以视为撤回仲裁申请；被申请人提出反请求的，不影响仲裁庭就反请求进行审理，并做出裁决。

（二）被申请人无正当理由开庭时不到庭的，或在开庭审理时未经仲裁庭许可中途退庭的，仲裁庭可以进行缺席审理并做出裁决；被申请人提出反请求的，可以视为撤回反请求。

第四十条　庭审笔录

（一）开庭审理时，仲裁庭可以制作庭审笔录及/或影音记录。仲裁庭认为必要时，可以制作庭审要点，并要求当事人及/或其代理人、证人及/或其他有关人员在庭审笔录或庭审要点上签字或盖章。

（二）庭审笔录、庭审要点和影音记录供仲裁庭查用。

（三）应一方当事人申请，仲裁委员会仲裁院视案件具体情况可以决定聘请速录人员速录庭审笔录，当事人应当预交由此产生的费用。

第四十一条　举证

（一）当事人应对其申请、答辩和反请求所依据的事实提供证据加以证明，对其主张、辩论及抗辩要点提供依据。

（二）仲裁庭可以规定当事人提交证据的期限。当事人应在规定的期限内提交证据。逾期提交的，仲裁庭可以不予接受。当事人在举证期限内提交证据材料确有困难的，可以在期限届满前申请延长举证期限。是否延长，由仲裁庭决定。

（三）当事人未能在规定的期限内提交证据，或虽提交证据但不足以证明其主张的，负有举证责任的当事人承担因此产生的后果。

第四十二条　质证

（一）开庭审理的案件，证据应在开庭时出示，当事人可以质证。

（二）对于书面审理的案件的证据材料，或对于开庭后提交的证据材料且当事人同意书面质证的，可以进行书面质证。书面质证时，当事人应在仲裁庭规定的期限内提交书面质证意见。

第四十三条　仲裁庭调查取证

（一）仲裁庭认为必要时，可以调查事实，收集证据。

（二）仲裁庭调查事实、收集证据时，可以通知当事人到场。经通知，一方或双方当事人不到场的，不影响仲裁庭调查事实和收集证据。

（三）仲裁庭调查收集的证据，应转交当事人，给予当事人提出意见的机会。

第四十四条　专家报告及鉴定报告

（一）仲裁庭可以就案件中的专门问题向专家咨询或指定鉴定人进行鉴定。专家和鉴定人可以是中国或外国的机构或自然人。

（二）仲裁庭有权要求当事人、当事人也有义务向专家或鉴定人提供或出示任何有关资料、文件或财产、实物，以供专家或鉴定人审阅、检验或鉴定。

（三）专家报告和鉴定报告的副本应转交当事人，给予当事人提出意见的机会。一方当事人要求专家或鉴定人参加开庭的，经仲裁庭同意，专家或鉴定人应参加开庭，并在仲裁庭认为必要时就所做出的报告进行解释。

第四十五条　程序中止

（一）双方当事人共同或分别请求中止仲裁程序，或出现其他需要中止仲裁程序的情形的，仲裁程序可以中止。

（二）中止程序的原因消失或中止程序期满后，仲裁程序恢复进行。

（三）仲裁程序的中止及恢复，由仲裁庭决定；仲裁庭尚未组成的，由仲裁委员会仲裁院院长决定。

第四十六条　撤回申请和撤销案件

（一）当事人可以撤回全部仲裁请求或全部仲裁反请求。申请人撤回全部仲裁请求的,不影响仲裁庭就被申请人的仲裁反请求进行审理和裁决。被申请人撤回全部仲裁反请求的,不影响仲裁庭就申请人的仲裁请求进行审理和裁决。

(二)因当事人自身原因致使仲裁程序不能进行的,可以视为其撤回仲裁请求。

(三)仲裁请求和反请求全部撤回的,案件可以撤销。在仲裁庭组成前撤销案件的,由仲裁委员会仲裁院院长做出撤案决定;仲裁庭组成后撤销案件的,由仲裁庭做出撤案决定。

(四)上述第(三)款及本规则第六条第(七)款所述撤案决定应加盖"中国国际经济贸易仲裁委员会"印章。

第四十七条　仲裁与调解相结合

(一)双方当事人有调解愿望的,或一方当事人有调解愿望并经仲裁庭征得另一方当事人同意的,仲裁庭可以在仲裁程序中对案件进行调解。双方当事人也可以自行和解。

(二)仲裁庭在征得双方当事人同意后可以按照其认为适当的方式进行调解。

(三)调解过程中,任何一方当事人提出终止调解或仲裁庭认为已无调解成功的可能时,仲裁庭应终止调解。

(四)双方当事人经仲裁庭调解达成和解或自行和解的,应签订和解协议。

(五)当事人经调解达成或自行达成和解协议的,可以撤回仲裁请求或反请求,也可以请求仲裁庭根据当事人和解协议的内容做出裁决书或制作调解书。

(六)当事人请求制作调解书的,调解书应当写明仲裁请求和当事人书面和解协议的内容,由仲裁员署名,并加盖"中国国际经济贸易仲裁委员会"印章,送达双方当事人。

(七)调解不成功的,仲裁庭应当继续进行仲裁程序并做出裁决。

(八)当事人有调解愿望但不愿在仲裁庭主持下进行调解的,经双方当事人同意,仲裁委员会可以协助当事人以适当的方式和程序进行调解。

(九)如果调解不成功,任何一方当事人均不得在其后的仲裁程序、司法程序和其他任何程序中援引对方当事人或仲裁庭在调解过程中曾发表的意见、提出的观点、做出的陈述、表示认同或否定的建议或主张作为其请求、答辩或反请求的依据。

(十)当事人在仲裁程序开始之前自行达成或经调解达成和解协议的,可以依据由仲裁委员会仲裁的仲裁协议及其和解协议,请求仲裁委员会组成仲裁庭,按照和解协议的内容做出仲裁裁决。除非当事人另有约定,仲裁委员会主任指定一名独任仲裁员成立仲裁庭,由仲裁庭按照其认为适当的程序进行审理并做出裁决。具体程序和期限,不受本规则其他条款关于程序和期限的限制。

第三章　裁　决

第四十八条　做出裁决的期限

(一)仲裁庭应在组庭后 6 个月内做出裁决书。

（二）经仲裁庭请求，仲裁委员会仲裁院院长认为确有正当理由和必要的，可以延长该期限。

（三）程序中止的期间不计入上述第（一）款规定的裁决期限。

第四十九条　裁决的做出

（一）仲裁庭应当根据事实和合同约定，依照法律规定，参考国际惯例，公平合理、独立公正地做出裁决。

（二）当事人对于案件实体适用法有约定的，从其约定。当事人没有约定或其约定与法律强制性规定相抵触的，由仲裁庭决定案件实体的法律适用。

（三）仲裁庭在裁决书中应写明仲裁请求、争议事实、裁决理由、裁决结果、仲裁费用的承担、裁决的日期和地点。当事人协议不写明争议事实和裁决理由的，以及按照双方当事人和解协议的内容做出裁决书的，可以不写明争议事实和裁决理由。仲裁庭有权在裁决书中确定当事人履行裁决的具体期限及逾期履行所应承担的责任。

（四）裁决书应加盖"中国国际经济贸易仲裁委员会"印章。

（五）由三名仲裁员组成的仲裁庭审理的案件，裁决依全体仲裁员或多数仲裁员的意见做出。少数仲裁员的书面意见应附卷，并可以附在裁决书后，该书面意见不构成裁决书的组成部分。

（六）仲裁庭不能形成多数意见的，裁决依首席仲裁员的意见做出。其他仲裁员的书面意见应附卷，并可以附在裁决书后，该书面意见不构成裁决书的组成部分。

（七）除非裁决依首席仲裁员意见或独任仲裁员意见做出并由其署名，裁决书应由多数仲裁员署名。持有不同意见的仲裁员可以在裁决书上署名，也可以不署名。

（八）做出裁决书的日期，即为裁决发生法律效力的日期。

（九）裁决是终局的，对双方当事人均有约束力。任何一方当事人均不得向法院起诉，也不得向其他任何机构提出变更仲裁裁决的请求。

第五十条　部分裁决

（一）仲裁庭认为必要或当事人提出请求并经仲裁庭同意的，仲裁庭可以在做出最终裁决之前，就当事人的某些请求事项先行做出部分裁决。部分裁决是终局的，对双方当事人均有约束力。

（二）一方当事人不履行部分裁决，不影响仲裁程序的继续进行，也不影响仲裁庭做出最终裁决。

第五十一条　裁决书草案的核阅

仲裁庭应在签署裁决书之前将裁决书草案提交仲裁委员会核阅。在不影响仲裁庭独立裁决的情况下，仲裁委员会可以就裁决书的有关问题提请仲裁庭注意。

第五十二条　费用承担

（一）仲裁庭有权在裁决书中裁定当事人最终应向仲裁委员会支付的仲裁费和其他费用。

（二）仲裁庭有权根据案件的具体情况在裁决书中裁定败诉方应补偿胜诉方因办理案件而支出的合理费用。仲裁庭裁定败诉方补偿胜诉方因办理案件而支出的费用是否合理时，应具体考虑案件的裁决结果、复杂程度、胜诉方当事人及/或代理人的实际工作量以及案件的争议金额等因素。

第五十三条　裁决书的更正

（一）仲裁庭可以在发出裁决书后的合理时间内自行以书面形式对裁决书中的书写、打印、计算上的错误或其他类似性质的错误做出更正。

（二）任何一方当事人均可以在收到裁决书后 30 天内就裁决书中的书写、打印、计算上的错误或其他类似性质的错误，书面申请仲裁庭做出更正；如确有错误，仲裁庭应在收到书面申请后 30 天内做出书面更正。

（三）上述书面更正构成裁决书的组成部分，应适用本规则第四十九条第（四）至（九）款的规定。

第五十四条　补充裁决

（一）如果裁决书中有遗漏事项，仲裁庭可以在发出裁决书后的合理时间内自行做出补充裁决。

（二）任何一方当事人可以在收到裁决书后 30 天内以书面形式请求仲裁庭就裁决书中遗漏的事项做出补充裁决；如确有漏裁事项，仲裁庭应在收到上述书面申请后 30 天内做出补充裁决。

（三）该补充裁决构成裁决书的一部分，应适用本规则第四十九条第（四）至（九）款的规定。

第五十五条　裁决的履行

（一）当事人应依照裁决书写明的期限履行仲裁裁决；裁决书未写明履行期限的，应立即履行。

（二）一方当事人不履行裁决的，另一方当事人可以依法向有管辖权的法院申请执行。

第四章　简易程序

第五十六条　简易程序的适用

（一）除非当事人另有约定，凡争议金额不超过人民币 500 万元，或争议金额超过人民币 500 万元但经一方当事人书面申请并征得另一方当事人书面同意的，或双方当事人约定适用简易程序的，适用简易程序。

（二）没有争议金额或争议金额不明确的，由仲裁委员会根据案件的复杂程度、涉及利益的大小以及其他有关因素综合考虑决定是否适用简易程序。

第五十七条　仲裁通知

申请人提出仲裁申请，经审查可以受理并适用简易程序的，仲裁委员会仲裁院应向双方当事人发出仲裁通知。

第五十八条　仲裁庭的组成

除非当事人另有约定,适用简易程序的案件,依照本规则第二十八条的规定成立独任仲裁庭审理案件。

第五十九条　答辩和反请求

(一)被申请人应在收到仲裁通知后 20 天内提交答辩书及证据材料以及其他证明文件;如有反请求,也应在此期限内提交反请求书及证据材料以及其他证明文件。

(二)申请人应在收到反请求书及其附件后 20 天内针对被申请人的反请求提交答辩。

(三)当事人确有正当理由请求延长上述期限的,由仲裁庭决定是否延长;仲裁庭尚未组成的,由仲裁委员会仲裁院做出决定。

第六十条　审理方式

仲裁庭可以按照其认为适当的方式审理案件,可以在征求当事人意见后决定只依据当事人提交的书面材料和证据进行书面审理,也可以决定开庭审理。

第六十一条　开庭通知

(一)对于开庭审理的案件,仲裁庭确定第一次开庭日期后,应不晚于开庭前 15 天将开庭日期通知双方当事人。当事人有正当理由的,可以请求延期开庭,但应于收到开庭通知后 3 天内提出书面延期申请;是否延期,由仲裁庭决定。

(二)当事人有正当理由未能按上述第(一)款规定提出延期开庭申请的,是否接受其延期申请,由仲裁庭决定。

(三)再次开庭审理的日期及延期后开庭审理日期的通知及其延期申请,不受上述第(一)款期限的限制。

第六十二条　做出裁决的期限

(一)仲裁庭应在组庭后 3 个月内做出裁决书。

(二)经仲裁庭请求,仲裁委员会仲裁院院长认为确有正当理由和必要的,可以延长该期限。

(三)程序中止的期间不计入上述第(一)款规定的裁决期限。

第六十三条　程序变更

仲裁请求的变更或反请求的提出,不影响简易程序的继续进行。经变更的仲裁请求或反请求所涉争议金额分别超过人民币 500 万元的案件,除非当事人约定或仲裁庭认为有必要变更为普通程序,继续适用简易程序。

第六十四条　本规则其他条款的适用

本章未规定的事项,适用本规则其他各章的有关规定。

第五章　国内仲裁的特别规定

第六十五条　本章的适用

(一)国内仲裁案件,适用本章规定。

（二）符合本规则第五十六条规定的国内仲裁案件,适用第四章简易程序的规定。

第六十六条　案件的受理

（一）收到仲裁申请书后,仲裁委员会仲裁院认为仲裁申请符合本规则第十二条规定的受理条件的,应当在5天内通知当事人;认为不符合受理条件的,应书面通知当事人不予受理,并说明理由。

（二）收到仲裁申请书后,仲裁委员会仲裁院经审查认为申请仲裁的手续不符合本规则第十二条规定的,可以要求当事人在规定的期限内予以完备。

第六十七条　仲裁庭的组成

仲裁庭应按照本规则第二十五条、第二十六条、第二十七条、第二十八条、第二十九条和第三十条的规定组成。

第六十八条　答辩和反请求

（一）被申请人应在收到仲裁通知后20天内提交答辩书及所依据的证据材料以及其他证明文件;如有反请求,也应在此期限内提交反请求书及所依据的证据材料以及其他证明文件。

（二）申请人应在收到反请求书及其附件后20天内针对被申请人的反请求提交答辩。

（三）当事人确有正当理由请求延长上述期限的,由仲裁庭决定是否延长;仲裁庭尚未组成的,由仲裁委员会仲裁院做出决定。

第六十九条　开庭通知

（一）对于开庭审理的案件,仲裁庭确定第一次开庭日期后,应不晚于开庭前15天将开庭日期通知双方当事人。当事人有正当理由的,可以请求延期开庭,但应于收到开庭通知后3天内提出书面延期申请;是否延期,由仲裁庭决定。

（二）当事人有正当理由未能按上述第（一）款规定提出延期开庭申请的,是否接受其延期申请,由仲裁庭决定。

（三）再次开庭审理的日期及延期后开庭审理日期的通知及其延期申请,不受上述第（一）款期限的限制。

第七十条　庭审笔录

（一）仲裁庭应将开庭情况记入笔录。当事人和其他仲裁参与人认为对自己陈述的记录有遗漏或有差错的,可以申请补正;仲裁庭不同意其补正的,应将该申请记录在案。

（二）庭审笔录由仲裁员、记录人员、当事人和其他仲裁参与人签名或盖章。

第七十一条　做出裁决的期限

（一）仲裁庭应在组庭后4个月内做出裁决书。

（二）经仲裁庭请求,仲裁委员会仲裁院院长认为确有正当理由和必要的,可以延长该期限。

（三）程序中止的期间不计入上述第（一）款规定的裁决期限。

第七十二条　本规则其他条款的适用

本章未规定的事项,适用本规则其他各章的有关规定。本规则第六章的规定除外。

第六章　香港仲裁的特别规定

第七十三条　本章的适用

（一）仲裁委员会在香港特别行政区设立仲裁委员会香港仲裁中心。本章适用于仲裁委员会香港仲裁中心接受仲裁申请并管理的仲裁案件。

（二）当事人约定将争议提交仲裁委员会香港仲裁中心仲裁或约定将争议提交仲裁委员会在香港仲裁的,由仲裁委员会香港仲裁中心接受仲裁申请并管理案件。

第七十四条　仲裁地及程序适用法

除非当事人另有约定,仲裁委员会香港仲裁中心管理的案件的仲裁地为香港,仲裁程序适用法为香港仲裁法,仲裁裁决为香港裁决。

第七十五条　管辖权决定的做出

当事人对仲裁协议及/或仲裁案件管辖权的异议,应不晚于第一次实体答辩前提出。

仲裁庭有权对仲裁协议的存在、效力以及仲裁案件的管辖权做出决定。

第七十六条　仲裁员的选定或指定

仲裁委员会现行仲裁员名册在仲裁委员会香港仲裁中心管理的案件中推荐使用,当事人可以在仲裁委员会仲裁员名册外选定仲裁员。被选定的仲裁员应经仲裁委员会主任确认。

第七十七条　临时措施和紧急救济

（一）除非当事人另有约定,应一方当事人申请,仲裁庭有权决定采取适当的临时措施。

（二）在仲裁庭组成之前,当事人可以按照《中国国际经济贸易仲裁委员会紧急仲裁员程序》(本规则附件三,略)申请紧急性临时救济。

第七十八条　裁决书的印章

裁决书应加盖"中国国际经济贸易仲裁委员会香港仲裁中心"印章。

第七十九条　仲裁收费

依本章接受申请并管理的案件适用《中国国际经济贸易仲裁委员会仲裁费用表（三）》(本规则附件二,略)。

第八十条　本规则其他条款的适用

本章未规定的事项,适用本规则其他各章的有关规定,本规则第五章的规定除外。

第七章　附　则

第八十一条　仲裁语言

（一）当事人对仲裁语言有约定的,从其约定。当事人对仲裁语言没有约定的,以中文为仲裁语言。仲裁委员会也可以视案件的具体情形确定其他语言为仲裁语言。

(二)仲裁庭开庭时,当事人或其代理人、证人需要语言翻译的,可由仲裁委员会仲裁院提供译员,也可由当事人自行提供译员。

(三)当事人提交的各种文书和证明材料,仲裁庭或仲裁委员会仲裁院认为必要时,可以要求当事人提供相应的中文译本或其他语言译本。

第八十二条　仲裁费用及实际费用

(一)仲裁委员会除按照制定的仲裁费用表向当事人收取仲裁费外,还可以向当事人收取其他额外的、合理的实际费用,包括仲裁员办理案件的特殊报酬、差旅费、食宿费、聘请速录员速录费,以及仲裁庭聘请专家、鉴定人和翻译等费用。仲裁员的特殊报酬由仲裁委员会仲裁院在征求相关仲裁员和当事人意见后,参照《中国国际经济贸易仲裁委员会仲裁费用表(三)》(本规则附件二,略)有关仲裁员报酬和费用标准确定。

(二)当事人未在仲裁委员会规定的期限内为其选定的仲裁员预缴特殊报酬、差旅费、食宿费等实际费用的,视为没有选定仲裁员。

(三)当事人约定在仲裁委员会或其分会/仲裁中心所在地之外开庭的,应预缴因此而发生的差旅费、食宿费等实际费用。当事人未在仲裁委员会规定的期限内预缴有关实际费用的,应在仲裁委员会或其分会/仲裁中心所在地开庭。

(四)当事人约定以两种或两种以上语言为仲裁语言的,或根据本规则第五十六条的规定适用简易程序的案件但当事人约定由三人仲裁庭审理的,仲裁委员会可以向当事人收取额外的、合理的费用。

第八十三条　规则的解释

(一)本规则条文标题不用于解释条文含义。

(二)本规则由仲裁委员会负责解释。

第八十四条　规则的施行

本规则自 2015 年 1 月 1 日起施行。本规则施行前仲裁委员会及其分会/仲裁中心管理的案件,仍适用受理案件时适用的仲裁规则;双方当事人同意的,也可以适用本规则。

六、最高人民法院关于审理仲裁司法
审查案件若干问题的规定

（法释〔2017〕22 号）

为正确审理仲裁司法审查案件，依法保护各方当事人合法权益，根据《中华人民共和国民事诉讼法》《中华人民共和国仲裁法》等法律规定，结合审判实践，制定本规定。

第一条　本规定所称仲裁司法审查案件，包括下列案件：

（一）申请确认仲裁协议效力案件；

（二）申请执行我国内地仲裁机构的仲裁裁决案件；

（三）申请撤销我国内地仲裁机构的仲裁裁决案件；

（四）申请认可和执行香港特别行政区、澳门特别行政区、台湾地区仲裁裁决案件；

（五）申请承认和执行外国仲裁裁决案件；

（六）其他仲裁司法审查案件。

第二条　申请确认仲裁协议效力的案件，由仲裁协议约定的仲裁机构所在地、仲裁协议签订地、申请人住所地、被申请人住所地的中级人民法院或者专门人民法院管辖。

涉及海事海商纠纷仲裁协议效力的案件，由仲裁协议约定的仲裁机构所在地、仲裁协议签订地、申请人住所地、被申请人住所地的海事法院管辖；上述地点没有海事法院的，由就近的海事法院管辖。

第三条　外国仲裁裁决与人民法院审理的案件存在关联，被申请人住所地、被申请人财产所在地均不在我国内地，申请人申请承认外国仲裁裁决的，由受理关联案件的人民法院管辖。受理关联案件的人民法院为基层人民法院的，申请承认外国仲裁裁决的案件应当由该基层人民法院的上一级人民法院管辖。受理关联案件的人民法院是高级人民法院或者最高人民法院的，由上述法院决定自行审查或者指定中级人民法院审查。

外国仲裁裁决与我国内地仲裁机构审理的案件存在关联，被申请人住所地、被申请人财产所在地均不在我国内地，申请人申请承认外国仲裁裁决的，由受理关联案件的仲裁机构所在地的中级人民法院管辖。

第四条　申请人向两个以上有管辖权的人民法院提出申请的，由最先立案的人民法院管辖。

第五条 申请人向人民法院申请确认仲裁协议效力的,应当提交申请书及仲裁协议正本或者经证明无误的副本。

申请书应当载明下列事项:

(一)申请人或者被申请人为自然人的,应当载明其姓名、性别、出生日期、国籍及住所;为法人或者其他组织的,应当载明其名称、住所以及法定代表人或者代表人的姓名和职务;

(二)仲裁协议的内容;

(三)具体的请求和理由。

当事人提交的外文申请书、仲裁协议及其他文件,应当附有中文译本。

第六条 申请人向人民法院申请执行或者撤销我国内地仲裁机构的仲裁裁决、申请承认和执行外国仲裁裁决的,应当提交申请书及裁决书正本或者经证明无误的副本。

申请书应当载明下列事项:

(一)申请人或者被申请人为自然人的,应当载明其姓名、性别、出生日期、国籍及住所;为法人或者其他组织的,应当载明其名称、住所以及法定代表人或者代表人的姓名和职务;

(二)裁决书的主要内容及生效日期;

(三)具体的请求和理由。

当事人提交的外文申请书、裁决书及其他文件,应当附有中文译本。

第七条 申请人提交的文件不符合第五条、第六条的规定,经人民法院释明后提交的文件仍然不符合规定的,裁定不予受理。

申请人向对案件不具有管辖权的人民法院提出申请,人民法院应当告知其向有管辖权的人民法院提出申请,申请人仍不变更申请的,裁定不予受理。

申请人对不予受理的裁定不服的,可以提起上诉。

第八条 人民法院立案后发现不符合受理条件的,裁定驳回申请。

前款规定的裁定驳回申请的案件,申请人再次申请并符合受理条件的,人民法院应予受理。

当事人对驳回申请的裁定不服的,可以提起上诉。

第九条 对于申请人的申请,人民法院应当在七日内审查决定是否受理。

人民法院受理仲裁司法审查案件后,应当在五日内向申请人和被申请人发出通知书,告知其受理情况及相关的权利义务。

第十条 人民法院受理仲裁司法审查案件后,被申请人对管辖权有异议的,应当自收到人民法院通知之日起十五日内提出。人民法院对被申请人提出的异议,应当审查并做出裁定。当事人对裁定不服的,可以提起上诉。

在中华人民共和国领域内没有住所的被申请人对人民法院的管辖权有异议

的,应当自收到人民法院通知之日起三十日内提出。

第十一条　人民法院审查仲裁司法审查案件,应当组成合议庭并询问当事人。

第十二条　仲裁协议或者仲裁裁决具有《最高人民法院关于适用〈中华人民共和国涉外民事关系法律适用法〉若干问题的解释(一)》第一条规定情形的,为涉外仲裁协议或者涉外仲裁裁决。

第十三条　当事人协议选择确认涉外仲裁协议效力适用的法律,应当做出明确的意思表示,仅约定合同适用的法律,不能作为确认合同中仲裁条款效力适用的法律。

第十四条　人民法院根据《中华人民共和国涉外民事关系法律适用法》第十八条的规定,确定确认涉外仲裁协议效力适用的法律时,当事人没有选择适用的法律,适用仲裁机构所在地的法律与适用仲裁地的法律将对仲裁协议的效力做出不同认定的,人民法院应当适用确认仲裁协议有效的法律。

第十五条　仲裁协议未约定仲裁机构和仲裁地,但根据仲裁协议约定适用的仲裁规则可以确定仲裁机构或者仲裁地的,应当认定其为《中华人民共和国涉外民事关系法律适用法》第十八条中规定的仲裁机构或者仲裁地。

第十六条　人民法院适用《承认及执行外国仲裁裁决公约》审查当事人申请承认和执行外国仲裁裁决案件时,被申请人以仲裁协议无效为由提出抗辩的,人民法院应当依照该公约第五条第一款(甲)项的规定,确定确认仲裁协议效力应当适用的法律。

第十七条　人民法院对申请执行我国内地仲裁机构做出的非涉外仲裁裁决案件的审查,适用《中华人民共和国民事诉讼法》第二百三十七条的规定。

人民法院对申请执行我国内地仲裁机构做出的涉外仲裁裁决案件的审查,适用《中华人民共和国民事诉讼法》第二百七十四条的规定。

第十八条　《中华人民共和国仲裁法》第五十八条第一款第六项和《中华人民共和国民事诉讼法》第二百三十七条第二款第六项规定的仲裁员在仲裁该案时有索贿受贿,徇私舞弊,枉法裁决行为,是指已经由生效刑事法律文书或者纪律处分决定所确认的行为。

第十九条　人民法院受理仲裁司法审查案件后,做出裁定前,申请人请求撤回申请的,裁定准许。

第二十条　人民法院在仲裁司法审查案件中做出的裁定,除不予受理、驳回申请、管辖权异议的裁定外,一经送达即发生法律效力。当事人申请复议、提出上诉或者申请再审的,人民法院不予受理,但法律和司法解释另有规定的除外。

第二十一条　人民法院受理的申请确认涉及香港特别行政区、澳门特别行政区、台湾地区仲裁协议效力的案件,申请执行或者撤销我国内地仲裁机构做出的涉及香港特别行政区、澳门特别行政区、台湾地区仲裁裁决的案件,参照适用涉外仲裁司法审查案件的规定审查。

第二十二条　本规定自 2018 年 1 月 1 日起施行,本院以前发布的司法解释与本规定不一致的,以本规定为准。

七、最高人民法院关于人民法院处理与涉外仲裁及外国仲裁事项有关问题的通知

（法发〔1995〕18 号，根据 2008 年 12 月 16 日法释〔2008〕18 号《最高人民法院关于调整司法解释等文件中引用〈中华人民共和国民事诉讼法〉条文序号的决定》调整）

各省、自治区、直辖市高级人民法院，解放军军事法院：

为严格执行《中华人民共和国民事诉讼法》以及我国参加的有关国际公约的规定，保障诉讼和仲裁活动依法进行，现决定对人民法院受理具有仲裁协议的涉外经济纠纷案、不予执行涉外仲裁裁决以及拒绝承认和执行外国仲裁裁决等问题建立报告制度。为此，特做如下通知：

一、凡起诉到人民法院的涉外、涉港澳和涉台经济、海事海商纠纷案件，如果当事人在合同中订有仲裁条款或者事后达成仲裁协议，人民法院认为该仲裁条款或者仲裁协议无效、失效或者内容不明确无法执行的，在决定受理一方当事人起诉之前，必须报请本辖区所属高级人民法院进行审查；如果高级人民法院同意受理，应将其审查意见报最高人民法院。在最高人民法院未做答复前，可暂不予受理。

二、凡一方当事人向人民法院申请执行我国涉外仲裁机构裁决，或者向人民法院申请承认和执行外国仲裁机构的裁决，如果人民法院认为我国涉外仲裁机构裁决具有民事诉讼法第二百五十八条情形之一的，或者申请承认和执行的外国仲裁裁决不符合我国参加的国际公约的规定或者不符合互惠原则的，在裁定不予执行或者拒绝承认和执行之前，必须报请本辖区所属高级人民法院进行审查；如果高级人民法院同意不予执行或者拒绝承认和执行，应将其审查意见报最高人民法院。待最高人民法院答复后，方可裁定不予执行或者拒绝承认和执行。